KB273510

Jerusalem Advanced English Grammar

예루살렘 고급영문어법

YGM 출판부
Yale Global Mission Publishing

가스펠투데이

예루살렘 고급영문어법

초판1쇄 2023년 7월 31일

지은이	류 명
	임해영
디자인	최귀명
녹 음	김용두
펴낸이	이규종
펴낸곳	엘맨
등록번호	제13-1562호(1985.10.29.)
등록된곳	서울시 마포구 토정로222
	한국출판콘텐츠센터 422-3
전 화	(02) 323-4060,6401-7004
팩 스	(02) 323-6416
이메일	ygm911@naver.com
	www.ygm911.com

ISBN 978-89-5515-040-7 03230

값 35,000원

성경말씀으로 눈을 뜨는 리딩 영문법

왜 영어가 어렵지?

왜 진도가 느리지?

왜 실력이 쑥쑥 늘지 않지?

쉽고 빠르게 고급 문장을 읽을 수 없을까?

이런 물음의 답을 위해 YGM에서 '예루살렘 고급영문어법'을 내놓습니다.

중학교 교과과정 기초능력 향상을 위한 '나사렛 기초영문법'과

심화학습을 위한 '갈릴리 기본영문법'에 이어 출간하는

예루살렘 고급영문어법은 대입과 TOEIC을 대비하는 학생들에게 큰 도움이 될 것입니다.

YGM 영문법시리즈는 다음과 같은 특징을 갖고 있습니다.

① 영어문장의 빠른 해석과 작문을 위해 기호를 활용하였습니다. (특허출원)

주어 = 밑줄 파란색	동사 = 볼드체 빨간색	명사절 = [대문괄호]	형용사절 = (둥근 괄호)	부사절 = <화살괄호>

② 명사를 수식하는 관사나, 형용사, 형용사구, 소유격은 점선밑줄로 표시하였습니다. (특허출원)

YGM 영문법시리즈를 통해 학습하다보면 리딩 실력의 향상뿐만 아니라
자매서인 M 바이블, Jesus English와 함께 영어성경 또한 쉽게 읽어나갈 것으로 기대합니다.

YGM 영문법시리즈를 통해 영어실력향상과 더불어
지혜와 영성을 모두 깨우치는 일석삼조 그 이상의 기쁨을 얻을 수 있길 바래봅니다.

YGM 대표 류 명

CONTENTS

<table>
<tr><td>셋.</td><td>목적어 • 54</td></tr>
</table>

CONTENTS

CONTENTS

CONTENTS

CONTENTS

The Old Testament

창세기	Genesis	**쮀**너시스
출애굽기	Exodus	**엑**서더스
레위기	Leviticus	(을)리**뷔**티커스
민수기	Numbers	**넘**버ㄹ즈
신명기	Deuteronomy	듀~터ㄹ**롸**너미
여호수아	Joshua	**좌**슈어
사사기	Judges	**줘**쥐즈
룻기	Ruth	**루**~쓰
사무엘 상 / 하	1 / 2 Samuel	**훠**~ㄹ스트 **쌔**뮤얼 **쎄**컨드 **쌔**뮤얼
열왕기 상 / 하	1 / 2 Kings	**훠**~ㄹ스트 **킹즈** **쎄**컨드 **킹즈**
역대 상 / 하	1 / 2 Chronicles	**훠**~ㄹ스트 크**롸**니클즈 **쎄**컨드 크**롸**니클즈
에스라	Ezra	**에**즈뤄
느헤미야	Nehemiah	니~어**마**이어
에스더	Esther	**에**스터ㄹ
욥기	Job	**죠**웁
시편	Psalms	**사**~암즈
잠언	Proverbs	프**롸**붜~ㄹ브즈
전도서	Ecclesiastes	이클리~지**애**스티~즈
아가	Song of Songs	쏭 어브 쏭즈
이사야	Isaiah	아이**제**이어
예레미야	Jeremiah	쮀뤄**마**이어
예레미야애가	Lamentations	(을)래먼**테**이션즈
에스겔	Ezekiel	이**지**~키얼
다니엘	Daniel	**대**녈
호세아	Hosea	호우**지**~어
요엘	Joel	**죠**우얼
아모스	Amos	**에**이머스
오바댜	Obadiah	오우버**다**이어
요나	Jonah	**죠**우너
미가	Micah	**마**이커
나훔	Nahum	**네**이험
하박국	Habakkuk	허**배**컬
스바냐	Zephaniah	제**훠**나이어
학개	Haggai	**해**게이아이
스가랴	Zechariah	제커**롸**이어
말라기	Malachi	**맬**러카이

마태복음	Matthew	**매**슈~
마가복음	Mark	**마**~ㄹ크
누가복음	Luke	**루**~크
요한복음	John	**좐**
사도행전	Acts	**액**츠
로마서	Romans	**로**우먼즈
고린도 전서	1 Corinthians	**훠**~ㄹ스트 커**륀**씨언즈
고린도 후서	2 Corinthians	**쎄**컨드 커**륀**씨언즈
갈라디아서	Galatians	걸**레**이션즈
에베소서	Ephesians	이**휘**~전즈
빌립보서	Philippians	휠**리**피언즈
골로새서	Colossians	컬**라**션즈
데살로니가 전서	1 Thessalonians	**훠**~ㄹ스트 세설**로**우니언즈
데살로니가 후서	2 Thessalonians	**쎄**컨드 세설**로**우니언즈
디모데 전서	1 Timothy	**훠**~ㄹ스트 **티**머씨
디모데 후서	2 Timothy	**쎄**컨드 **티**머씨
디도서	Titus	**타**이터스
빌레몬서	Philemon	휠**리**~만
히브리서	Hebrews	**히**~브루~즈
야고보서	James	**줴**임즈
베드로 전서	1 Peter	**훠**~ㄹ스트 **피**~터르
베드로 후서	2 Peter	**쎄**컨드 **피**~터르
요한 1서	1 John	**훠**~ㄹ스트 **좐**
요한 2서	2 John	**쎄**컨드 **좐**
요한 3서	3 John	**써**~ㄹ드 **좐**
유다서	Jude	**쥬**~드
요한계시록	Revelation	뤠붤**레**이션

하나

문장의 5형식

하나. 문장의 5형식

영어는 우리말과 어순이 다르기 때문에 이해하는 것이 어려울 수 있다.
그러나 영어의 기본구조를 이해한다면 빠른 접근이 가능할 것이다.
5형식으로 이루어진 문장의 구조를 통해 해석의 방법을 알아보자.

	동사의 특징	문장의 구조
1형식	완전자동사	주어(S) + 동사(V)
		술어만으로 주어를 완전히 서술할 수 있는 동사
2형식	불완전자동사	주어(S) + 동사(V) + 주격보어(SC)
		술어만으로 주어를 완전히 서술할 수 없는 동사 [보어가 있어야함
3형식	완전타동사	주어(S) + 동사(V) + 목적어(O)
		동사의 작용이 어떤 다른 것에 미치는 동사 [보어가 없어도 뜻이 완전한 타동사
4형식	수여동사	주어(S) + 동사(V) + 간접목적어(IO) + 직접목적어(DO)
		동사의 작용이 어떤 다른 것에 미치는 동사 [목적어가 두 개인 동사
5형식	불완전타동사	주어(S) + 동사(V) + 목적어(O) + 목적격보어(OC)
		목적어에 미친 타동사의 동작이 또 다른 어떤 것에 수여 또는 전달되는 동사

1. 문장은 주어와 동사로 구성된다.

2. 문장은 동사의 종류에 따라 목적어나 보어를 필요로 한다.

3. 명사를 수식하는 형용사(형용사구, 형용사절),
   동사나 형용사나 부사(부사구, 부사절)는 문장의 형식에 영향을 주지 않는다.

1. 1형식 문장

1. 1형식문장은 주어와 동사만으로 이루어진 문장이다.

2. 동사를 수식하는 부사, 부사구, 부사절 같은 수식 어구를 함께 쓰기도 한다

3. 1형식 문장의 구성은 아래와 같다.

  1) 주어 + 동사

  2) 주어 + 동사 + 부사

  3) 주어 + 동사 + 부사구[절

4. 대표적인 1형식동사는 아래와 같다.

   be (있다)
   go, come, arrive, leave (왕래발착 동사)
   sing, dance, walk, run, drive, swim, work, cry, laugh, rise, blow,
   beat, live, grow, appear(나타나다, 발생하다), shine, delight, rejoice

5. 자동사로 착각하기 쉬운 타동사

   approach, attend, call, consider, discuss, enter, marry, resemble...

001 John grew and became strong in spirit; and he lived in the desert.

요한은 자라서 심령이 강해졌다. 그리고 그는 사막에서 살았다. 눅 1:80

strong in spirit ; 영이 강한	desert[데저르트] ; 사막

002 The rain came down, the streams rose, and the winds blew and beat against that house.

비가 내리고, 개울의 수위가 오르고, 바람이 불어 그 집에 몰아쳤다. 마 7:25

come down ; 내리다	stream[스트뤼~임] ; 시내, 개울
rose[로우즈] ; rise[롸이즈] (물이 불다)의 과거	blew[블루~] ; blow[블로우] (바람이 불다)의 과거
beat[비~잍] ; 치다, 강타하다	

003 An angel of the Lord **appeared** to them, and the glory of the Lord **shone** around them.

주의 천사가 그들에게 **나타났다**. 그리고 주님의 영광이 그들 주위에 **비추었다**. 눅 2:9

appear [어**피**어ㄹ] ; 나타나다
glory [글**로**~뤼] ; 영광
shone [**쇼운, 숀**] ; shine [**샤**인] (빛나다, 비치다)의 과거

004 Love **does** not **delight** in evil but **rejoices** with the truth.

사랑은 불의를 **기뻐하지 않고** 진리와 함께 **기뻐한다**. 고전 13:6

delight [딜**라**잍] ; 기뻐하다
rejoice [뤼**조**이스] ; 기뻐하다
truth [**트루**~쓰] ; 진리

005 Love always **protects**, always **trusts**, always **hopes**, always **perseveres**.

사랑은 항상 **덮어 주며**, 항상 **믿으며**, 항상 **소망하며**, 항상 **견뎌 낸다**. 고전 13:7

protect [프뤄**텍**트] ; 보호하다
persevere [퍼~ㄹ써**뷔**어ㄹ] ; 인내하다, 이겨내다

에덴동산에서 쫓겨나는 아담과 하와

20

2. 2형식 문장

1. 2형식문장은 주어와 동사 외에 주격보어가 필요한 문장이다.

2. 주격보어는 주어를 보충설명하며 '주어 = 주격보어'의 등식을 갖는다.

3. 보어로 명사(=명사 상당 어구), 대명사와 형용사(=형용사 상당 어구)가 쓰인다.

4. 대표적인 2형식동사는 아래와 같다.

상태	be(~이다), keep, remain, stay, lie, stand
변화	become, get, go, turn, fall, grow
외견	seem, appear(~처럼 보이다), look
감각	sound, feel, taste, smell

1. 주격보어로 쓰인 형용사

006 〈When Magi saw the star〉, they were overjoyed.

〈동방의 박사들은 그 별을 보자〉, 그들은 매우 기뻤다. 마 2:10

Magi[**메**이좌이] ; 동방의 박사들   overjoyed[오우붜ㄹ**조**이드] ; 매우 기쁜

007 Jesus must become greater; I must become less.

예수는 더 커져야 한다. 나는 더 작아져야 한다. 요 3:30

008 Because of the increase of wickedness, the love of most will grow cold.

악의 증가 때문에, 대부분의 사람들의 사랑은 차가워질 것이다. 마 24:12

increase[인크**뤼**~스] ; 증가   wickedness[**위**키드니스] ; 사악함

most[**모**우스트] ; 대부분의 사람들   cold[**코**울드] ; 차가운

009 〈If the trumpet **does** not **sound** a clear call〉, who **will get** ready for battle?

〈만약 나팔이 분명한 소리를 내지 않으면〉, 누가 전투 준비를 하겠는가? 고전 14:8

trumpet[트럼핕] ; 나팔	sound[**싸**운드] ~ ; ~소리를 내다
clear[**클리**어ㄹ] ; 명백한	call[**코**~올] ; 소리
battle[**배**틀] ; 전쟁	

2. 주격보어로 쓰인 명사

010 We **are** therefore Christ's ambassadors

그러므로 우리는 그리스도의 대사들이다. 고후 5:20

Christ[크**롸**이스트] ; 그리스도, 예수	ambassador[앰**배**써더ㄹ] ; 대사, 대표

011 〈Unless a kernel of wheat **falls** to the ground and **dies**〉, it remains only a single seed.

〈밀 한 알이 땅에 떨어져 죽지 않으면〉, 그것은 단 하나의 씨앗으로 남아있다. 요 12:24

kernel[**커**ㄹ늘] ; 낟알	wheat[**휘**~잍, **위**~잍] ; 밀
ground[그**롸**운드] ; 땅	single[**씽**글] ; 단 하나의
seed[**씨**~드] ; 씨앗	

012 People **will be** lovers of themselves, lovers of money, boastful, proud, abusive, disobedient to their parents, ungrateful, unholy.

사람들이 자기 자신들과 돈을 사랑하는 사람들이 되며, 뽐내고, 교만하며, 헐뜯고, 부모에게 순종하지 않고, 감사하지 않고, 믿음이 없게 될 것이다.

딤후 3:2

boastful[**보**우스트훨] ; 자랑하는	proud[프**롸**우드] ; 자랑하는
abusive[어**뷰**~씨브] ; 욕설을 퍼붓는	disobedient[디써**비**~디언트] ; 복종하지 않는
ungrateful[언그**뤠**잍훨] ; 배은망덕한	unholy[언**호**울리] ; 신앙이 없는

3. 3형식 문장

1. 3형식문장은 주어와 동사 외에 목적어가 필요한 문장이다.

2. 목적어로 쓰일 수 있는 것은 명사, 대명사(=인칭대명사인 경우는 목적격), to부정사, 동명사, 명사절이 있다.

3. 타동사로 착각하기 쉬운 자동사

자동사	뜻	자동사	뜻
agree to / with ~	~에 동의하다	object to ~	~을 반대하다
apologize for / to ~	~에 대해 / ~에게 사과하다	result from / in ~	~결과이다, ~이 되다
arrive at ~	~에 도착하다	wait for ~	~를 기다리다
listen to ~	~을 듣다		

1. 목적어로 쓰인 명사 또는 대명사

013 A man **will leave** his father and mother and **be united** to his wife.

남자가 그의 아버지와 어머니를 떠나 그의 아내와 하나가 될 것이다. 엡 5:31

leave [(을)**리**~브] ~ ; ~를 떠나다　　　　be united [유~**나**이티드] to ~ ; ~와 하나가 되다, 연합하다

014 Others, like seed sown on rocky places, **hear** the word and at once **receive** it with joy.

다른 사람들은 돌이 많은 곳에 뿌려진 씨앗처럼, 말씀을 듣고 기쁨으로 그것을 즉시 받아들인다. 막 4:16

rocky [**롸**키] ; 바위가 많은　　　　at once ; 즉시

receive [뤼**씨**~브] ~ ; ~을 받다　　　　with joy ; 기쁘게

2. 목적어로 쓰인 to 부정사

015 Try to be kind to each other and to everyone else.

서로에게 그리고 그밖에 모든 사람에게 **친절하도록** 노력해라. 살전 5:15

to each other ; 서로에게   to everyone else ; 다른 모든 사람에게

3. 목적어로 쓰인 동명사

016 I have not stopped giving thanks for you, remembering you in my prayers.

나는 너희를 위해 **감사기도를** 멈추지 않고 기도 가운데 너희를 기억했다. 엡 1:16

give thanks for ~ ; ~를 위해 감사기도를 드리다   prayer [프뤠어ㄹ] ; 기도

4. 목적어로 쓰인 [명사절]

017 The next day the crowd realized [that only one boat had been there].

다음날 군중들은 [배 한 척만 그곳에 있었던 **것**]을 알았다. 요 6:22

realize [뤼~얼라이즈] ~ ; ~을 깨닫다

018 Do to others [what you would have them do to you].

[너희는 그들이 너희에게 해 주었으면 하는 **것**]을 다른 사람들에게 해라. 마 7:12

019 Are you greater than our father Abraham? He died, and so did the prophets.
[Who] do you think [you are]?

당신이 우리 조상 아브라함보다 더 위대하냐? 그는 죽었고 예언자들도 또한 죽었다. 너는 [네가 **누구라고**] 생각하느냐? 요 8:53

father [화~더ㄹ] ; 조상, 선조   Abraham [에이브뤄햄] ; 아브라함

prophet [프롸휫] ; 예언자

4. 4형식 문장

1. 4형식문장은 주어와 동사 외에 2개의 목적어, 즉 간접목적어와 직접목적어를 필요로 한다.

2. '~가 ~에게 ~을(를) 주다'라고 해석한다. 4형식동사를 '수여동사'라고 부른다.

3. 대표적인 4형식 동사로 give, show, teach … 등을 들 수 있다.

1. 직접목적어로 쓰인 명사

020 He taught them many things by parables.

그가 그들에게 많은 것들을 비유로 가르쳤다. 막 4:2

> parable[패뤄블] ; 우화, 비유

021 I will give you the keys of the kingdom of heaven.

내가 네게 하늘나라의 열쇠를 줄 것이다. 마 16:19

> key[키~] ; 열쇠, 비결

022 ⟨If you do not forgive men their sins⟩, your Father will not forgive your sins.

⟨만일 너희가 사람들의(=에게) 죄를 용서하지 않는다면⟩, 너희 아버지께서 너희들의 죄를 용서하지 않으실 것이다. 마 6:15

> forgive[훠ㄹ기브] ~ ; ~을 용서하다

023 Eagerly desire the greater gifts. And now I will show you the most excellent way.

더 큰 선물들(=은사들)을 간절히 구하라. 이제 나는 너희에게 가장 좋은 길을 보여 줄 것이다. 고전 12:31

> eagerly[이~걸ㄹ리] ; 간절히   desire[디자이어ㄹ] ~ ; ~을 소망하다
>
> excellent[엑썰런트] ; 훌륭한, 뛰어난

2. 직접목적어로 쓰인 [명사절]

024 I assure you before God [that [what I am writing you] is no lie].

나는 [[내가 너희에게 쓰고 있는 것]이 거짓말이 아니라 것]을 하나님 앞에서 너희에게 단언한다. 갈 1:20

assure[어**슈**어ㄹ] ~ ; ~에게 보증하다   lie[(을)**라**이] ; 거짓말

025 Don't give dogs [what is sacred].

개들에게 [거룩한 것]을 주지 마라. 마 7;6

sacred[**쎄**이크뤼드] ; 신성한, 성스러운

방주에서 나온 노아

5. 5형식 구문

1. 5형식문장은 주어와 동사 외에 목적어와 목적격보어를 필요로 한다.

2. 목적격보어는 목적어의 상태나 동작을 보충 설명한다.

3. 목적보어로 명사(=명사 상당 어구)와 형용사(=형용사 상당 어구)가 쓰인다.

4. 사역동사의 목적보어로 원형부정사(=to 없는 부정사)나 과거분사를 쓴다.

   - 목적어와 보어가 능동관계일 때 ; 주어+사역동사+목적어+원형부정사

   - 목적어와 보어가 수동관계일 때 ; 주어+사역동사+목적어+과거분사

5. 지각동사의 목적보어로 원형부정사(=to 없는 부정사)나 현재분사, 과거분사를 쓴다.

   - 목적어와 보어가 능동관계일 때 ; 주어+지각동사+목적어+원형부정사나 현재분사

   - 목적어와 보어가 수동관계일 때 ; 주어+지각동사+목적어+과거분사

사역동사	have, make, let
지각동사	see, watch, hear, notice, observe, listen to, smell, feel

6. help는 목적보어로 원형부정사나 to부정사를 취할 수 있다.

7. 목적보어로 쓰인 to부정사는 명사적 용법이다.

8. allow, ask, cause, enable, encourage, expect, force, urge, want, wish.. 등은
   to부정사를 목적격 보어로 취한다.

1. 목적보어로 쓰인 형용사

026 <u>We</u> **thought** it best to be left by ourselves in Athens.

우리는 스스로 아테네에 남아있는 것이 최선이라고 생각했다. 살전 3;1

be left [(을)레흐트] ; 남다	by oneself ; 홀로
Athens [애씬즈] ; 아테네	

2. 목적보어로 쓰인 to 부정사

027 <u>God</u> **causes** his sun to rise on the evil and the good.

하나님은 악한 사람들과 선한 사람들에게 해가 뜨게 하신다. 마 5:45

the evil [이~뷜] ; 악한 사람들	the good ; 선한 사람들

028 <u>God</u> **did** not **call** us to be impure, but to live a holy life.

하나님께서는 우리를 불결한 것이 아니라 거룩한 삶을 살도록 부르셨다. 살전 4:7

impure [임퓨어ㄹ] ; 순수하지 않은, 더러운

029 <u>We</u> **command** you to keep away from every brother (who is idle).

우리는 너희에게 (일하기를 싫어하는) 모든 형제를 멀리할 것을 명한다. 살후 3:66

command [커맨드] ~; ~ 명령하다	keep away from ~ ; ~을 멀리하다, 가까이 하지 않다
idle [아이들] ; 일하지 않는	

030 <u>The Father</u> (who **sent** me) **commanded** me what to say and how to say it.

(나를 보내신) 아버지께서 나에게 무엇을 말할지 그리고 그것을 어떻게 말할지를 명령하셨다. 요 12:49

what to say ; 무엇을 말할지	how to say it ; 그것을 어떻게 말할지

3. 사역동사의 목적보어로 쓰인 원형부정사

031 <u>Jesus</u> **made** the disciples **get** into the boat and **go on** ahead of him to the other side.

예수께서 **제자들을** 배에 **타게** 하시고, 건너편으로 자기보다 먼저 **가게** 하셨다. 마 14:2

> ahead [어**헤**드] of ~ ; ~보다 앞서서, 전에 　　　 the other side ; 다른 쪽

032 Do not **let** your left hand **know** [what your right hand **is doing**].

[네 오른손이 하고 있는 것]을 **네 왼손이** **모르게** 하여라. 마 6:3

033 <u>Those</u> (who **live** in accordance with the <u>Spirit</u>) **have** their minds **set** on [what the <u>Spirit</u> **desires**].

(성령을 따라 사는) 사람들은 **그들의 생각을** [성령이 바라는 것]에 **맞춘다.** 롬 8:5

> in accordance [어**코**~ㄹ든스] with ~ ; ~에 따라 　　　 set A on ~ ; A를 ~에 맞추다
>
> desire [디**자**이어ㄹ] ~ ; ~을 원하다, 바라다

4. 지각동사의 목적보어로 쓰인 원형부정사

034 I **saw** the Spirit **come down** from heaven as a dove.

나는 **성령이** 비둘기처럼 하늘로부터 **내려오는 것**을 보았다. 요 1:32

> dove [**더**브] ; 비둘기

035 You **have heard** me **say** in the presence of many witnesses.

너희는 **내가** 많은 증인들 앞에서 **말하는 것**을 들었다. 딤후 2:2

> in the presence [**프뤠**즌스] of ~ ; ~의 면전에서 　　　 witness [**위**트니스] ; 증인, 목격자

5. 목적보어로 쓰인 현재분사

036 You **see** <u>the people</u> crowding against you, and yet <u>you</u> can ask, ['<u>Who</u> touched me?'].

당신은 사람들이 당신에게 밀려오는 것을 보고, ['누가 나에게 손을 대었느냐?']고 물을 수 있습니까. 막 5:31

crowd [크롸우드] ; 밀고 나아가다

037 The Pharisees **heard** <u>the crowd</u> whispering such things about him.

Then <u>the chief priests</u> and <u>the Pharisees</u> **sent** <u>temple guards</u> to arrest him.

바리새인들은 군중이 그에 대해 그러한 말을 속삭이는 것을 들었다. 그래서 대제사장들과 바리새인들은 그를 체포하기 위해 성전 경비병들을 보냈다. 요 7:32

Pharisee [**홰뤄씨**~] ; 바리새 사람   crowd [크롸우드] ; 군중

whisper [**위**스퍼ㄹ] ~ ; ~라고 속삭이다, 귓속말을 하다   chief priest [**취**~흐 프**뤼**~스트] ; 대제사장

temple guard ; 성전 경비병   arrest [어**뤠**스트] ~ ; ~를 체포하다

6. 준동사

1. 동명사, to부정사, be 동사가 없는 현재분사, be 동사나 have 동사가 없는 과거분사는 정동사가 아니다.

2. 동명사는 명사역할을, to부정사는 명사나 형용사나 부사역할을, 분사는 형용사나 부사역할을 한다.
   그러나 동사 성격이 있어 준동사라고 한다.

3. 준동사 뒤에도 수식어구, 주격보어, 목적어, 간접목적어와 직접목적어, 목적어와 목적격보어가 온다.
   그리고 정동사가 주어가 있듯이 준동사는 의미상의 주어를 갖는다.

4. 준동사를 보면 몇 형식 준동사인지, 의미상의 주어는 무엇인지를 찾아볼 필요가 있다.

1. 준동사로 쓰인 to 부정사

038 God **did** not **call** us **to be** impure, but **to live** a holy life.

(to be는 2형식 준동사로 의미상 주어는 us, to live는 3형식 준동사로 의미상 주어는 us)

하나님께서는 우리를 **부도덕하지** 않고 거룩한 삶을 **살도록** 부르셨다. 살전 4:7

impure[임**퓨**어ㄹ] ; 불결한

039 Our people **must learn** **to devote** themselves to doing [what **is** good].

(to devote는 3형식 준동사로 의미상 주어는 our people, 목적어는 themselves)

우리 사람들은 [선한 것] 을 행하는데 자신들을 **헌신하는 것**을 배워야 한다. 딛 3:14

learn[(을)**러**~ㄹ언] ~ ; ~을 배우다   devote[디**보**우트] oneself to ~ ; ~에 전념하다

2. 준동사로 쓰인 원형부정사

040 Let no one deceive you with empty words.

(deceive는 3형식 준동사로 의미상 주어는 no one, 목적어는 you)

아무도 헛된 말로 너희를 **속이지** 못하게 하라. 엡 5:6

deceive[디**씨**~브] ~ ; ~을 속이다	empty [**엠**티] words ; 공허한 말, 무의미한 말

3. 준동사로 쓰인 동명사

041 Brothers, never **tire** of doing [what is right].

(doing은 3형식 준동사로 의미상 주어는 you, 목적어는 what 절)

형제들아, [옳은 것]을 **행하는 데** 결코 지치지 마라. 살후 3:13

tire[**타**이어ㄹ] of ~ ; ~에 싫증나다, 지치다	right[**롸**잍] ; 옳은, 정당한

4. 준동사로 쓰인 분사

042 Seeing Jesus, he fell at his feet.

(seeing은 3형식 준동사, 의미상 주어는 he, 목적어는 Jesus)

예수를 보고, 그는 그의 발아래 엎드렸다. 막 5:22

> fall at one's feet ; ~의 발아래 엎드리다

043 Those tending the pigs **ran off** and **reported** this in the town and countryside,

and the people **went out** to see [what **had happened**].

(tending은 3형식 준동사로 의미상 주어는 those, 목적어는 the pigs)

돼지들을 돌보던 사람들이 달아났다. 그리고 읍내와 촌에 이것을 알렸다. 그래서 사람들이 [무슨 일이 일어났는지] 보려고 나왔다. 막 5:14

> tend [**텐**드] ~ ; ~을 지키다, 돌보다   run off ; 달아나다
>
> countryside [**컨**트뤼싸이드] ; 시골, 지방

044 The worries of this life, deceitfulness of wealth and the desires for other things **come in** and

choke the word, making it unfruitful.

(making은 5형식 준동사, 의미상 주어는 the worries, 목적어는 it, 목적 보어는 unfruitful)

현세의 염려와 재물의 유혹과 그 밖의 다른 것들에 대한 욕심이 말씀을 가로막아서 그것이 열매를 맺지 못하게 한다. 막 4:19

> worries [**워**뤼즈] of this life ; 이승의 걱정   deceitfulness [디**씨**~트휠니스] ; 기만
>
> choke [**초**우크] ~ ; ~을 막다   unfruitful [언흐**루**~트휠] ; 열매를 맺지 않는

7. 준보어

1. 보어가 필요 없는 1형식동사나 3형식동사 뒤에 보어를 준 보어라고 한다.

045 It **is** better for you to enter life maimed than with two hands to go into hell.

(enter life와 are maimed를 한 문장으로 결합한 것이다.)

너희가 두 손을 가지고 지옥에 가는 것보다 **불구로** 생명에 **들어가는 것**이 더 낫다. 막 9:43

life [(을)**라**이흐] ; 생명	maimed [**메임**드] ; 불구의
hell [**헬**] ; 지옥	

046 Will he go 〈where our people live scattered among the Greeks〉, and **teach** the Greeks?

(Our people live among the Greeks.과 Our people are scattered among the Greeks.을 한 문장으로 결합한 것이다.)

그가 〈우리 국민들이 그리스 사람들 가운데 **흩어져** 살고 있는 곳으로〉 가서 그리스 사람들을 가르치려는가? 요 7:35

live scattered [**스캐**터ㄹ드] ; 흩어져 살다	Greek [그**뤼**~잌] ; 그리스 사람

바벨탑

둘

주어

둘. 주어

영화를 선택할 때, 주인공이 누구인지 살펴보게 됩니다.
스토리의 전개가 주인공을 따라 흘러가므로,
주인공의 표정 하나하나와 대사를 눈여겨보게 되는 것입니다.

영어도 마찬가지여서, 주어를 명확하게 파악하는 것이 매우 중요합니다.
그래야 물 흐르듯 자연스럽게 문장을 해석할 수 있기 때문입니다.

1. 주어로 쓰이는 것들

명사, 대명사, 동명사, to부정사, 명사절

2. 찾기 어려운 주어들

1) 명사구(=to부정사, 동명사)가 주어인 경우

2) 명사절이 주어인 경우

3) 주어에 수식어(=형용사구, 형용사절)가 붙어있는 경우

4) 주어가 도치된 경우(=주어가 동사 뒤에 있는 경우)

1. 명사구가 주어인 경우

1. to부정사구나 동명사구가 문장의 주어로 쓰일 수 있다.
2. 주어인 to부정사구나 동명사구는 '~ 것'으로 해석한다.

047 To love God and to love your neighbor is more important than all burnt offering.
하나님을 사랑하는 것과 너희 이웃을 사랑하는 것이 모든 번제물보다 더 중요**하다**. 막 12:33

neighbor [**네**이버ㄹ] ; 이웃 사람	important [임**포**~ㄹ턴트] ; 중요한
burnt [**버**~ㄹ언트] offering [**오**~훠륑] ; 번제	

048 Praying to God will help you to keep peace of mind.
하나님께 드리는 기도가 당신이 마음의 평정을 지키도록 **도울 것이다**.

049 Riding a bicycle without a helmet is dangerous.
헬멧을 쓰지 않고 자전거를 타는 것은 위험**하다**.

ride [**롸**이드] ~ ; ~을 타다	helmet [**헬**밑] ; 안전모, 헬멧
dangerous [**데**인줘뤄스] ; 위험한	

2. 명사절이 주어인 경우

주어로 쓰이는 명사절은 아래와 같다.

1. 종속접속사 that(~ 것)이 이끄는 절

    - 종속접속사 that 뒤에는 완전한 문장이 온다.

2. 관계대명사 what(~ 것)이 이끄는 절

    - 관계대명사 what 뒤에는 주어나 목적어가 없는 불완전한 문장이 온다.

3. 의문사(=의문대명사, 의문형용사, 의문부사)가 이끄는 의문사절(=간접의문문)

    - 의문사절의 어순은 '의문사 + 주어 + 동사'다.

    - 단 의문사가 주어일 때는 '의문사+동사'다.

4. 복합 관계대명사절

    - 복합관계대명사 whoever, whosever, whomever, whatever, whichever 뒤에는

     주어나 목적어가 없는 불완전한 문장이 온다.

     (cf. 복합관계대명사는 양보의 부사절을 인도하는 경우도 있다.)

1. 주어로 쓰인 접속사 [That절]

050 [That everyone shall have eternal life] is father's will.

[모든 사람이 영원한 생명을 갖는 **것**]이 아버지의 뜻**이다**. 요 6:40

eternal[이**터**~ㄹ늘] ; 영원한	will [**윌**] ; 뜻

2. 주어로 쓰인 관계대명사 [What절]

051 [What goes into a man's mouth] does not make him 'unclean.'

[사람의 입으로 들어가는 **것**]이 사람을 더럽히는 것이 아니다. 마 15:11

> unclean[언클**리**~인] ; 더러운

3. 주어로 쓰인 [의문사절]

052 [How you met her] is important.

[네가 그녀를 **어떻게** 만났는지]는 중요하다.

> important[임**포**~ㄹ튼트] ; 중요한

4. 주어로 쓰인 [복합관계대명사절]

053 [Whatever you bind on earth] will be bound in heaven.

[너희가 땅에서 묶는 것은 **무엇이든지**] 하늘에서도 묶일 것이다. 마 18:18

> bind[**바**인드] ~ ; ~을 묶다

054 [Whoever eats the bread or drinks the cup of the Lord in an unworthy manner]

will be guilty of sinning against the body and blood of the Lord.

[합당하지 않은 방법으로 주의 떡을 먹거나 잔을 마시는 **사람은 누구든지**] 주의 몸과 피에 대하여 죄를 짓는 잘못이 있을 것이다. 고전 11:27

> unworthy[언**워**~ㄹ디] ; 걸맞지 않은 manner[**매**너ㄹ] ; 방법
> guilty[**길**티] ; 죄가 있는 sin against ~ ; ~에 어긋나다

3. 가주어 it과 진주어

1. 주어가 길 때, 주어 자리에 it(=가주어)를 쓰고 진주어를 뒤로 보낸다.
2. 긴 주어에 해당하는 것으로
   'to 부정사구, 동명사구, 접속사 that 명사절, 관계대명사 what절, 의문사절' 등을 들 수 있다.
3. 진주어를 먼저 해석하도록 한다.
4. 가주어 it는 해석하지 않는다.

1. 가주어(=It) + 동사 + 진주어(=명사적 용법의 to 부정사)

055 It seemed good also to me to write an orderly account for you.

당신을 위해 차례대로 설명을 기록하는 것이 나에게도 또한 좋아 보였다. 눅 1:3

orderly[**오**~ㄹ더ㄹ얼리] ; 질서 있는	account[어**카**운트] ; 설명

056 What business is it of mine to judge those outside the church?

교회 밖에 있는 사람들을 판단하는 것이 내게 무슨 상관이 있나? 고전 5:12

judge[**줘**쥐] ~ ; ~을 판단하다, 심판하다	outside[**아**웉싸이드] ~ ; ~의 밖에

2. 가주어(=It) + 동사 + 진주어(=동명사)

057 It is not the goal of life making money.

돈을 버는 것이 생의 목표는 아니다.

goal[**고**울] ; 목표, 목적	make money ; 돈을 벌다

3. 가주어(=It) + 동사 + 진주어(=접속사 that이 이끄는 명사절)

058 It had been revealed to him by the Holy Spirit [that he would not die ⟨before he had seen the Lord's Christ⟩].

[그는 ⟨그가 주의 그리스도를 보기 전에는⟩ 죽지 않을 **것**]이 성령에 의해 그에게 계시되었다. 눅 2:26

be revealed[뤼**뷔**~일드] to ~ ; ~에게 밝혀지다, 계시되다

059 It may be seen plainly [that [what he has done] has been done through God].

[[그가 행한 것]이 하나님을 통해서 행하여진 **것**]을 분명히 보게 될 것이다. 요 3:21

plainly[플**레**인리] ; 분명히, 명백히

4. 가주어(=It) + 동사 + 진주어(=의문사가 인도하는 명사절(=간접의문문))

060 It doesn't matter [where they go].

[그들이 **어디에** 가는지는] 중요하지 않다.

4. 가주어(=it),
의미상 주어(=for / of + 목적격),
진주어(=to부정사)

1. to 부정사는 동사에서 유래되었으므로 동사적 성질이 있어 준동사라고 한다.

2. 동사는 주어가 있는 것처럼 준동사(=to 부정사, 동명사, 현재분사, 과거분사)는 의미상의 주어가 있다.

3. to 부정사의 의미상의 주어는 to 부정사 앞에 'for + 목적어'로 표시한다.

   의미상 주어는 주어처럼 '~가'라고 해석한다.

   의미상 주어가 없는 경우는 문장의 주어나 목적어나 일반인이 의미상 주어다.

4. 사람의 성격을 나타내는 형용사

   (careful, careless, good, honest, nice, silly, kind, rude, foolish 등)

   뒤에 오는 의미상 주어는 'of + 목적어'로 쓴다.

이삭의 희생

1. 의미상 주어 (=for+목적어), 진주어 (=to 부정사)

061 It is enough for the student to be like his teacher.

제자가 스승만큼 **된다**면 충분하다. 마 10:25

> enough[이**너**흐] ; 충분한

062 How hard it is for the rich to enter the kingdom of God!

부유한 사람들이 하나님 나라에 **들어가는 것**이 얼마나 어려운가! 막 10:23

> hard[**하**~ㄹ드] ; 어려운   the rich[**뤼**취] ; 부자들
>
> enter[**엔**터ㄹ] ~ ; ~에 들어가다

063 It is better for you to enter life crippled than to have two feet and be thrown into hell.

너희가 두 발을 **가지고** 지옥에 **던져지는 것**보다 불구로 생명에 **들어가는 것**이 더 낫다. 막 9:45

> crippled[크**뤼**플드] ; 불구인   be thrown[**스**로운] into hell ; 지옥에 던져지다

2. 의미상 주어 (=of+목적어), 진주어 (=to 부정사)

064 Yet it was good of you to share in my troubles.

그러나 **너희가** 내 괴로움을 **공유하는 것**은 좋은 일이었다. 빌 4:14

> share[**쉐**어ㄹ] ; 나누다   trouble[트**뤄**블] ; 걱정, 괴로움

065 It is kind of you to say so.

당신이 그렇게 **말하다니** 참 친절하군요.

5. 비 인칭 주어 it

1. 시간, 날씨, 요일, 명암, 거리, 상황 등을 표현할 때 비인칭 주어 it을 사용한다.

2. 비 인칭 주어는 해석하지 않는다.

1. 의미상 주어 (=for+목적어), 진주어 (=to 부정사)

066 Today it will be stormy, for the sky is red and overcast.

오늘은 폭풍우가 몰아칠 것이다. 왜냐하면 하늘이 붉게 물들고 잔뜩 흐리기 때문이다. 마 16:3

stormy [스토~ㄹ미] ; 폭풍우가 몰아치는	for [호~ㄹ, 훠ㄹ] ; 왜냐하면
red [뤠드] ; 붉은	overcast [오우붜ㄹ캐스트] ; 흐린

067 〈When the south wind blows〉, you say, ['It's going to be hot,'] and it is.

〈남풍이 불 때〉, 너희는 ['날이 더울 것이다']라고 말한다. 그리고 날씨가 덥다. 눅 12:55

south [싸우스] wind [윈드] ; 남풍	blow [블로우] ; (바람이) 불다

068 The crowd (that was there and heard it) said [it had thundered];

others said [an angel had spoken to him].

(거기서 그것을 들은) 군중들은 [천둥이 쳤다]고 말했고 또 어떤 사람들은 [천사가 그에게 말했다]라고 말했다. 요 12:29

crowd [크롸우드] ; 군중	thunder [썬더ㄹ] ; 천둥이 치다

6. 수식어구가 붙은 주어

1. 주어인 명사에 수식어구가 붙어 주어가 길어질 수 있다.

명사 앞에 붙는 수식어	관사, 소유격, 형용사, 단독으로 수식하는 현재분사나 과거분사
명사 뒤에 붙는 수식어	- 형용사구(=to부정사, 전치사+목적어) - 다른 어구와 함께 수식하는 현재분사구나 과거분사구 - 형용사절(=관계대명사절 or 관계부사절)

2. 단어 형태의 수식어는 명사 앞에 위치한다.

3. 구의 형태를 이루는 긴 수식어구나 형용사절은 명사 뒤에 위치한다.

※ 수식어구인 과거분사를 동사로 착각하지 말아야한다.

1. 주어인 명사 앞에 수식어가 있는 경우

069 The Mighty One has done great things for me.

전능하신 이가 나를 위해 큰일을 행하셨다. 눅 1:49

Mighty[**마**이티] ; 힘이 있는, 강한, 위대한

070 A wicked and adulterous generation looks for a miraculous sign.

악하고 부정한 세대가 기적을 원한다. 마 16:4

wicked[**위**키드] ; 나쁜, 사악한	adulterous[어**덜**터뤄스] ; 불의의
generation[줴너**뤠**이션] ; 세대	look for~ ; ~을 찾다
miraculous[미**뢔**큘러스] ; 기적의	

071 Their overflowing joy and their extreme poverty welled up in rich generosity.

그들의 넘치는 기쁨과 극심한 가난이 풍성한 기부를 넘치게 하였다. 고후 8:2

overflowing [오우붜흘로우잉] ; 넘쳐흐르는	extreme [익스트뤼~임] ; 극심한
poverty [**파붜**ㄹ티] ; 가난	well up ; 솟아나다
generosity [줴너**롸**써티] ; 관대한 행위, 기부	

2. 주어인 명사 뒤에 수식어가 있는 경우

① 명사 + 형용사구(=전치사+목적어)

072 The kingdom of God is not a matter of talk but of power.

하나님의 나라는 말의 문제가 아니라 능력의 문제이다. 고전 4:20

matter [**매**터ㄹ] of ~ ; ~ 문제	power [**파**우어ㄹ] ; 힘, 능력

073 The knowledge of the secrets of the kingdom of heaven has been given to you, but not to them.

하늘나라의 비밀에 대한 지식이 너희에게는 주어졌지만, 다른 사람들에게는 그렇지 않다. 마 13:11

knowledge [**날**리쥐] ; 지식	secret [**씨**크륕] ; 비밀

② 명사 + to 부정사

074 The holy one to be born will be called the Son of God.

태어날 거룩한 이는 하나님의 아들이라고 불릴 것이다. 눅 1:35

be born [**보**~ㄹ온] ; 태어나다	be called [**코**~올드] ~ ; ~라 불리다

③ 명사 + 현재분사구

075 A river watering the garden flowed from Eden;

from there it was separated into four headwaters.

동산에 물을 대는 강 하나가 에덴에서 흘러나왔다. 거기에서 그것은 네 개의 상류로 갈라졌다. 창 2:10

water ~ ; ~에 물을 주다, 물을 대다　　　be separated [**쎄**퍼뤠이티드] into ~ ; ~로 갈라지다

headwaters [**헤**드우오~터ㄹ즈] ; 상류

076 The animals going in were male and female of every living thing,

〈as God had commanded Noah〉.

〈하나님이 노아에게 명령한 대로〉 안으로 들어가는 동물들은 모든 생물의 수컷과 암컷이었다. 창 7:16

animal [**애**너멀] ; 동물　　　　　　　male [**메**일] ; 수컷

female [**휘**~메일] ; 암컷　　　　　　living thing ; 생물

command [커**맨**드] ~ ; ~에게 명령하다　　Noah [**노**우어] ; 노아

④ 명사 + 과거분사구

077 At the present time there is a remnant chosen by grace.

지금 은혜로 선택받은 남은 사람이 있다. 롬 11:5

remnant [**뤰**넌트] ; 나머지, 생존자　　　chosen [**쵸**우즌] ; 선택된, 뽑힌

grace [**그뤠**이스] ; 은혜

078 Everything exposed by the light becomes visible.

빛에 의해 노출되는 모든 것이 보여지게 된다. 엡 5:13

exposed [익스**포**우즈드] ; 노출된, 드러나 있는　　　visible [**뷔**저블] ; (눈에) 보이는

⑤ 선행사(=명사, 대명사) + 관계사절

079 The teachers of the law (who were Pharisees) saw Jesus eating with the sinners.

(바리새파 사람들인) 율법학자들이 예수께서 죄인들과 함께 식사하고 있는 것을 보았다. 막 2:16

teacher of the law ; 율법학자	Pharisee [훼뤄씨~] ; 바리새 사람
sinner [씨너ㄹ] ; 죄인	

080 Those (who wear expensive clothes and indulge in luxury) are in palaces.

(비싼 옷을 입고 사치에 빠진) 사람들은 궁전에 있다. 눅 7:25

expensive [익스펜씨브] ; 비싼	indulge [인덜쥐] in~ ; ~에 빠지다, 탐닉하다
luxury [(을)럭셔뤼] ; 사치, 호사	palace [팰리스] ; 궁전

081 The true light (that gives light to every man) was coming into the world.

(모든 사람에게 빛을 주는) 참 빛이 세상에 오고 있었다. 요 1:9

082 One of them, the disciple (whom Jesus loved), was reclining next to him.

그들 중에 한 사람인, (예수께서 사랑한) 제자가 그의 옆에 기대 있었다. 요 13:23

be reclining [뤼클라이닝] ; 기대어 앉아 있다	next [넥스트] to ~ ; ~ 옆에

7. 주어가 도치된 경우

1. 일반적으로 주어는 문장 맨 앞에 위치한다.

2. 강조하고자 하는 특정한 어구를 문장 앞에 배치하는 경우도 있다.

   1) 부사구를 강조하는 경우 : 부사구 + 주어 + 동사

   2) 목적어를 강조하는 경우 : 목적어 + 주어 + 동사 (3형식)

3. 부정어(=not, never, little, hardly, scarcely …)가 문두에 오는 경우, 주어와 동사가 도치된다.

4. only가 붙은 부사나 부사구가 문두에 오는 경우, 주어와 동사가 도치된다.

5. 장소나 방향을 나타내는 부사나 부사구가 문두에 오는 경우, 주어와 동사가 도치된다.

6. 보어가 문두에 오는 경우, 주어와 동사가 도치된다.

7. 문법적 도치(열여섯. 특수 구문 참고)

   - here, there가 문두에 오는 경우

   - so, nor, neither 등이 앞 문장의 내용을 받아 문두에 오는 경우

   - if가 생략된 조건절의 경우

   - 기원문의 경우

불타는 떨기나무를 바라보는 모세

1. 부정어구, only가 문두에 온 경우 주어와 동사 도치

083 Very rarely will anyone die for a righteous man,

〈though for a good man someone might possibly dare to die〉.

〈선량한 사람을 위하여 용감히 죽는 자가 혹 있지만〉 의로운 사람을 위하여 죽을 사람이 거의 없을 것이다. 롬 4:7

rarely[뤠얼리] ; 드물게, 좀처럼 ~않고	righteous[롸이춰스] ; 의로운
possibly[파써블리] ; 혹시	dare[데어ㄹ] ~ ; ~를 감히 ~하다

084 Not only was the Teacher wise, but also he imparted knowledge to the people.

전도자는 현명할 뿐만 아니라, 그는 지식을 백성들에게 전했다. 전 12;9

impart[임파~ㄹ트] ~ ; ~을 알리다	knowledge[날리쥐] ; 지식

2. 보어가 문두에 온 경우 주어와 동사 도치

085 Our Father in heaven, hallowed be your name.

하늘에 계신 우리 아버지, 당신의 이름이 거룩하게 여김을 받으소서 마 6:9 .

hallowed[핼로우드] ; 신성한

3. 장소, 방향의 부사(구)가 문두에 온 경우 주어와 동사 도치

086 Nearby stood six stone water jars.

근처에 돌로 만든 물 항아리가 여섯 개 있었다. 요 2:6

nearby[니어ㄹ바이] ; 바로 가까이에	jar[좌~ㄹ] ; 항아리

8. 무생물 주어

타동사의 주어가 무생물인 경우 원인, 수단, 조건 등의 부사적 의미로 해석할 수 있다.

무생물 주어와 함께 하는 대표적인 동사
make, take, bring, keep, help, prevent, enable, force …

087 But the way of the wicked is like deep darkness; they do not know [what makes them stumble].

악인들의 길은 깊은 암흑과 같다 ; 그들은 [무엇이 그들을 넘어지게 하는지를(=무엇 때문에 그들이 넘어지는지를)]모른다. 잠 4;19

deep[디~잎] ; 심한	darkness[다~ㄹ크니스] ; 암흑
the wicked[위키드] ; 악인들	stumble[스텀블] ; 넘어질 듯 비틀거리다

088 ⟨If our unrighteousness brings out God's righteousness more clearly⟩, what shall we say?

⟨만약 우리의 불의가 하나님의 의를 더 분명하게 나타낸다면(=우리의 불의 때문에 하나님의 의가 더 분명하게 나타나면)⟩, 우리는 무엇이라고 말할까? 롬 3;5

unrighteousness[언롸이춰스니스] ; 사악함, 부당	bring out ~ ; ~을 나타내다
righteousness[롸이춰스니스] ; 정의	

089 All of them were filled with the Holy Spirit and began to speak in other tongues ⟨as the Spirit enabled them⟩.

그들 모두 성령으로 가득 차서 ⟨성령이 그들에게 가능하게 한 대로⟩ 다른 언어로 말하기 시작했다. 행 2;4

be filled with ~ ; ~로 가득 차다	tongue[텅] ; 혀, 언어
enable[이네이블] ~ ; ~에게 -을 가능하게 하다	

090 Now there have been many of those priests, ⟨since death prevented them from continuing in office⟩;

⟨죽음이 그들이 직무를 계속하는 것을 막아서(=죽음 때문에 그들이 직무를 못해서)⟩ 그런 제사장들이 많이 있었다. 히 7;23

priest[프뤼~스트] ; 제사장	continue[컨티뉴~] in office ; 계속 재임하다, 직무를 계속하다
A prevent[프뤼벤트] B from ~ing ; A는 B가 ~하는 것을 막다, A 때문에 B는 ~하지 못하다	

셋

목적어

셋. 목적어

1. 동사의 목적어로 쓰이는 것들

1) 명사

2) 대명사

3) 동명사

4) to부정사

5) 명사절

2. 찾기 어려운 목적어들

1) to부정사구, 동명사구가 목적어인 경우

2) 명사절이 목적어인 경우

3) 목적어에 수식어가 붙어있는 경우

1. to부정사를 목적어로 취하는 동사

1. to 부정사의 명사적 용법은 동사의 목적어 역할을 할 수 있다.

2. to 부정사는 소망이나 의도, 계획 등 미래적인 의미를 내포한다.

3. 미래적 의미를 가진 동사의 목적어에 to 부정사가 쓰인다.

    예) choose, decide, desire, expect, hope, intend, know, plan, want …

4. '의문사 + to 부정사'는 명사적 용법이다.

091 Teacher, we want to see a miraculous sign from you.

선생님, 우리가 당신에게서 기적을 보기를 원합니다. 마 12:38

miraculous[미래큘러스] sign ; 기적

092 The next day Jesus decided to leave for Galilee.

다음 날, 예수께서는 갈릴리로 떠나기로 결정하셨다. 요 1:43

decide[디싸이드] ~ ; ~을 결정하다   leave[(을)리~브] for ~ ; ~로 떠나다

093 ⟨If anyone **chooses** to do God's will⟩,

he **will find out** [whether my teaching **comes** from God] or [whether I **speak** on my own].

⟨만약 누구든지 하나님의 뜻을 행하기로 선택하면⟩,

그는 [내 교훈이 하나님에게서 온 것인지] 또는 [내가 마음대로 말한 것인지] 알게 될 것이다. 요 7:17

choose[츄~즈] ~ ; ~을 고르다	will ; 뜻, 의지
on one's own[오운] ; 자기 스스로, 혼자 힘으로	

094 He **agreed** to pay them a denarius for the day and **sent** them into his vineyard.

그는 그들에게 하루 한 데나리온을 주기로 약속하고 그들을 그의 포도원으로 보냈다. 마 20:2

denarius[디네어뤼어스] ; 데나리온	for the day ; 하루에
vineyard[뷔녀ㄹ드] ; 포도원	

⟨주의⟩ agree to 부정사가 일때, agree는 자동사이다.

095 ⟨When those came (who **were hired** first)⟩, they **expected** to receive more.

But each one of them also **received** a denarius.

⟨(처음에 고용된) 사람들이 왔을 때⟩, 그들은 더 많은 돈을 받을 것으로 기대했다. 그러나 그들 각 사람도 한 데나리온을 받았다. 마 20:10

be hired[하이어ㄹ드] ; 고용되다	expect [익스펙트] ~ ; ~을 기대하다, 예상하다

096 You **know** how to interpret the appearance of the sky.

너희는 하늘의 모습을(=징후를) 판단하는 방법을(=어떻게 판단하는지를) 알고 있다. 마 16:3

how to interpret[인터~ㄹ프릳] ~ ; ~을 판단하는 방법	appearance[어피어뤈스] ; 외관, 모양

2. 동명사를 목적어로 취하는 동사

1. 동명사는 명사처럼 동사의 목적어로 쓰일 수 있다.

2. 동명사는 현재나 과거의 의미를 내포한다.

3. 과거적 의미를 가진 동사 뒤에 목적어로 동명사가 쓰인다.

동명사를 목적어로 받는 동사
avoid, deny, enjoy, escape, finish, give up, keep, mind, put off, stop …

097 〈When Jesus **had finished** saying these things〉, he **left** Galilee.

〈예수께서 이것들을 말씀하시기를 마치시고〉, 그는 갈릴리를 떠나셨다. 마 19:1

finish [**휘니쉬**] ~ ; ~을 마치다	Galilee [**갤**럴리~] ; 갈릴리
left [(을)**레**흐트] ~ ; leave [(을)**리**~브] (~를 떠나다)의 과거	

098 You snakes! You brood of vipers! How **will** you **escape** being condemned to hell?

너희 뱀들아! 너희 독사의 자식들아! 어떻게 너희가 지옥으로 가도록 판결 된 것을 피하겠느냐? 마 23:33

snake [스**네**익] ; 뱀	brood [브**루**~드] ; 한배의 새끼
viper [**봐**이퍼ㄹ] ; 독사	escape [이스**케**잎] ~ ; ~을 면하다
be condemned [컨**뎀**드] to hell ; 지옥에 떨어지다	

099 Stop judging by mere appearances, and **make** a right judgment.

단지 겉모양으로 판단하지 말고, 올바른 판단을 하라. 요 7:24

judge by ~ ; ~로 판단하다	mere [**미**어ㄹ] ; 단순한
appearance [어**피**어뤈스] ; 외관, 겉보기	judgment [**줘**쥐먼트] ; 판단

3. to부정사와 동명사를 모두 목적어로 취하는 동사

begin, start, love, like, dislike, hate, prefer ...

100 The blind man **began** to shout, ["Jesus, Son of David, **have** mercy on me!"]

그 맹인은 ["다윗의 자손 예수여! 제게 자비를 베풀어 주십시오!"]라고 외치기를 시작했다. 막 10:47

shout[**샤**우트] ~ ; ~라고 외치다   have mercy [**머**~ㄹ씨] on ~ ; ~에게 자비를 베풀다

101 Jesus **entered** the temple area and **began** driving out those (who **were buying** and **selling** there).

예수께서 성전에 들어가셨다. 그리고 (거기서 물건을 사고파는) 사람들을 내쫓기 시작하셨다. 막 11:15

temple[**템**플] ; 성전   area [**에**어뤼어] ; 구역

drive out~ ; ~을 내쫓다

102 Jeremiah **started** to leave the city to go to the territory of Benjamin

to get his share of the property among the people there.

예레미야가 거기 있는 백성들 중에. 그의 재산의 몫을 받으려고 베냐민 땅으로 가려고 그 도시를 떠나기를 시작했다. 렘 37;12

Jeremiah[줴뤄**마**이어] ; 예레미야   leave [(을)**리**~브] ~; ~를 떠나다

territory[**테**뤄토~뤼] ; 지역, 땅   Benjamin [**벤**줘민] ; 베냐민

share[**쉐**어ㄹ] of the property [**프롸**퍼ㄹ티] ; 재산의 몫

103 They **replied**, ["Let us **start** rebuilding."] So they **began** this good work.

그들은 ["우리가 재건을 시작하자."]라고 대답했다. 그래서 그들은 이 선한 일을 시작했다. 느 2;18

rebuild [뤼~**빌**드] ; 재건하다

104 I **prefer** strangling and death, rather than this body of mine.

나는 나의 이 몸보다 숨이 막혀 죽는 것이 더 낫다. 욥 7:15

strangle[스트랭글] ; 질식하다

지팡이로 바다를 가르는 모세

4. to부정사나 동명사를 모두 목적어로 취하지만 의미 차이가 있는 동사

아래 동사들은 to부정사나 동명사 둘 다 목적어로 취할 수 있으나 뜻이 전혀 다르다.

동사	to 부정사가 목적어일 때	동명사가 목적어일 때
remember	~ 할 것을(미래) 기억하다	~ 했던 것을(과거) 기억하다
stop	※ 부사적 용법 (~하기 위해서) ※ stop to 부정사 ≠ 목적어	~ 하던 것을(과거) 멈추다
forget	~ 할 것을(미래) 잊다	~ 한 것을(과거) 잊다
regret	~ 하게 되어 유감이다	~ 을 후회하다
try	~ 을 하려고 노력하다	~을 시험 삼아 해보다, 시도하다

105 Remember to extol his work, (which men have praised in song).

그의 일을 찬양할 것을 기억하라. (그것을 사람들이 노래로 찬양하였다). 욥 36;24

extol[익스**토**울] ~ ; ~을 찬양하다　　　　praise[프**뤠**이즈] ~ ; ~을 찬양하다

106 I remember meeting your sister once.

나는 네 여동생을 한 번 만났던 것을 기억한다.

once[**원**스] ; 이전에, 한 번

107 Stop judging by mere appearances, and make a right judgment.

외모로만 판단하지 말고, 올바른 판단을 하여라. 요 7:24

mere[**미**어ㄹ] ; 단순한　　　　appearance[어**피**어뤈스] ; 외모

judgment[**줘**쥐먼트] ; 판단

108 <u>Who</u> **will have** pity on you, O Jerusalem? <u>Who</u> **will mourn** for you?

<u>Who</u> **will** stop to ask [how <u>you</u> are]?

오 예루살렘아 누가 너를 불쌍히 여기겠느냐? 누가 너를 위해 슬퍼하겠느냐? 누가 [네가 어떠한지를] 물으려고 걸음을 멈추겠느냐? 렘 15:5

have pity[피티] on ~ ; ~에게 연민을 품다	Jerusalem[줘루~설럼] ; 예루살렘
mourn[모~ㄹ온] for ~ ; ~을 애도하다	

※ stop 뒤에 'to 부정사'는 부사적 용법이다. 이때 stop은 자동사이다.

109 ⟨When <u>they</u> **went** across <u>the lake</u>⟩, the disciples **forgot** to take bread.

⟨그들이 호수를 건너갔을 때⟩, 제자들은 빵을 가져오는 것을 잊었다. 마 16:5

110 Did <u>you</u> **forget** meeting us <u>last</u> seminar?

지난 세미나 때 우리를 만난 것을 잊었어?

last[(을)래스트, (을)라~스트] ; 지난, 요전의	seminar[쎄머나~ㄹ] ; 세미나, 연구 집회, 전문가 회의

111 ⟨As <u>you</u> **are going** with <u>your</u> adversary to <u>the</u> magistrate⟩,

try hard to be reconciled to him on <u>the way</u>.

⟨네가 너를 고소하는 사람과 함께 판사에게 갈 때⟩, 도중에 그와 화해하도록 열심히 노력해라. 눅 12:58

adversary[애드붜쎄뤼] ; 상대	magistrate[매줘스트레잍] ; 치안 판사
be reconciled[뤠컨싸일드] to ~ ; ~와 화해하다	on the way ; 도중에, 가는 길에

112 <u>David</u> **fastened** on <u>his</u> sword over <u>the</u> tunic and **tried** walking around,

⟨because <u>he</u> **was** not used to them⟩.

다윗은 겉옷에 그의 칼을 동여매고 시험 삼아 주위를 걸어 보았다. ⟨왜냐하면 그는 그것에 익숙하지 않았기 때문이었다⟩. 삼상 17:39

fasten[홰쓴] on ~ ; ~을 단단히 고정시키다	sword[쏘~ㄹ드] ; 칼
tunic[튜~닉] ; 겉옷	walk around ; 걸어 다니다
be not used[유~스트] to ~ ; ~에 익숙하지 않다	

113 My brother **regretted** **wasting** money.

형은 돈을 **낭비한 것을** 후회했다.

waste[**웨**이스트] ~ ; ~을 낭비하다

114 I **regret** to tell you [that you have failed the entrance exam].

나는 [당신이 입학시험에 떨어졌다고] **말하게 되어** 유감스럽다.

entrance[**엔**트뤈스] ; 입학, 입사   exam[이그**잼**] ; 시험

기드온의 승리

5. 동사의 목적어로 쓰인 명사절

1. 접속사 that절

2. 관계대명사 what절

3. 의문사절(=간접의문문)

4. 접속사 whether나 if절(=의문사가 없는 간접의문문)

5. 복합관계대명사절

6. 따옴표(" ")로 인용된 문장

1. 접속사 [that절]

115 The Scripture **declares** [that the whole world is a prisoner of sin].

성경은 [세상 전체가 (=우리들이) 죄의 포로**라고**] 선언한다. 갈 3:22

Scripture[스크**맆**춰ㄹ] ; 성서, 성경	declare[디클**레**어ㄹ] ~ ; ~을 선언하다
prisoner[프**뤼**저너ㄹ] ; 죄수, 포로	

116 Do <u>you</u> not **know** [that your body is a temple of the Holy Spirit]?

너희는 [너희 몸이 성령의 전이라는 **것**]을 모르느냐? 고전 6:19

temple[**템**플] ; 성전

2. 관계대명사 [what 절]

117 <u>You</u> **do** not **realize** now [what <u>I</u> am doing], but later <u>you</u> will understand.

네가 지금은 [내가 행하고 있는 **것**]을 깨닫지 못하지만 나중에 너는 이해할 것이다. 요 13:7

realize[**뤼**~얼라이즈] ~ ; ~을 깨닫다	later[(을)**레**이터ㄹ] ; 뒤에, 나중에
understand[언더ㄹ스**탠**드] ~ ; ~을 이해하다	

3. 의문사 절(=간접의문문)

118 Do not **worry** about your life, [**what** you will eat or drink].

너희 목숨을 위하여 [너희가 **무엇을** 먹을까 또는 무엇을 마실까] 걱정하지 마라. 마 6:25

worry[**워~뤼**] ~ ; ~을 걱정하다

119 See [how the lilies of the field **grow**]. They **do** not **labor** or spin.

[들에 백합꽃들이 **어떻게** 자라는가] 보아라. 그들은 수고나 옷감을 짜지 않는다. 마 6:28

lily[(을)**릴**리] ; 백합   labor[(을)**레**이버ㄹ] ; 일하다

spin[스**핀**] ; 방적하다, (실을) 잣다

120 The man (who **walks** in the dark) **does** not **know** [**where** he is going].

(어둠 속에서 걷는) 사람은 [그가 **어디로** 가고 있는지]를 모른다. 요 12:35

dark[**다**~ㄹ크] ; 어둠, 암흑

4. whether나 if 절

121 I **care** very little ⟨**if** I am judged by you or by any human court⟩.

⟨내가 너희에 의해 또는 어떠한 사람의 법정에 의해 판단이 **되든지**⟩ 나는 거의 관심이 없다. 고전 4:3

care[**케**어ㄹ] ; 걱정하다   care very little ~ ; ~에 별로 신경 쓰지 않다

little ; 거의 ~이 아니다

※ 부사절을 이끄는 접속사 if(= even if)

122 In this way I **will test** them and see [**whether** they will follow my instructions].

이렇게 나는 그들을 시험하고 [그들이 내 지시를 따르**는지**] 볼 것이다. 출 16:4

test[**테스트**] ~ ; ~을 시험하다   follow[**활**로우] ~ ; ~을 따르다

instructions[인스트**럭**션즈] ; 지시, 명령

5. **복합관계대명사** 절 (*123은 '명사절', 124는 '양보의 부사절'이다)

123 Eat [whatever is put before you] without raising questions of conscience.

[너희 앞에 차려진 것은 **무엇이든지**] 양심의 가책을 제기하지 말고 먹어라. 고전 10;27

raise[**뤠**이즈] questions ; 문제를 제기하다	conscience[**칸**션스] ; 양심

124 I tell you, [⟨whoever acknowledges me before men⟩,

the Son of Man will also acknowledge him before the angels of God].

내가 너희에게 말한다. [⟨**누가** 사람들 앞에서 나를 시인하**든지**⟩ 인자도 하나님의 천사들 앞에서 그를 또한 시인할 것이다]. 눅 12;8

whoever~ ; 누가 ~하든지	acknowledge[애크**날**리쥐] ~ ; ~를 인정하다
angel[**에인**쥘] ; 천사	

6. 따옴표(" ")로 인용된 문장

125 They were terrified and asked each other,

["Who is this? Even the wind and the waves obey him!"]

그들은 두려워하며, 서로에게 ["이분이 누구냐? 심지어 바람과 파도도 그에게 복종한다!"]라고 물었다. 막 4;41

terrified[**테**뤄화이드] ; 겁먹은	even[**이**~븐] ; ~조차
wind[**윈**드] ; 바람	wave[**웨**이브] ; 파도, 풍랑
obey[오우**베**이] ~ ; ~에게 복종하다	

6. 가목적어 it

1. to부정사구 / 동명사구 / that절 등이 목적어인 경우 가목적어 it를 활용한다.

1. 진목적어가 to부정사인 경우, 가목적어 it

126 〈When <u>we</u> **could stand** it no longer〉, <u>we</u> **thought** it best **to be left** by ourselves in Athens.

〈우리가 그것을 더 이상 견딜 수 없을 때〉, 우리만 아테네에 **남는 것**이 최선이라고 생각했다. 살전 3:1

stand[스**탠**드] ~ ; ~을 견디다	be left by oneself ; 혼자 남다
Athens[**애**씬즈] ; 아테네	

127 Make it your ambition **to lead** a quiet life, **to mind** your own business and **to work** with your hands.

조용한 삶을 살고, 너희 일에 **마음을 쓰고** 너희 손으로 **일하는 것**을 목표로 삼아라. 살전 4:11

ambition[앰**비**션] ; 야망, 포부	lead a quiet life ; 조용한 생활을 하다
mind one's own business ; 자기 일에 신경 쓰다	

128 <u>We</u> **make** it our goal **to please** him, 〈whether <u>we</u> **are** at home in <u>the</u> body or **away** from it〉.

〈우리는 몸으로 있든지(=세상에 있든지) 떠나든지〉 그를 **기쁘시게 하는 것**을 우리의 목표로 삼는다. 고후 5:9

goal[**고**울] ; 목적, 목표

2. 진목적어가 동명사인 경우, 가목적어 it

129 They found it pleasant talking with God.

그들은 하나님과 이야기하는 것이 즐겁다는 것을 알았다.

> pleasant[플레전트] ; 유쾌한, 기분이 좋은

3. that 절이 전치사의 목적어인 경우, 가목적어 it

130 You will hear of wars and rumors of wars, but see to it [that you are not alarmed].

Such things must happen, but the end is still to come.

너희는 전쟁과 전쟁 소문을 들을 것이다. 그러나 [너희는 놀라지 않도록] 주의하라. 그런 일들이 반드시 일어나야 하지만, 끝은 아직 아니다. 마 24:6

> hear[히어ㄹ]of ~ ; ~에 관해 듣다(=hear ~)　　　rumor[루~머ㄹ] ; 소문
>
> alarmed[얼라~ㄹ암드] ; 놀란　　　happen[해편] ; (사건이 우연히) 일어나다
>
> be still to come ; 아직 남아있다, 올 예정이다

7. 전치사의 목적어

1. 전치사 뒤엔 언제나 목적어가 뒤 따른다.
2. 전치사의 목적어로 '명사 / 대명사 / 동명사 / 명사절(접속사 that이 인도하는 명사절은 제외)
   / 의문사+to 부정사' 등이 쓰인다.
3. 전치사 except, save, but(~을 제외하고)은 that절은 물론 to부정사나 원형부정사, 부사나 부사구,
   부사절을 목적어로 받는다.

1. 전치사의 목적어로 명사가 쓰인 경우

131 He came as a witness to testify concerning that light.

그는 그 빛에 대해 증언하기 위해 증인으로 왔다. 요 1:7

witness[위트니스] ; 증인	testify[테스터화이] ; 증언하다, 증명하다
concerning[컨써~ㄹ닝] ~; ~에 관하여	

132 Who can forgive sins but God alone?

하나님 제외하고 누가 죄를 용서할 수 있다는 말인가? 막 2:7

forgive[훠ㄹ기브] ~ ; ~를 용서하다	but[벝] ~; ~ 이외에
alone[얼로운] ; 오로지, 단지, ~뿐	

2. 전치사의 목적어로 대명사가 쓰인 경우

133 The Twelve and the others around him asked him about the parables.

열두 제자들과 그 주변에 있는 다른 사람들이 그 비유들에 대해서 물었다. 막 4:10

the Twelve[트웰브] ; 그리스도의 12 사도	parable[패뤄블] ; 비유

3. 전치사의 목적어로 **동명사**가 쓰인 경우

134 On hearing his words, some of the people said, ["Surely this man is the Prophet."]

그의 말을 듣고(=듣자마자), 어떤 사람들은 ["확실히 이 사람이 그 예언자다"]라고 말했다. 요 7;40

on ~ing ; ~하자마자   prophet [프**롸**휕] ; 예언자

135 Did you receive the Spirit by observing the law, or by believing [what you heard]?

너희가 성령을 받은 것이 율법을 지켜서냐? 혹은 [너희가 들은 것]을 믿어서냐? 갈 3:2

observe [업**저**~ㄹ브] ~ ; ~을 지키다

136 All Scripture is God-breathed

and is useful for teaching, rebuking, correcting and training in righteousness.

모든 성경은 하나님의 감동(=영감)으로 되었고 가르치고, 꾸짖고, 바르게 하고 의로 훈련하는 데 유용하다. 딤후 3:16

God-breathed [갇-브뤠스트] ; 신의 숨결인   rebuke [뤼**뷰**~크] ; 꾸짖다

correct [커**뤡**트] ; 고치다   train [트뤠인] ; 가르치다, 훈련하다

righteousness [**롸**이춰스니스] ; 의

4. 전치사의 목적어로 '**의문사 + to 부정사**'가 쓰인 경우

137 〈When they arrest you〉, do not worry about what to say or how to say it.

〈그들이 너희를 체포할 때〉, 무엇을 말할지 또는 그것을 어떻게 말할지를(=에 대하여) 걱정하지 마라. 마 10:19

worry about ~ ; ~을 걱정하다   what to say ; 무엇을 말할지

how to say it ; 그것을 어떻게 말할지

5. 전치사의 목적어로 명사절이 쓰인 경우

138 All (who **heard** it) were amazed at [**what** the shepherds **said** to them].

(그것을 들은) 모든 사람들이 [목자들이 그들에게 말한 **것**]에 놀랐다. 눅 2:18

be amazed[어**메**이즈드] at ~ ; ~에 놀라다

shepherd[**쉐**퍼ㄹ드] ; 목자

6. 원형 부정사를 목적어로 받는 전치사 except (~을 제외하고)

139 Jesus **could** not **do** any miracles, except **lay** his hands on a few sick people and **heal** them.

예수께서는 몇 명의 병든 사람들에게 손을 **얹어** 그들을 **고쳐 주시는 것을** 제외하고, 어떤 기적들도 행할 수 없었다. 막 6:5

miracle[**미**뤄클] ; 기적

except[익**쎕**트] ~ ; ~을 제외하고

lay one's hands on ~ ; ~에 손을 얹다

7. to 부정사를 목적어로 받는 전치사 except (~을 제외하고)

140 You **are** the salt of the earth. But ⟨if the salt **loses** its saltiness⟩, how **can** it **be made** salty again?

It **is** no longer good for anything, except to be thrown out and trampled by men.

너희는 세상의 소금이다. 그런데 ⟨소금이 그 짠맛을 잃으면⟩ 어떻게 그것이 다시 짜게 될 수 있겠느냐?

그것은 **밖에 버려져** 사람들에게 **짓밟히는 것** 외에 더 이상 쓸모가 없다. 마 5;13

salt[**쏘**~올트] ; 소금

saltiness[**쏘**~올티니스] ; 짠맛

salty[**쏘**~올티] ; 짠

throw[**스로**우] out ~ ; ~을 버리다

trample[**트램**플] ~ ; ~을 밟다

8. 부사(구, 절)를 목적어로 받는 전치사 except (~을 제외하고)

141 Jesus answered, ["I am the way and the truth and the life.
No one comes to the Father except through me."]

예수께서 ["내가 바로 그 길이고 진리고 생명이다. 나를 통하지 않고는 아버지께로 올 사람이 없다."]라고 대답하셨다. 요 14:6

> way[웨이] ; 길   life[(을)라이흐] ; 생명
>
> truth[트루스] ; 진리

9. that 절을 목적어로 받는 전치사 except (~을 제외하고)

142 He could not do any miracles there,
except [that he placed his hands on a few sick people and healed them].

그는 [몇 명의 환자에게 손을 얹어 그들을 고쳐 주신 것]을 제외하고, 거기서 어떤 기적들을 행할 수 없었다. 막 6:5

> place one's hands on ~ ; ~에 손을 얹다

10. that 절을 목적어로 받는 전치사 save (=except, but ~을 제외하고)

143 My mom is well save [that she has a cold].

[감기가 든 것] 외에는 엄마는 건강하시다.

> have a cold[코울드] ; 감기에 걸리다

8. 목적어로 쓰이는 재귀대명사의 재귀 용법

1. 주어의 동작이 자신에게 미칠 때(=동사의 목적어가 주어와 같을 때), 재귀대명사가 목적어로 쓰인다.
   이 경우 재귀대명사는 생략할 수 없다.

2. 재귀대명사가 동사의 목적어로 쓰일 때 '재귀 용법'이라고 한다.

1. 동사의 목적어로 쓰인 재귀대명사

144 I appeared to Abraham, to Isaac and to Jacob as God Almighty,
but by my name the LORD I did not make myself known to them.

나는 아브라함과 이삭과 야곱에게 전능자 하나님으로 나타났으나, 여호와라는 이름으로는 나는 그들에게 나 자신을 알리지 않았다. 출 6:3

appear[어**피**어ㄹ] ; 나타나다	Abraham[**에**이브뤄햄] ; 아브라함
Isaac[**아**이젘] ; 이삭	Jacob[**줴**이컵] ; 야곱
Almighty[오~올**마**이티] ; 전능자	make oneself known to ~ ; 자신을 ~에게 알리다

145 Lord, don't trouble yourself, for I do not deserve to have you come under my roof.

주님, 수고하지 마십시오. 왜냐하면 저는 당신을 저의 집에 오게 할 자격이 없습니다. 눅 7:6

trouble oneself ; 수고하다	for ; 왜냐하면
do not deserve[디**저**~ㄹ브] to 부정사 ; ~할 자격이 없다	

146 Everyone (who exalts himself) will be humbled, and he (who humbles himself) will be exalted.

(자신을 높이는) 모든 사람은 낮아질 것이다. 그리고 (자신을 낮추는) 사람은 높아질 것이다. 눅 14:11

exalt[이그**조**~올트] ~ ; ~을 높이다	humble ~ ; ~을 낮추다
be humbled[**힘**블드] ; 굴욕을 당하다, 낮아지다	

147 Nevertheless, I **have** this against you:
You **tolerate** that woman Jezebel, (who **calls** herself a prophetess).

그러나 나는 너에게 책망할 일이 있다. 너는 (자신을 예언자라고 부르는) 여자 이세벨을 용납하고 있다. 계 2:20

tolerate [**탈**러뤠일] ~ ; ~을 묵인하다	Jezebel [**줴**저벨] ; 이세벨
prophetess [**프롸**휘티스] ; 여자 예언자	

148 It **hurls** itself against him without mercy 〈as he **flees** headlong from its power〉.

〈그가 그것의 힘으로부터 쏜살같이 달아나려 하지만〉 그것이 그에게 사정없이 몰아친다. 욥 27:22

mercy [**머**~ㄹ씨] ; 자비	without mercy ; 무자비하게
flee [**흘리**~] ; 달아나다	headlong [**헤**들로~옹] ; 급하게, 허둥지둥

149 Up to this very day we **have** not **cleansed** ourselves from that sin,
〈even though a **plague** **fell** on the community of the LORD〉!

〈비록 여호와의 회중에 재앙이 내렸으나〉 오늘까지 우리가 그 죄에서 우리 자신들을 정결하게 하지 못하였다. 수 22:17

cleanse [클렌즈] ~ ; ~을 정결하게 하다	plague [플레이그] ; 전염병
community [커**뮤**~너티] ; 공동체	LORD [(을)**로**~ㄹ드] ; 여호와

150 All of you (who **were baptized** into Christ) **have clothed** yourselves with Christ.

(세례를 받아 그리스도 안에 있는) 모든 사람은 자신을 그리스도로 옷을 입었다. 갈 3:27

be baptized [뱁**타**이즈드] ; 세례를 받다	clothe [클**로**우드] ~ ; ~에게 옷을 입히다

151 Even the priests, (who **approach** the LORD), **must consecrate** themselves,
or the LORD **will break out** against them.

(여호와께 가까이하는) 제사장들도 자신들을 성결하게 해야 한다. 그렇지 않으면 여호와가 그들을 치실 것이다. 출 19:22

priest [프**뤼**~스트] ; 제사장	approach [어프**로**우취] ~ ; ~에 다가가다, 접근하다
consecrate [**칸**써크뤠일] ~ ; ~을 신성하게 하다	
break out against ~ (=break out and destroy ~) ; 뛰쳐나와 ~을 멸하다	

9. 재귀대명사의 관용적 용법

타동사 + 재귀대명사	help oneself	제멋대로 쓰다, 훔치다
	come to oneself	정신이 돌아오다
	make oneself at home	편하게 쉬다
	avail oneself of	~을 이용하다
전치사 + 재귀대명사	by oneself	혼자서, 혼자 힘으로
	for oneself	스스로
	in itself	원래, 그 자체로
	of oneself	저절로
	beside oneself	제 정신이 아닌
	between ourselves	우리끼리 이야기인데

152 He **did** not **say** this ⟨because he **cared** about the poor⟩ but ⟨because he **was** a thief⟩; as keeper of the money bag, he **used to** help himself to [what **was put** into it].

그가 이렇게 말한 것은 ⟨그가 가난한 사람들을 생각해서⟩가 아니라 ⟨그는 도둑이었기 때문이다⟩.

돈 가방을 지키는 자로서 그는 [그 안에 있는 것]을 제멋대로 쓰곤 했다. 요 12:6

care [케어ㄹ] about ~ ; ~을 걱정하다   thief [씨~흐] ; 도둑

keeper [키~퍼ㄹ] ; 관리인

153 ⟨After he **had dismissed** them⟩, he **went up** on a mountainside by himself to pray.

⟨그는 그들을 해산시킨 후⟩, 그는 기도하러 홀로 산 위에 올라가셨다. 마 14:23

dismiss [디스미스] ~ ; ~을 해산시키다   mountainside [마운튼싸이드] ; 산허리, 산기슭

154 All by itself the soil produces grain.

first the stalk, then the head, then the full kernel in the head.

땅은 **혼자서** 곡물을 생산한다. 먼저 줄기, 다음에는 이삭, 마침내 이삭에 낟알을 생산한다. 막 4:28

soil[**쏘**일] ; 흙, 토양	grain[그**뤠**인] ; 알곡
stalk[스**토**~크] ; 줄기	head ; 이삭
kernel[**커**~ㄹ늘] ; 열매	

155 Why don't you judge for yourselves [what is right]?

왜 너희는 [무엇이 옳은지를] **스스로** 판단하지 못하느냐? 눅 12:57

why don't you ~? ; 왜 ~하지 못하니?	judge[**줘**쥐] ~ ; ~을 판단하다

156 As one (who is in the Lord Jesus),

I am fully convinced [that no food is unclean in itself].

(주 예수 안에 있는) 사람으로, 나는 [어떤 음식도 **그 자체로** 부정하지 않다고] 확신한다. 롬 14;14

fully[**훌**리] ; 완전히, 전적으로	be convinced[컨**뷘**스트]that ~ ; ~을 확신하다
unclean[언클**리**~인] ; 더러운, 불결한	

사자와 싸우는 삼손

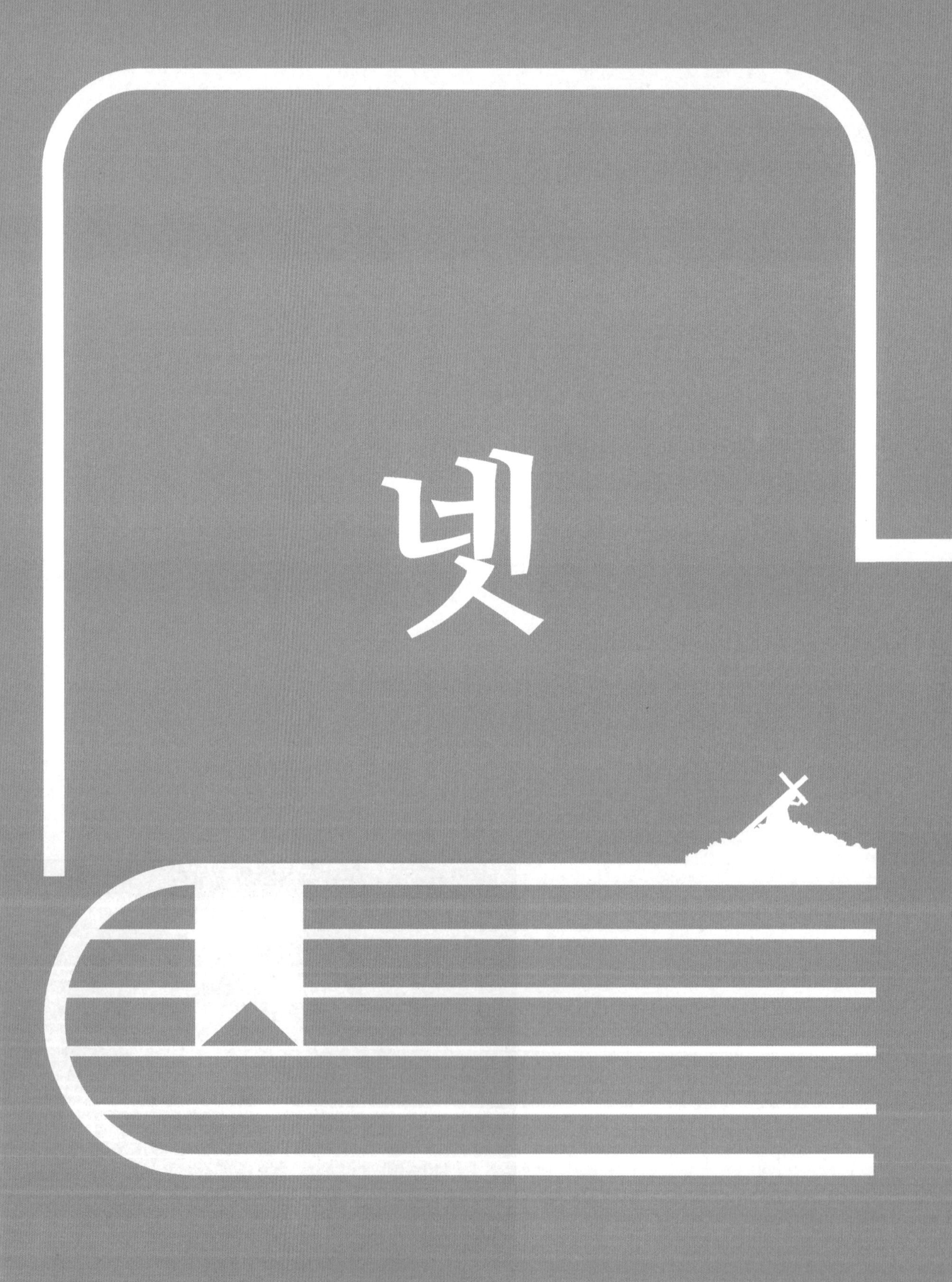

보어

넷. 보어

1. 주격보어는 주어를 보충 설명하여 문장을 완성한다.

2. 목적격보어는 목적어를 보충 설명하여 문장을 완성한다.

3. 보어로 쓰이는 것들은 다음과 같다.

명사보어	명사 동명사 to부정사 명사절
형용사보어	형용사 현재분사 과거분사 to부정사

1. 주격보어로 쓰인 명사와 형용사

1. 주격보어는 주어를 보충 설명한다. (주어 = 주격보어)

2. 주격보어로 '명사 [형용사'가 주로 쓰인다. (부사는 보어로 쓰일 수 없다.)

3. 명사 상당 어구인 'to부정사 [동명사 [명사절'도 주격보어로 쓰일 수 있다.

1. 명사 보어

157 The Word **became** flesh and **made** his dwelling among us.

말씀이 사람이 되었다. 그리고 우리 가운데 그의 거처를 만드셨다(=사셨다). 요 1:14

the Word[**워**~ㄹ드] ; 하나님의 말씀	flesh[**흘레**쉬] ; 육체, 몸
dwelling[드**웰**링] ; 집	

158 You **are** all sons of God through faith in Christ Jesus.

너희들 모두는 그리스도 예수 안에서 믿음을 통해 하나님의 아들들이다. 갈 3:26

faith[**훼**이스] ; 믿음

159 The fruit of the Spirit **is** love, joy, peace, patience, kindness, goodness, faithfulness, gentleness and self-control.

성령의 열매는 사랑과 희락과 화평과 오래 참음과 자비와 양선과 충성과 온유와 절제이다. 갈 5:22-23

fruit[**흐루**~트] ; 열매	the Spirit[스**피륕**] ; 성령
love[(을)**러**브] ; 사랑	joy[**죠**이] ; (큰) 기쁨
peace[**피**~스] ; 평화	patience[**페**이션스] ; 참을성, 인내
kindness[**카**인(드)니스] ; 친절, 다정함	goodness[**굳**니스] ; 선량함
faithfulness[**훼**이스훨니스] ; 충실함	gentleness[**젠**틀니스] ; 온유, 온화함, 관대함

2. 형용사 보어

160 All the people in the synagogue **were** furious 〈when they **heard** this〉.

〈그들이 이것을 들었을 때〉 회당 안에 있던 모든 사람들이 화를 냈다. 눅 4:28

synagogue[**씨**너각] ; 유대교회당, 회당　　　　　furious[**휴**어뤼어스] ; 격노한

161 〈When the wine **was** gone〉, Jesus' mother **said** to him, ["They **have** no more wine."]

〈포도주가 바닥났을 때〉, 예수의 어머니가 그에게 ["포도주가 다 떨어졌다"]라고 말했다. 요 2:3

gone[**고**~온] ; 다 써버린

3. 명사 상당 어구 보어(=to 부정사)

162 My food **is** to do the will of him (who **sent** me) and to finish his work.

나의 음식은 (나를 보내신) 분의 뜻을 행하고 그분의 일을 끝내는 것이다. 요 4:34

4. 명사 상당 어구 보어(=동명사)

163 It is throwing the money away.

그것은 돈을 낭비하는 것이다.

throw ~ away ; ~을 낭비하다, 버리다

5. 명사 상당 어구 보어 (=that 절)

164 Father's will **is** [that everyone (who **looks** to the Son and **believes** in him) **shall have** eternal life].

아버지의 뜻은 [(아들을 보고 그를 믿는) 모든 사람이 영생을 얻는 것]이다. 요 6:40

> look to ~ ; ~을 기대하여 기다리다   believe in ~ ; ~를 믿다
>
> eternal [이**터**~ㄹ늘] ; 영원한

6. 명사 상당 어구 보어 (=의문사절)

165 This **is** [how the birth of Jesus Christ **came about**].

이렇게 [예수 그리스도의 탄생이 일어났다]. (=이것이 [어떻게 예수 그리스도의 탄생이 일어났는가]이다.) 마1:18

> come about ; 일어나다

다곤 신전을 무너트리는 삼손

2. 주격보어로 쓰인 현재분사와 과거 분사

1. 사람이 주어이며 감정형용사가 주격보어일 때, 과거분사(~ed)를 써야한다.

   amazed, bored, depressed, disappointed, excited, exhausted, frightened, interested, pleased, satisfied, tired, worried ...

2. 사물이 주어이며 감정형용사가 주격보어일 때, 현재분사(~ing)를 써야한다.

   amazing, boring, depressing, disappointing, exciting, exhausting, frightening, interesting, pleasing, satisfying, tiring, worrying ...

3. 다음 2형식 동사 뒤에 to 부정사가 주격보어로 쓰일 수 있다.

seem + to 부정사	~인 것 같다
appear + to 부정사	~처럼 보이다
turn out + to 부정사	~로 밝혀지다
prove + to 부정사	~으로 증명되다

1. 사람이 주어이며 감정 형용사가 주격보어

166 They were terrified and asked each other,

["Who is this? Even the wind and the waves obey him!"]

그들은 두려워하며, 서로에게 ["이분이 누구냐? 심지어 바람과 파도도 그에게 복종한다!"]라고 물었다. 막 4:41

terrified[테뤼화이드] ; 겁먹은   obey[오우베이] ~ ; ~에게 복종하다

167 <u>Simon Peter</u> and <u>all his companions</u> were astonished at the catch of fish.

시몬 베드로와 그의 동료들은 잡은 고기를 보고 놀랐다. 눅 5:9

Simon Peter[싸이먼 피~터ㄹ] ; 시몬 베드로	companion[컴패년] ; 친구, 동료
be astonished[어스타니쉬트] at ~ ; ~에 놀라다	

168 <u>Paul</u> was not ashamed of the gospel,

⟨because <u>it</u> is the power of God for the salvation of everyone (who **believes**)⟩.

바울은 복음을 부끄러워하지 않았다. ⟨왜냐하면 그것이 (믿는) 모든 사람의 구원을 위한 하나님의 능력이기 때문이다⟩. 롬 1:16

Paul[포~올] ; 바울	be ashamed[어쉐임드] of ~ ; ~을 부끄러워하다
salvation[쌜붸이션] ; 구원	

2. 사물이 주어이며 감정 형용사가 주격보어

169 And the <u>Lord God</u> **made** all <u>kinds</u> of trees grow out of the ground —

trees (that **were** pleasing to the eye and good for food).

주 하나님은 (보기에 즐거운 그리고 음식으로 좋은) 모든 종류의 나무들이 땅에서 자라게 하셨다. 창 2:9

Lord[(을)로~ㄹ드] ; 주	kind[카인드] ; 종류
out of ~ ; ~에서	ground[그롸운드] ; 땅
pleasing[플리~징] ; 만족을 주는	

170 There **are** <u>three things</u> (that **are** too amazing for me), <u>four</u> (that <u>I</u> do not **understand**).

(나에게 너무 놀라운) 세 가지 일이 있다. 그리고 (내가 이해하지 못하는) 네 가지 일이 있다. 잠 30:18

amazing[어메이징] ; 놀라운

3. 2형식 동사 뒤에 to 부정사 주격보어

171 On the contrary, those parts of the body (that **seem** to be weaker) are indispensable.

반대로, 몸에서 (더 약해 보이는) 그러한 부분들이 없어서는 안 된다. 고전 12:22

on the contrary [칸트뤠뤼] ; 오히려

indispensable [인디스펜써블] ; 없어서는 안 되는, 필수의

172 ⟨If the spot on his skin is white but **does** not **appear** to be more than skin deep and the hair in it **has** not **turn** white⟩,

the priest **is** to put the infected person in isolation for seven days.

⟨그의 피부의 그 부분이 희지만 피부 한 꺼풀보다 더 깊어 보이지 않고 그곳의 털이 하얘지지 않으면⟩,

제사장은 감염된 사람을 7일 동안 격리시켜야 한다. 레 13;4

spot [스팥] ; 지점, 부분

turn [터~ㄹ언] ; 변화하다

infected [인휄티드] ; 감염된

skin deep [디~입] ; 살갗 한 꺼풀 깊이의

priest [프뤼~스트] ; 성직자, 사제

isolation [아이설레이션] ; 격리

173 Fear of man **will prove** to be a snare, but [whoever **trusts** in the Lord] is kept safe.

인간에 대한 두려움은 덫이 될 것이다, 그러나 [주를 신뢰하는 사람은 누구든지] 안전하다. 잠 29:25

prove to be ; ~이 되다, 증명하다

trust [트뤄스트] in ~ ; ~을 신뢰하다

snare [스네어ㄹ] ; 올가미, 덫

safe [쎄이흐] ; 안전한

3. be동사의 주격보어로 쓰인 to부정사(=be to용법)

be 동사 뒤 보어 자리에 오는 to 부정사가

예정(~하기로 되어 있다),

의무(~해야 한다),

운명(~할 운명이다)

가능(~할 수 있다),

의도(~하려한다) 등의 의미로 '형용사적 용법'일 때 이것을 'be to 용법'이라고 한다.

  * be 동사 뒤에 보어인 'to 부정사'가 '명사적 용법'일 때는 '~하는 것'이라고 해석한다.

174 Surely <u>this</u> is the Prophet (who **is to come** into the world).

확실히 이분은 (세상에 **오실 예정인**) 그 예언자다. 요 6:14

> surely [**슈**어ㄹ리] ; 확실히

175 <u>Your wife Elizabeth</u> **will bear** you a son, and <u>you</u> **are to give** him the name John.

네 아내 엘리사벳이 네게 아들을 낳아줄 것이다. 그리고 너는 그에게 요한이라는 이름을 **주어야 한다**. 눅 1:13

> Elizabeth [일**리**저버스] ; 엘리자베스　　　　　bear [**베**어ㄹ] A a son ; A에게 아들을 낳아주다

176 <u>You</u> **are** not to be called 'Rabbi,' for <u>you</u> **are** all brothers.

너희는 '선생'이라고 **불리지 않도록 해라**. 왜냐하면 너희 모두는 형제들이다. 마 23:8

> Rabbi [**뢔**바이] ; 랍비, 율법학자, 선생

177 <u>Everything</u> (<u>God</u> **created**) is good, and <u>nothing</u> **is to be rejected**

⟨if <u>it</u> **is received** with thanksgiving⟩.

(하나님께서 지으신) 모든 것이 선하다. 그리고 ⟨그것을 감사함으로 받으면⟩ 버릴(=버려질) 것이 없다. 딤전 4:4

create[크뤼**에**이트] ~ ; ~을 창조하다	be rejected[뤼**젝**티드] ; 거절당하다
thanksgiving[쌩크스**기**빙] ; 감사	

178 ⟨If only for <u>this</u> life <u>we</u> **have** hope in Christ⟩, <u>we</u> **are to be pitied** more than all men.

⟨만일 그리스도 안에서 우리가 바라는 것이 다만 이 세상의 삶뿐이면⟩, 우리는 모든 사람들보다 더욱 **불쌍히 여겨질 것이다**. 고전 15:19

be pitied[**피**티드] ; 불쌍히 여겨지다

179 ⟨If <u>the spot</u> on his skin **is** white but **does** not **appear** to be more than skin deep

and <u>the hair</u> in it **has** not **turn** white⟩,

<u>the priest</u> **is to put** the infected person in isolation for <u>seven days</u>.

⟨그의 피부의 그 부분이 희지만 피부 한 꺼풀보다 깊지 않고 그곳의 털이 하얘지지 않으면⟩, 제사장은 감염된 사람을 7일 동안 격리 **시켜야 한다**. 레 13:4

skin deep[**디**~잎] ; 살갗 한 꺼풀 깊이의	priest[프**뤼**~스트] ; 성직자, 사제
infected[인**휑**티드] ; 감염된	isolation[아이설**레**이션] ; 격리

180 By this <u>he</u> **meant** the Spirit, [whom <u>those</u> (who **believed** in him) **were** later **to receive**].

Up to <u>that</u> time the <u>Spirit</u> **had** not **been given**, ⟨since <u>Jesus</u> **had** not yet **been glorified**⟩.

이것으로 그는 [(그를 믿는) 사람들이 나중에 **받을**] 성령에 대하여 하신 말씀이었다. 요 7:39

⟨예수께서 아직 영광을 받으시지 않았기 때문에⟩ 그때까지 성령을 받지 못했다.

meant[**멘**트] ~ ; mean[**미**~인] (~을 의미하다)의 과거	
be glorified[글**로**뤄화이드] ; 영광을 받다	up to ~ ; ~까지

4. 목적격보어로 쓰인 명사와 형용사

1. 목적격 보어는 목적어의 상태를 보충 설명한다.

2. '목적어 = 목적격 보어'의 등식을 갖는다.

3. 목적격 보어로 '명사 / 형용사'가 주로 쓰인다.

1. 명사보어

181 ["Come, follow me"], Jesus said, ["and I will make you fishers of men."]

예수께서 말씀하셨다. ["나를 따라 오너라, 그러면 내가 너희를 사람을 낚는 어부로 만들 것이다."] 마 4:19

> fisher of men ; 사람들을 낚는 어부

182 I no longer **call** you servants, 〈because a servant **does** not **know** his master's business〉.

Instead, I **have called** you friends,

for everything (that I **learned** from my Father) I **have made** known to you.

나는 더 이상 너희를 종이라고 부르지 않겠다. 〈왜냐하면 종은 주인의 일을 모른다〉.

대신에 내가 너희를 친구라고 부른다, 왜냐하면 (내가 아버지께 들은) 모든 것을 너희에게 알려 주었기 때문이다. 요 15:15

> servant [써~ㄹ붠트] ; 하인, 종   instead [인스테드] ; 대신에
>
> make known to ~ ; ~에게 알리다

2. 형용사보어

183 From now on all generations will call me blessed.

이제부터는 모든 세대가 나를 복되다고 부를 것이다. 눅 1:48

from now on ; 이제부터

generation [줴너뤠이션] ; 세대

blessed [블레시드] ; 복을 받은

184 Our Lord Jesus Christ will keep you strong to the end.

우리 주 예수 그리스도께서 너희를 끝까지 강하게 하실 것이다. 고전 1:8

to the end ; 끝까지

소년 사무엘

5. 목적격보어로 쓰인 to부정사

1. 요청, 명령, 충고 등의 동사 뒤에 쓰인 목적어와 목적격보어의 관계가 능동일 때 목적격보어로 to부정사가 쓰인다.

2. 요청, 명령, 충고 등의 동사는 다음과 같다.

명령	order	주장	insist, urge
제안, 권유	suggest, propose, recommend	소망	desire, want
요구	ask, demand, require, request	충고	advise

185 Jesus **got** into one of the boats, and **asked** Simon to put out a little from shore.

예수께서 그 배들 중 하나로 들어가셨다. 그리고 시몬에게 배를 육지로부터 조금 떼어 놓으라고 하셨다. 눅 5:3

put out ; 밖으로 내보내다   shore[쇼~ㄹ] ; 기슭, 물가, 해안

186 〈If someone **forces** you to go one mile〉, **go** with him two miles.

〈만일 누군가가 너를 강제로 1마일을 가게 하거든〉, 그와 함께 2마일을 가라. 마 5:41

force A to 부정사 ; A에게 ~할 것을 강요하다   mile[마일] ; 마일

187 <u>We</u> urge you, brothers, to warn those (who are idle), encourage the timid,

help the weak, be patient with everyone.

형제들아 우리는 너희가 (게으른) 사람들을 경고하고, 마음이 약한 사람들을 격려하고,

힘이 없는 사람들을 도와주며, 모든 사람에게 오래 참기를 요구한다. 살전 5:14

urge[**어**~ㄹ쥐] ~ ; ~에게 ~을 요구하다	warn[**워**~ㄹ언] ~ ; ~에게 경고하다
idle[**아**이들] ; 게으른	encourage[인**커**~뤼쥐] ~ ; ~을 격려하다
timid[**티**미드] ; 소심한	weak[**위**~익] ; 약한
be patient[**페**이션트] with ~ ; ~을 참다	

188 <u>I</u> did not speak of my own accord,

but the Father (who sent me) commanded me what to say and how to say it.

나는 내 마음대로 말하지 않고, (나를 보내신) 아버지께서 나에게 무엇을 말할지 그리고 그것을 어떻게 말할지를 명령하셨다. 요 12:49

not A but B ; A가 아니라 B이다	of one's own accord[어**코**~ㄹ드] ; ~ 마음대로
command[커**맨**드] ~ ; ~에게 ~을 명령하다	

6. 목적격보어로 쓰인 원형부정사

1. 사역동사나 지각동사의 목적격보어로 원형부정사가 쓰인다.

사역동사	let, make, have
지각동사	see, watch, hear, listen to, feel, notice

2. help는 원형부정사나 to부정사를 목적격보어로 취할 수 있다.

help의 목적어가 대명사일 경우, 생략할 수 있다.

1. 사역동사 (=let, make, have)+목적어+원형 부정사

189 Let your light shine before men.

너희 빛을 사람들 앞에 비추어라. 마 5:16

shine[샤인] ; 빛을 내다, 비치다

190 Can you make the guests of the bridegroom fast ⟨while he is with them⟩?

⟨너희는 그가(=신랑이) 그들(=신랑의 손님들)과 함께 있는 동안⟩ 신랑의 손님들을 굶게 할 수 있느냐? 눅 5:34

bridegroom[브롸이드그루~음] ; 신랑, 그리스도 자신   fast[홰스트] ; 금식하다

191 The devil **took** him to the holy city and **had** him **stand** on the highest point of the temple.

마귀는 그를 거룩한 도시로 데리고 가서 그를 성전의 가장 높은 곳에 서게 했다. 마 4:5

devil[데블] ; 악마, 마귀	take A to B ; A를 B로 데려가다
stand ; 세우다, 서다	point[포인트] ; 맨 끝

192 Immediately the boy's father exclaimed, ["I do believe; help me overcome my unbelief!"]

즉시 그 소년의 아버지가 소리쳤다. ["제가 믿습니다! 제가 제 불신을 극복하도록 도와주십시오!"] 막 9:24

immediately[이미~디얼틀리] ; 즉시	exclaim[익스클레임] ~ ; ~라 외치다
help A 원형 부정사 ; A가 ~하는 것을 돕다	overcome[오우붜ㄹ컴] ~ ; ~을 극복하다
unbelief[언빌리~흐] ; 불신, 회의	

2. 지각동사(=see, watch, hear, listen to, feel, notice)+목적어+원형 부정사

193 Then Hagar **went off** and **sat down** nearby, about a bowshot away,

for she thought, ["I cannot watch the boy die."]

그때 하갈은 그 자리를 떠나 근처에, 활을 쏘면 닿을만한 거리만큼 떨어져 앉았다.

왜냐하면 그녀는 ["나는 그 아이가 죽는 것을 볼 수가 없다"]라고 생각했기 때문이었다. 창 21:15

Hagar[헤이가~ㄹ] ; 하갈	go off ; 떠나다
sit down ; 앉다	nearby[니어ㄹ바이] ; 바로 가까이에
about ; 약, 대략	bowshot[보우샽] ; 화살이 미치는 거리
away[어웨이] ; 떨어져서	

194 Then Jesus **said** to the tree, ["May no one ever **eat** fruit from you again."]

And his disciples **heard** him **say** it.

그때 예수는 그 나무에게 ["아무도 다시는 네게서 열매를 먹지 못할 것이다."]라고 말했다.

그리고 그의 제자들이 그가 그것을 말하는 것을 들었다. 막 11:14

disciple[디싸이플] ; 제자

7. 목적격보어로 쓰인 현재분사

지각동사의 목적어와 목적격보어의 관계가 능동일 때, 진행을 강조하는 현재분사가 목적격보어로 쓰일 수 있다.

195 John saw Jesus coming toward him and said,

["Look, the Lamb of God, (who takes away the sin of the world)!"]

요한은 예수께서 자기에게 오시는 것을 보고 ["보라, 하나님의 어린양을, (그가 세상의 죄를 지고 가신다)!"]라고 말했다. 요 1:29

> the Lamb [(을)램] of God ; 하나님의 어린양, 예수 그리스도
>
> take away ~ ; ~ 치우다, 제거하다

196 But 〈when the chief priests and the teachers of the law saw the wonderful things (he did)

and the children shouting in the temple area, "Hosanna to the Son of David,"〉 they were indignant.

그러나 〈대제사장들과 율법학자들은 (그가 행한) 놀라운 일들과 성전에서 아이들이 "다윗의 후손에게 호산나!"라고 외치는 것을 보고〉 그들은 화가 났다. 마 21:15

> wonderful [**원**더ㄹ훨] ; 놀라운   indignant [인**디**그넌트] ; 분개한, 화난
>
> hosanna [호우**재**너] ; 호산나 (=하나님을 찬양하는 소리)

197 The Pharisees heard the crowd whispering such things about him.

바리새인들은 군중들이 그에 관하여 그런 것들을 수군대는 것을 들었다. 요 7:32

> Pharisee [**홰**뤄씨~] ; 바리새 사람   crowd [크**롸**우드] ; 군중
>
> whispering [**위**스퍼링] ; 수군거리는

198 Jesus sat down opposite the place (where the offerings were put)

and watched the crowd putting their money into the temple treasury.

Many rich people threw in large amounts.

예수께서 (헌금함이 놓인) 곳 맞은편에 앉아서 사람들이 그들의 돈을 성전 금고에 넣고 있는 것을 보셨다. 많은 부자들이 와서 많은 돈을 넣었다. 막 12:41

> opposite [**아**퍼짙] ~ ; ~의 맞은편에   offering [**아**훠링] ; 헌금함
>
> temple treasury [트**뤠**줘뤼] ; 성전 금고, 헌금함

8. 목적격보어로 쓰인 과거분사

1. 목적어와 목적격 보어의 관계가 수동일 경우, 목적격 보어로 과거분사가 쓰인다.

2. 지각동사나 사역동사의 경우 이에 해당된다.

3. 사역동사 have의 목적격 보어가 과거분사 일 때,

    1) 목적어가 '~이 되게 하다'

    2) 목적어가 '~을 당하다'라고 해석한다.

1. 사역동사

199 <u>Pilate</u> **took** Jesus and **had** him **flogged**.

빌라도가 예수님을 데리고 가서 그가 채찍질을 당하게 했다. 요 19:1

flog [흘락] ~ ; ~을 세게 치다	have him flogged [흘락드] ; 그가 매를 맞게 하다

200 <u>I</u> **charge** you before <u>the Lord</u> to **have** this letter **read** to all the brothers.

내가 주님 앞에서 너희가 모든 형제들에게 이 편지를 읽어 줄 것을 (=이 편지가 읽혀질 것을) 명령한다. 살전 5:27

charge [촤~ㄹ쥐] ~ ; ~에게 (책임을) 지우다	read [뤠드] ~; read [뤼~드] (~을 읽다)의 과거분사

201 And <u>I</u> **will** **make** the Egyptians favorably **disposed** toward this people,

〈so that 〈when <u>you</u> **leave**〉 <u>you</u> **will** not **go** empty-handed〉.

그리고 내가 이집트 사람들이 이 백성에게 호감을 가지게 하여 《〈너희가 떠날 때〉 빈손이 되지 않도록 할 것이다》. 출 3;21

Egyptian [이쥡션] ; 이집트 사람

favorably disposed [훼이붜뤄블리 디스포우즈드] ; 호감을 가지도록

go empty-handed [엠티-핸디드] ; 빈손으로 가다, 빈손이 되다

2. 지각동사

202 Abraham **looked up** and there in a thicket he **saw** a ram caught by its horn.

아브라함이 올려다보았고 거기 숲에서 그는 숫양 한 마리가 뿔이 걸려있는 것을 보았다. 창 22;13

Abraham [**에**이브뤄햄] ; 아브라함	look up ; 위를 보다
thicket [**씨**킽] ; 덤불, 숲	ram [**뢤**] ; 숫양
horn [**호**~ㄹ온] ; 뿔	

203 In the morning, ⟨as they **went along**⟩, they **saw** the fig tree withered from the roots.

아침에 ⟨그들은 길을 가다가⟩ 그 무화과나무가 뿌리부터 마른 것을 보았다. 막 11;20

go along ; 지나가다	withered [**위**써ㄹ드] ; 시든
from the roots ; 뿌리에서부터	

204 Pharaoh **said** to Joseph, [“I **had** a dream, and **no one** can interpret it.

But I **have heard** it **said** of you [that ⟨when you hear a dream⟩ you can interpret it].”]

바로가 요셉에게 [“내가 꿈을 꾸었는데 그것을 해석해 줄 사람이 아무도 없다.

그러나 나는 [⟨네가 꿈을 들으면⟩ 잘 해석한다]는 말을 들었다.”] 하고 말하였다. 창 41;15

Pharaoh [**휘**어로우] ; 파라오, 바로	Joseph [**죠**우저흐] ; 요셉
interpret [인**터**~ㄹ프륕] ~ ; ~의 뜻을 풀다, 해석하다	

다섯

시제와 태

다섯. 시제와 태

영어에서는 동사가 시간 상 12가지로 나뉜다.

이 12시제들을 과거, 현재, 미래를 기본시제라 하고

      과거완료, 현재완료 미래완료를 완료시제라 하고,

      과거진행, 현재진행, 미래진행,

      과거완료진행, 현재완료진행, 미래완료진행을 진행형 시제라고 한다.

골리앗의 목을 든 다윗

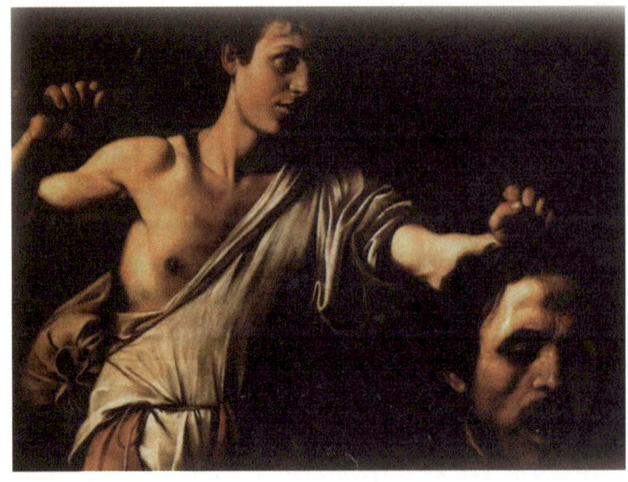

1. 현재완료 (=have + pp)

1. 현재완료는 동작이나 상태가 과거의 한 시점에서 현재의 시점까지
   완료, 경험, 계속, 결과를 나타내는 시간상의 어법이다.

2. 함께 쓰는 부사에 따라 4가지의 용법으로 나눈다.

완료	just, already, yet, now, recently, this
경험	ever, never, once, twice, before, often, sometimes, seldom
계속	since, for, from, how long ~, these ~ years
결과	없음

3. 현재완료 시제는 명백한 과거를 나타내는 부사(구)(=yesterday, last year, ago 등)나
   특정 시점을 묻는 의문사 when과 함께 쓸 수 없다.

205 Timothy **has** just now **come** to us from you
and **has brought** good news about your faith and love.

지금 디모데가 너희에게로부터 우리에게 **와서** 너희 믿음과 사랑에 관한 기쁜 소식을 우리에게 **전했다**. 살전 3:6

Timothy [**티**머씨] ; 디모데

206 We **have** never **seen** anything like this!

우리는 이와 같은 일을 **본 적이 없다**! 막 2:12

207 The light **shines** in the darkness, but the darkness **has** not **understood** it.

빛이 어둠 속에서 빛을 비춘다. 그러나 어두움은 그것을 **깨닫지 못했다**. 요 1:5

shine [**샤**인] ; 빛나다, 비추다   darkness [**다**~ㄹ크니스] ; 어둠, 암흑

208 Daughter, your faith **has healed** you. Go in peace and **be freed** from your suffering.

딸아, 네 믿음이 너를 **치료하였다**. 안심하고 가라. 그리고 네 고통에서 해방되어라. 막 5:34

be freed[흐**뤼**~드] from ~ ; ~에서 해방되다	suffering[**써**풔륑] ; 괴로움, 고통

209 I **have fought** the good fight, I **have finished** the race, and I **have kept** the faith.

나는 선한 싸움을 **싸우고** 나의 달려갈 길을 **마치고** 믿음을 **지켰다**. 딤후 4:7

fought[**호**~트]~ ; fight[**화**잍] (~ 싸우다)의 과거분사	
good fight ; 선한 싸움	keep the faith ; 믿음을 지키다

210 Where is the wise man? Where is the scholar? Where is the philosopher of this age? **Has not** God **made** foolish the wisdom of the world?

현명한 사람이 어디 있느냐? 학자가 어디 있느냐? 이 시대에 철학자가 어디 있느냐?

하나님께서 이 세상의 지혜를 미련하게 **만들지 않았느냐**? 고전 1:20

wise[**와**이즈] ; 현명한	scholar[스**칼**러ㄹ] ; 학자
philosopher[휠**라**써풔ㄹ] ; 철학자	wisdom[**위**즈덤] ; 지혜

211 〈If anyone is in Christ〉, he is a new creation; the old **has gone**, the new **has come**!

〈누구든지 그리스도 안에 있으면〉 그는 새로운 피조물이다; 옛것은 **갔고**, 새것이 **왔다**. 고후 5:17

creation[크뤼**에**이션] ; 창조물

2. 현재완료진행 (=have been ~ing)

한 동작이나 상태가 과거의 한 시점에서 현재시점까지 계속하여

현재시점에서 순간적으로 진행하고 있는 것을 나타내는 시간상의 어법이다.

212 I've been coming to look for fruit on this fig tree and haven't found any.

내가 이 무화과나무에서 열매를 찾으려고 왔는데, 아무 것도 찾지를 못했다. 눅 13:7

look for ~ ; ~을 찾다	fig [휘그] ; 무화과
any [에니] ; 아무 것도	

213 Why have you been standing here all day long doing nothing?

왜 너희들은 아무 일도 하지 않으면서 하루 종일 여기에 서 있느냐? 마 20:6

all day long ; 하루 종일	do nothing ; 아무것도 안 하다

214 〈Though I have been speaking figuratively〉,

a time is coming (when I will tell you plainly about my Father).

〈내가 비유로 너희에게 말하였지만〉, (내가 너희에게 내 아버지에 관하여 분명하게 말할) 때가 올 것이다. 요 16:25

though [도우] ~ ; 비록~이지만	figuratively [휘규뤄티블리] ; 비유적으로
plainly [플레인리] ; 분명히	

215 Have you been thinking all along [that we have been defending ourselves to you]?

너희는 이때까지 [우리가 너희에게 우리 자신들을 변명하고 있다고] 생각하고 있냐? 고후 12:19

all along ; 이제까지, 줄곧	defend [디휀드] oneself ; 자신을 방어하다

3. 과거완료(=had + pp)

과거의 어느 시점 이전에 일어난 일이 과거 어느 시점까지

완료, 경험, 계속, 결과를 나타내는 시간상의 어법이다.

※ 항상 과거시제와 함께 쓴다.

216 We **had hoped** [that he was the one (who was going to redeem Israel)].

우리는 [그가 (이스라엘을 구원할) 그분이라고] **기대했었다.** 눅 24:21

be going to 부정사 ; ~할 예정이다	redeem [뤼**디**~임] ~ ; ~을 되찾다
Israel [**이**즈뤼얼] ; 이스라엘, 이스라엘 사람	

217 Those (who **had seen** it) **told** the people [what **had happened** to the demon-possessed man].

(그것을 **목격했던**) 사람들이 그 사람들에게 [귀신 들린 사람에게 어떤 일이 **일어났었는지를**] 말했다. 막 5:16

demon-possessed [**디**~먼-퍼**제**스트] ; 귀신 들린

218 They **tried** to seize him, but no one **laid** a hand on him, 〈because his time **had** not yet **come**〉.

그들이 예수를 잡으려고 하였으나, 아무도 그에게 손을 대는 사람이 없었다. 〈왜냐하면 그의 때가 아직 **오지 않았기** 때문이었다〉. 요 7:30

try to 부정사 ; ~하려고 하다	seize [**씨**~즈] ~ ; ~를 잡다
lay a hand on ~ ; ~에게 손을 대다	

219 From [what Herod **had heard** about Jesus], <u>he</u> **hoped** to see him perform <u>some</u> miracle.

[헤롯은 예수에 대해 들었기] 때문에, 그는 그(=예수)가 어떤 기적을 행하는 것을 보기를 원했다. 눅 23:8

perform[퍼ㄹ**호**~ㄹ엄] ~ ; ~을 행하다   some[**썸**] ; 어떤

miracle[**미**뤄클] ; 기적

220 The <u>man</u> **went away** and **began** to tell in the Decapolis [how much <u>Jesus</u> **had done** for him.]

그 사람은 돌아가서 데가볼리에서 [예수께서 그를 위해 얼마나 많은 것을 해주셨는지를] 말하기 시작했다. 막 5:20

솔로몬에게 왕위를 물려주는 다윗

4. 미래완료(=will have + pp)

한 동작이나 상태가 과거의 한 시점에서 미래의 한 시점까지

완료, 경험, 계속, 결과를 나타내는 시간상의 한 어법이다.

※ 시간이나 조건을 나타내는 부사절 안에 현재완료는 미래완료를 대신한다.

221 I tell you, [you will not get out ⟨until you have paid the last penny⟩].

내가 너에게 말한다, [⟨네가 마지막 한 푼을 지불할 때까지⟩ 너는 거기서 나오지 못할 것이다]. 눅 12:59

get out ; 나오다

222 Don't tell anyone

[what you have seen, ⟨until the Son of Man has been raised from the dead⟩].

[⟨인자가 죽음에서 다시 살아날 때까지⟩, 너희가 본 것을] 아무에게도 말하지 마라. 마 17:9

be raised[뤠이즈드] from the dead ; 부활하다, 죽음에서 살아나다

223 You will vomit up the little (you have eaten) and will have wasted your compliments.

너는 (네가 먹은) 적은 것을 토할 것이며 너의 칭찬도 헛되게 할 것이다. 잠 23:8

vomit[봐밑] up ~ ; ~을 토하다　　　　waste[웨이스트] ~ ; ~을 낭비하다, 쓸모없게 하다

compliment[캄플러먼트] ; 찬사, 칭찬

5. 수동태 (=be + pp)

태는 능동태와 수동태 두 가지가 있다.

능동태는 문장에서 동작의 행위자가 주어가 되고

동작의 대상이 되는 것이 목적어가 되며

동작은 능동적인 형식을 갖는 타동사가 된다.

반면에 수동태는 문장에서 동작의 대상이 주어가 되고

동작의 행위자는 전치사 by의 목적어가 되고 동사의 형태는 be동사+과거분사가 된다.

수동태는

1. 행위의 주체보다 행위의 대상에 주목하는 상황을 표현한다.

2. 동사는 'be + pp'로, 해석은 '~을 당하다, ~을 받다, ~이 되다'로 한다.

3. 목적어가 없는 자동사(=1,2형식문장)는 수동태로 바꿀 수 없다.

4. have, resemble, fit, suit, lack 등의 타동사는 수동태로 쓸 수 없다.

224 According to your faith will it be done to you.

너희의 믿음에 따라 그것이 너희에게 이루어질 것이다. 마 9:29

according[어**코**~ㄹ딩] to ~ ; ~에 따라

225 Immediately his mouth was opened and his tongue was loosed.

즉시 그의 입이 열리고 그의 혀가 풀렸다. 눅 1:64

immediately[이**미**~디어틀리] ; 즉시, 곧   tongue[**텅**] ; 혀

be loosed[(을)**루**~스트] ; 풀리다

226 In the gospel a righteousness from God is revealed.

복음에는 하나님의 의가 나타난다. 롬 1:17

gospel[**가**스펠] ; 복음   be revealed[뤼**뷔**~일드] ; 나타나다, 폭로되다

6. 진행형 수동태 (=be being + pp)

227 The good news of the kingdom of God **is being preached**.

하나님 나라의 복음이 **전파되고 있다**. 눅 16:16

kingdom [**킹**덤] ; 왕국, 나라	preach [프**뤼**~취] ~ ; ~을 전파하다

228 We **are** to God the aroma of Christ among those (who **are being saved**) and those (who **are perishing**).

우리는 (**구원받는**) 자들과 (멸망하는) 자들 사이에서 하나님께 그리스도의 향기다. 고후 2:15

aroma [어**로**우머] ; 향기	be saved ; 구원을 받다
perish [**페**뤼쉬] ; 사라지다, 소멸하다	

229 ⟨Though outwardly we **are wasting away**⟩, yet inwardly we **are being renewed** day by day.

⟨비록 외적으로 우리는 쇠퇴하고 있지만⟩ 내적으로 우리는 매일 **새로워지고 있다**. 고후 4:16

outwardly [**아**울워ㄹ들리] ; 밖으로	waste [**웨**이스트] away ; 수척해지다
inwardly [**인**워ㄹ들리] ; 안으로	be renewed [뤼**뉴**~드] ; 새로워지다
day by day ; 매일, 조금씩	

230 Your faith **is being reported** all over the world.

너희 믿음이 온 세상에 **전파되고 있다**. 롬 1:8

be reported [뤼**포**~ㄹ티드] ; 전해지다	all over the world ; 전 세계에

231 I **am** already **being poured out** like a drink offering, and the time **has come** for my departure.

나는 이미 제사 때 드리는 음료처럼 **부어지고 있다**. 그리고 나의 떠날 시각이 왔다. 딤후 4:6

pour [**포**~ㄹ] out ~ ; ~을 쏟아내다	departure [디**파**~ㄹ춰ㄹ] ; 죽음

7. 현재완료수동태 (=have been + pp)
과거완료수동태 (=had been + pp)

1. 현재완료 수동태

232 Today in the town of David a Savior **has been born** to you.

오늘 다윗의 마을에 너희를 위하여 구세주께서 **태어나셨다**. 눅 2:11

> Savior [**쎄**이뷔어ㄹ] ; 구세주, 그리스도   be born [**보**~ㄹ온] to ~ ; ~에게 태어나다

233 The secret of the kingdom of God **has been given** to you.

하나님 나라의 비밀이 너희에게 **주어졌다**. 막 4:11

> secret [**씨**~크릳] ; 비밀

234 I **have been crucified** with Christ and I no longer **live**, but Christ **lives** in me.

내가 그리스도와 함께 **십자가에 못 박혔다**. 그리고 더 이상 내가 사는 것이 아니라 내 안에 그리스도께서 살고 있다. 갈 2:20

> be crucified [크**루**~써화이드] ; 십자가에 못 박히다   Christ [크**롸**이스트] ; 그리스도, 예수
>
> no longer ; 더 이상 ~이 아니다

235 Christ **has been raised** from the dead.

그리스도께서 죽음에서 **살아나셨다**. 고전 15:12

> be raised from ~ ; ~에서 부활하다   the dead [**데**드] ; 죽음

236 ⟨If Christ **has not been raised**⟩, your faith **is** futile.

⟨그리스도께서 **살아나시지 않았으면**⟩ 너희의 믿음은 헛되다. 고전 15:17

futile[**휴**~틀] ; 무익한, 효과 없는

237 The authorities (that **exist**) **have been established** by God.

(존재하는) 모든 권세는 하나님에 의해 **세워졌다**. 롬 13:1

authority[어**쏘**~뤄티] ; 권위, 권력   exist[이그**지**스트] ; 존재하다

establish[이스**태**블리쉬] ~ ; ~을 수립하다, 세우다

2. 과거완료 수동태

238 Jesus's mother **was** there, and Jesus and his disciples **had** also **been invited** to the wedding.

예수의 어머니는 거기에 계셨고, 예수와 그의 제자들도 또한 그 결혼식에 **초대받았다**. 요 2:2

be invited[인**봐**이티드] to ~ ; ~로 초대받다   wedding[**웨**딩] ; 결혼식

239 They **saw** the man (who **had been possessed** by the legion of demons).

그들은 (군대 귀신이 **들렸던**) 사람을 보았다. 막 5:15

be possessed[퍼**제**스트] by ~ ; ~에 사로잡히다   legion [(을)**리**~줜] ; 군대

240 They **saw** [that Paul **had been entrusted** with the task of preaching the gospel to the Gentiles, ⟨just as Peter **had been** to the Jews⟩].

그들은 [⟨베드로가 유대인들에게 복음을 전하는 일을 **위임 받은** 것처럼⟩ 바울이 이방인들에게 복음을 전하는 일을 **위임 받은** 것을] 보았다. 갈 2:7

be entrusted[인트**뤄**스티드] with ~ ; ~을 위탁을 받다

preach[프**뤼**취] ~ ; ~을 전하다   the gospel[**가**스펠] ; 복음

Gentile[**줸**타일] ; 이교도, 이방인   task[**태**스크] ; 일

8. 조동사가 있는 수동태(=조동사+be+pp)

241 How **can** an old man **go back** into his mother's womb and **be born** again?

어떻게 나이든 사람이 엄마의 배에 들어가 다시 태어날 수 있겠습니까? 요 3:4

go back into ~ ; ~로 돌아가다   mother's womb[**우**~움] ; 엄마의 배(=자궁)

be born again ; 다시 태어나다

242 <u>You</u> **should** not be surprised at <u>my</u> saying, ['You **must be born** again.']

너는 내가 ['너는 다시 태어나야 한다.']라고 말한 것에 놀라서는 안 된다. 요 3:7

be surprised[써ㄹ**프롸**이즈드] at ~ ; ~에 놀라다

243 <u>Every tree</u> (that **does** not **produce** good fruit) **will be cut down** and **thrown** into the fire.

(좋은 열매를 맺지 않는) 모든 나무는 잘려서 불 속에 던져질 것이다. 눅 3:9

be cut down ; 잘려 넘어지다   be thrown[**스로**운] into ~ ; ~에 던져지다

244 The <u>reason</u> (I **came** baptizing with water) **was** [that <u>Jesus</u> **might be revealed** to Israel].

(내가 물로 세례를 주러 온) 이유는 [예수가 이스라엘 백성들에게 알려지도록 하기 위해서]이었다. 요 1:31

baptize[**뱁**타이즈, 뱁**타**이즈] ; 세례를 행하다

be revealed[뤼**뷔**~일드] to ~ ; ~에게 알려지다, 밝혀지다

245 Why **should** <u>my</u> freedom **be judged** by <u>another's</u> conscience?

왜 나의 자유가 다른 사람의 양심에 의해 판단을 받아야 하는가? 고전 10:29

freedom[흐**뤼**~덤] ; 자유   conscience[**칸**션스] ; 양심

be judged[**줘쥐**드] by ~ ; ~로 심판을 받다, 판단되다

9. to부정사의 수동태 (to be + pp)
동명사의 수동태 (being + pp)

1. to부정사의 수동태

246 The holy one to be born will be called the Son of God.

태어날 거룩한 분은 하나님의 아들이라고 불릴 것이다. 눅 1:35

> holy[**호**울리] ; 신성한

247 Tax collectors also came to be baptized.

세리들도 또한 세례를 받으러 왔다. 눅 3:12

> tax collector[**택**스 컬렉터ㄹ] ; 세리　　　　　be baptized[뱁**타**이즈드] ; 세례를 받다

248 First collect the weeds and tie them in bundles to be burned.

먼저 잡초들을 모아라 그리고 그것들을 불사르도록 다발로 묶어라. 마 13:30

> weed[**위**~드] ; 잡초　　　　　tie[**타**이] ~ ; ~을 묶다
>
> in bundles[**번**들즈] ; 다발로

249 Paul went up to Jerusalem to get acquainted with Peter and stayed with him fifteen days.

바울은 베드로와 친분을 맺으려고 예루살렘에 갔다. 그리고 그와 함께 십오 일을 머물렀다. 갈 1:18

> Paul[**포**~올] ; 바울　　　　　Jerusalem[줘**루**~설렘] ; 예루살렘
>
> get acquainted[어**퀘**인티드] with ~ ; ~와 친해지다　　　　　stay with ~ ; ~와 머무르다

250 Her aim is to be devoted to the Lord in both body and spirit.

그녀의 목표는 몸과 영으로 주께 헌신하는 것이다. 고전 7:34

aim [에임] ; 목표   be devoted [디보우티드] to ~ ; ~에 헌신하다

2. 동명사의 수동태

251 How will you escape being condemned to hell?

어떻게 너희가 지옥으로 가는 형벌(=형벌을 받는 것)을 피할 수 있느냐? 마 23:33

escape [이스케잎] ~ ; ~을 벗어나다

be condemned [컨뎀드] to ~ ; ~하도록 운명 지워지다, 선고를 받다

252 The only reason (they do this) is to avoid being persecuted for the cross of Christ.

(그들이 이것을 행하는) 유일한 이유는 그리스도의 십자가 때문에 박해받는 것을 피하려는 것이다. 갈 6:12

avoid [어보이드] ~ ; ~을 막다, 방지하다, 피하다   be persecuted ; 박해를 받다

persecute [퍼~ㄹ씨큐~트] ~ ; ~를 박해하다   Christ [크롸이스트] ; 그리스도

cross [크로~스] ; 십자가

10. 준동사의 완료형

1. 준동사는 동사적 의미를 지닌 부정사, 동명사, 현재분사, 과거분사를 말한다.

2. 준동사가 문장의 동사보다 앞선 시제일 때, 완료형을 취한다.

1. 분사의 완료형

253 Having lost all sensitivity, they **have given** themselves **over** to sensuality

so as to indulge in every kind of impurity, with a continual lust for more.

모든 감각을 잃고, 그들은 계속적인 더 많은 갈망과 함께 모든 종류의 더러운 것에 빠지기 위해 호색에 빠졌다. 엡 4:19

sensitivity [쎈써**티**붜티] ; 감각	give over to ~ : ~에 빠지다, 몰두하다
sensuality [쎈슈**앨**러티] ; 호색	so as to 부정사 : ~하기 위하여
continual [컨**티**뉴얼] ; 잇따른, 계속되는	lust [(을)**러**스트] ; (강한) 욕망, 갈망

254 Having disarmed the powers and authorities,

he **made** a public spectacle of them, triumphing over them by the cross.

통치자들과 권세들을 무력화하여 그는 그들을 구경거리로 만들고, 십자가로 그들을 이기셨다. 골 2:15

disarm [디스**아**~ㄹ암] ~ ; ~을 무력하게 하다	power [**파**우워ㄹ] ; 힘, 권력
authority ; 권위	public [**퍼**블릭] ; 공공의
spectacle [스**펙**터클] ; 구경거리	triumph [트**롸**이엄흐] over ~ ; ~을 이기다

2. 부정사의 완료형

255 You will do [what is right] ⟨even though we may seem to have failed⟩.

⟨비록 우리는 실패한 것 같을지라도⟩ 너희는 [옳은 것]을 할 것이다. 고후 13:7

seem to 부정사 ; ~한 것 같다	fail [휘일] ; 실패하다

256 Brothers, I do not consider myself yet to have taken hold of it.

형제 여러분, 나는 아직 그것을 얻었다고 생각하지 않는다. 빌 3:13

consider [컨씨더ㄹ] ~ ; ~라고 생각하다	take hold [호울드] of ~ ; ~을 잡다

3. 동명사의 완료형

257 The Jews were amazed and asked,

["How did this man get such learning without having studied?"]

유대인들은 놀라서 ["이 사람은 배우지도 않고 어떻게 그러한 학식을 얻었을까?"]라고 물었다. 요 7:15

amazed [어메이즈드] ; 깜짝 놀란	learning [(을)러~ㄹ닝] ; 학문, 학식

258 Afterward, David was conscience-stricken for having cut off a corner of his robe.

나중에 다윗은 그의(=사울) 옷자락을 자른 것 때문에 양심에 가책을 받았다. 삼상 24:5

afterward [애흐터ㄹ워ㄹ드] ; 그 뒤	cut off ~ ; ~을 자르다
robe [로우브] ; 겉옷	
conscience-stricken [칸션스-스트뤼컨] ; 양심의 가책을 받는	

여섯

동사를 도와주는 조동사

여섯. 동사를 도와주는 조동사

1. 조동사는 동사를 도와 주어를 서술한다.

2. be / have / do가 조동사로 쓰일 때는 의미가 없다.

> 1) 조동사 be는 수동태와 진행형을 만든다.
>   be(=am / are / is / was / were) + p·p(=과거분사) = 수동태
>   be(=am / are / is / was / were) + ~ing(=현재분사) = 진행형
>
> 2) 조동사 have는 과거분사와 함께 완료시제를 만든다.
>   have / has + p·p(=과거분사) = 현재완료
>   had + pp(과거분사) = 과거완료
>
> 3) 조동사 do / does / did는 의문문과 부정문을 만든다.
>   동사를 강조하는 용도로도 사용된다. (=do[does[did+동사원형)

3. 다음과 같이 다양한 의미를 지닌 조동사도 있다.

조동사	의미
can	능력, 가능(~할 수 있다), 허락(~할 수 있다, 해도 좋다)
	제안, 부탁(의문문)
will, shall	미래시제(~할 것이다)를 표현
must	의무(=해야 한다)와 강한 추측(=~이 틀림없다)
may	허락(=해도 좋다)과 가벼운 추측(=~일지 모른다)
should	의무(=해야 한다)

4. 조동사 뒤에 반드시 동사원형을 써야한다.

1. 미래를 나타내는 will과 shall

259 God (who **supplies** seed to the sower and bread for food) **will** also **supply**.

(씨를 뿌리는 사람에게 씨와 음식으로 빵을 공급하시는) 하나님이 또한 공급하실 것이다. 고후 9:10

> supply [써플**라**이] ~ ; ~을 공급하다
>
> sower [**쏘**우어ㄹ] ; 씨 뿌리는 사람
>
> seed [**씨**~드] ; 씨, 종자

260 〈When I come〉 no collections **will have to be made**.

〈내가 갈 때〉 돈을 모을 필요가 없을 것이다. 고전 16:2

> collection [컬**렉**션] ; 모금

261 I am afraid 〈that 〈when I come again〉 my God **will humble** me before you〉.

나는 〈〈내가 다시 갈 때에〉 내 하나님이 나를 너희 앞에서 낮추실까〉 두렵다. 고후 12:21

> humble [**험**블] ~ ; ~를 낮추다, 비하하다

262 The righteous **will live** by faith.

의인들은 믿음으로 살 것이다. 롬 1:17

> the righteous [**롸**이춰스] ; 정의의 사람들, 의로운 사람들

263 Who **shall separate** us from the love of Christ?

누가 우리를 그리스도의 사랑에서 분리시키겠는가? 롬 8:35

> separate [**쎄**퍼뤠잍] A from ~ ; A를 ~에서 분리시키다

2. 능력(=가능)의 can(=be able to)

264 No one **can see** the kingdom of God 〈unless he is born again〉.

아무도 〈그가 다시 태어나지 않으면〉, 하나님의 나라를 **볼 수 없다**. 요 3:3

265 You **cannot serve** both God and Money.

너희는 하나님과 재물 둘 다를 **섬길 수 없다**. 마 6:24

serve[**써**~ㄹ브] ~ ; ~을 섬기다

266 I **have** the desire to do [what is good], but I **cannot carry** it **out**.

나는 [선한 것]을 할 소망을 가지고 있다. 그러나 나는 그것을 **실행할 수 없다**. 롬 7:18

desire[디**자**이어ㄹ] ; 욕구, 소망   carry [**캐**뤼] ~out ; ~을 실행하다

267 〈If God is for us〉, who **can be** against us?

〈만일 하나님이 우리를 위해 있다면〉 누가 우리에게 **저항할 수 있을까**? 롬 8:31

be against[어**겐**스트] ~ ; ~에 반대하다, 저항하다

268 I **can do** everything through him (who **gives** me strength).

나는 (나에게 힘을 주시는) 자를 통해서 모든 것을 할 수 있다. 빌 4:13

strength[스트렝쓰] ; 힘

269 God **is able to make** all grace abound to you,

〈so that in all things at all times, having all (that you need),

you **will abound** in every good work〉.

하나님이 모든 은혜를 너희에게 넘치게 하실 수 있다.

〈그래서 너희는 항상 모든 것에 (너희가 필요로 하는) 모든 것을 가지며 모든 좋은 일이 넘칠 것이다〉. 고후 9:8

grace[그뤠이스] ; 은혜   abound[어**바**운드] ; 넘치다

at all times ; 항상

엘리야와 까마귀

3. 허락, 추측, 기원의 may

1. 허락

270 <u>You</u> **may go**. <u>Your son</u> **will live**.

당신은 **가도 좋다**. 당신의 아들은 살아날 것이다. 요 4;50

271 [“<u>What is it</u> (<u>you</u> **want**)?”] <u>he</u> **asked**.

<u>She</u> **said**, [“**Grant** [that <u>one of these two sons of mine</u> **may sit** at <u>your right</u>

and <u>the other</u> at <u>your left</u> in <u>your kingdom</u>].”]

[“(당신이 원하는) 것이 무엇이냐?”] 라고 그가 물었다.

그녀는 [“[당신의 나라에서 나의 이 두 아들 중 하나는 당신의 오른편에, 나머지 하나는 왼편에 **앉게**] 해주십시오.”] 라고 말했다. 마 20;21

> grant[그랜트] ~ ; ~을 허락하다

2. 추측

272 <u>You</u> **may be sure** [that <u>such a divisive person</u> **is** warped and sinful].

너희는 [이러한 불화를 일으키는 사람은 마음이 비뚤어지고 죄로 가득하다]고 **확신할 것이다**. 딛 3:11

> divisive[디**봐**이씨브] ; 불화를 일으키는 warped[**워**~ㄹ엎트] ; 뒤틀린
>
> sinful [**씬**훨] ; 죄 많은

273 <u>I</u> **may not be** a trained speaker, but <u>I</u> **do have** knowledge.

나는 훈련된 연설가는 **아닐지 모르지만** 나는 지식이 있다. 고후 11:6

> trained[트뤠인드] ; 훈련받은, 숙달된 speaker[스**피**~커ㄹ] ; 연설자, 웅변가
>
> knowledge[**날**뤼쥐] ; 지식, 학식

3. 기원

274 Jesus **said** to the tree, [“**May** no one ever **eat** fruit from you again.”]

예수께서 그 나무에게 [“아무도 너에게서 다시는 열매를 먹지 못할 것이다.”]라고 말했다. 막 11:14

275 I **pray** [that you **may be** active in sharing your faith].

나는 [네가 네 믿음을 나누는 데 적극적이기를] 기도한다. 몬 1:6

pray[프뤠이] ~ ; ~을 기원하다, 빌다   active[액티브] ; 적극적인, 활동적인

share[쉐어ㄹ]one's faith ; 믿음을 나누다

예루살렘을 걱정하는 예레미야

4. 추측과 확신

가벼운 추측 → 강한 확신

might → may → could → can → should → would → will → must (↔cannot)

1. 조동사 may, can, shall, will의 과거형인

   might, could, should, would는 현재나 미래의 가능, 추측 등을 표현할 수 있다.

2. should와 must는 의무(~을 해야 한다)의 의미로도 쓰일 수 있다.

276 The people **were** all **wondering** in their hearts [if John **might** possibly **be** the Christ].

백성들 모두가 [요한이 혹시 그리스도일지도 모른다고] 마음속으로 생각하고 있었다. 눅 3:15

wonder[**원**더ㄹ] if ~ ; ~이 아닐까 생각하다	heart[**하**~ㄹ트] ; 마음

277 You **may know** [that the Son of Man **has** authority on earth to forgive sins].

너희는 [인자가 땅에서 죄를 용서할 권세를 가진 것을] 알 수 있을 것이다. 막 2:10

authority[어**쏘**~뤄티] ; 권한

278 I **fear** [that there **may be** quarreling, jealousy, outbursts of anger, factions, slander, gossip, arrogance and disorder].

나는 [다툼, 시기, 분노의 폭발, 내분, 비방, 험담, 거만과 혼란이 있을까] 두렵다. 고후 12:20

fear[**휘**어ㄹ] ~ ; ~을 두려워하다	quarreling[**쿼**~뤌링] ; 싸움
jealousy[**젤**러씨] ; 질투	outburst[**아**울버~ㄹ스트] ; 분출
anger[**앵**거ㄹ] ; 화	faction[**홱**션] ; 내분
slander[슬**랜**더ㄹ] ; 중상, 욕설	gossip[**가**섶] ; 뜬소문, 험담
arrogance[**애**뤄건스] ; 거만	disorder[디스**오**~ㄹ더ㄹ] ; 혼란, 무질서

279 <u>We</u> **must** not **do** it during the Feast, or there **may be** a <u>riot</u> among the people.

우리는 그것을 명절 기간에 해서는 안 된다. 그렇지 않으면 사람들 사이에 폭동이 **있을지도 모른다**. 마 26:5

feast[**휘**~스트] ; 축제   riot[**롸**이엇] ; 폭동, 소동

280 <u>The</u> rumor **spread** among the brothers [that this disciple **would** not **die**].

[이 제자가 **죽지 않을** 것]이라는 소문이 형제들 사이에 퍼졌다. 요 21:23

rumor[**루**~머ㄹ] ; 소문, 풍문   spread[스프**뤠**드] ; 퍼지다

disciple[디**싸**이플] ; 제자

281 The new wine **will burst** the skins, the wine **will run out** and the wineskins **will be ruined**.

새 포도주가 그 가죽 부대를 **터뜨려서**, 포도주는 **쏟아지고** 그 가죽 부대도 **망가질 것이다**. 눅 5:37

burst[**버**~ㄹ스트] ~ ; ~을 터뜨리다   skin[스**킨**] ; 가죽, 가죽 부대(=주머니)

run out ; 흘러나오다, 새다   be ruined[**루**~인드] ; 망가지다

282 <u>Anyone</u> (who **curses** his father or mother) **must be put** to death.

(아버지나 어머니를 저주하는) 사람은 누구든지 **사형에 처해져야 한다**. 마 15:4

curse[**커**~ㄹ스] ~ ; ~를 저주하다, 욕하다   be put to death ; 사형에 처해지다

283 A good tree **cannot bear** bad fruit, and a bad tree **cannot bear** good fruit.

좋은 나무가 나쁜 열매를 **맺을 수 없을 것이고**, 나쁜 나무가 좋은 열매를 **맺을 수 없을 것이다**. 마 7:18

bear[**베**어ㄹ] ~ ; ~을 맺다

284 Do not be deceived: <u>God</u> **cannot be mocked**. A <u>man</u> reaps [what <u>he</u> sows].

스스로 속이지 말라: 하나님은 **조롱당할 수 없다**. 사람은 [그가 심은 것]을 거둔다. 갈 6:7

deceive[디**씨**~브] ~ ; ~을 속이다   mock[**막**] ~ ; ~을 조롱하다

reap[**륍**~잎] ~ ; ~을 수확하다   sow[**쏘**우] ~ ; ~을 뿌리다

5. 충고와 의무

가벼운 충고(조언) → 강한 의무
should → ought to → had better → need → must (have to)

1. 'have to'(=~해야 한다)의 부정형인 'don't have to'는 'need not'(~할 필요가 없다)을 의미한다.

2. 'must not'은 may(~해도 좋다)의 부정으로 강한 금지(~해서는 안 된다)를 의미한다.

3. must의 과거형은 'had to'이다

285 The man with two tunics **should share** with him (who **has** none).

옷이 두 벌 있는 사람은 (하나도 없는) 사람과 **나누어야 한다**. 눅 3:11

tunic[**튜**~닉] ; 가운 같은 웃옷	share[**쉐**어ㄹ] with ~ ; ~와 나누다

286 Each of you **should** **look** not only **to** your own interests,

but also to the interests of others.

너희 각각은 너희 자신의 이익을 돌볼 뿐만 아니라 다른 사람들의 이익을 **돌보아야 한다**. 빌 2:4

look to ~ ; ~에 마음을 쓰다, 돌보다	interest[**인**터뤠스트] ; 이익

287 You **ought to leave** here and **go** to Judea.

너는 여기를 **떠나** 유대로 **가야 한다**. 요 7:3

Judea[쥬~**디**~어] ; 유대

288 You **ought to forgive** and **comfort** him,

⟨so that <u>he</u> will not **be overwhelmed** by excessive sorrow⟩.

너희는 그를 용서하고 위로해야 한다. ⟨그래서 그가 너무 많은 슬픔에 잠기지 않도록⟩. 고후 2:7

forgive[풔ㄹ**기**브] ~ ; ~를 용서하다	comfort[**컴**훠ㄹ트] ~ ; ~를 위로하다
excessive[익**쎄**씨브] ; 과도한	sorrow[**싸**로우] ; 슬픔
be overwhelmed[오우붜ㄹ**웰**름드] by ~ ; ~에 압도되다	

289 You **will laugh** at destruction and famine, and **need** not **fear** the beasts of the earth.

너는 멸망과 기근을 비웃을 것이다, 그리고 들짐승을 두려워할 필요가 없다. 욥 5:22

laugh[(을)**래**흐] at ~ ; ~을 비웃다	destruction[디스트**뤅**션] ; 파멸, 멸망
famine[**홰**민] ; 기근, 흉작	need[**니**~드] not 동사원형 ; ~할 필요가 없다
fear[**휘**어ㄹ] ~ ; ~을 무서워하다	beast[**비**~스트] ; 동물, 짐승

290 ⟨If <u>I</u> **must boast**⟩, I will boast of <u>the things</u> (that **show** <u>my</u> weakness).

⟨내가 자랑을 해야 한다면⟩, 나는 (나의 약함을 보여주는) 것들을 자랑할 것이다. 고후 11;30

boast[**보**우스트] of ~ ; ~을 자랑하다	weakness[**위**~크니스] ; 약함, 허약, 약점

291 [whoever **wants** to become great among you] **must be** your servant.

[너희 중에서 높아지기를 원하는 사람은 누구든지] 너희의 종이 되어야 한다. 마 20:26

servant[**써**~ㄹ뷘트] ; 하인, 종

292 Every matter **must be established** by the testimony of two or three witnesses.

모든 일은 둘 또는 세 증인들의 증언으로 입증되어야 한다. 고후 13:1

matter[**매**터ㄹ] ; 문제	testimony[**테**스터모우니] ; 선서 증언
witness[**위**트니스] ; 증인, 목격자	
be established[이스**태**블리쉬트] by ~ ; ~로 입증되다	

293 <u>Everyone</u> (who **confesses** the name of the Lord) **must turn away** from wickedness.

(주의 이름을 고백(=인정)하는) 모든 사람은 악에서 **돌아서야 한다**. 딤후 2:19

> confess[컨**풰**스] ~ ; ~을 고백하다, 인정하다   turn away from ~ ; ~에서 돌아서다
>
> wickedness[**위**키드니스] ; 사악, 부정

294 Now <u>he</u> **had to go through** Samaria.

지금 그는 사마리아 지방을 **지나가야만 했다**. 요 4:4

> Samaria [서**메**어뤼어] ; 사마리아

예레미야

6. 습관을 나타내는 would와 used to

would	과거의 불규칙한 습관(~하곤 했다)
used to	과거의 규칙적 습관이나 상태(~하곤 했다, ~이 있었다, ~이 있었다)

1. be used to 동사원형(~에 사용되다)은 동사 use의 수동태이다.

2. be used to ~ing(~에 익숙하다)에서 used는 형용사, to는 전치사, ~ing는 동명사이다.
   이 때 동명사는 전치사 to의 목적어이다.

295 Night and day among the tombs and in the hills he **would cry out** and **cut** himself with stones.

밤낮으로 무덤 사이에서 그리고 산에서 그는 소리를 지르고 돌로 자기 몸에 상처를 내곤 하였다. 막 5:5

tomb[**투**~움] ; 무덤	cry out ; 외치다
cut oneself ; 자해하다	

296 Here a great number of disabled people **used to lie**--the blind, the lame, the paralyzed.

이곳에는 많은 장애가 있는 사람들-앞을 못 보는 사람들, 다리를 저는 못하는 사람들, 마비된 사람들-이 누워 있었다. 요 5:3

disabled[디**쎄**이블드] ; 신체장애의	the blind[블**라**인드] ; 맹인들
the lame [(을)**레**임] ; 절름발이들	the paralyzed[**패**뤌라이즈드] ; 마비된 사람들

297 〈Before certain men came from James〉, Peter **used to eat** with the Gentiles.

〈어떤 사람들이 제임스(=야고보)에게서 오기 전에〉, 피터(=베드로)는 이방인들과 음식을 먹곤 했다. 갈 2:12

James[**쮀**임즈] ; 야고보	Gentile [**쮄**타일] ; 이교도, 이방인

7. 그밖에 would의 용법

1. 강한 거절 (~하려하지 않다)

298 Even ⟨after Jesus **had done** all these miraculous signs in their presence⟩,
they still **would not believe** in him.

⟨예수께서 이 모든 기적들을 그들 앞에서 행하신 후에도⟩, 그들은 여전히 그를 **믿으려 하지 않았다**. 요 12:37

even after ~ ; ~한 후에도	miraculous [미**뢔**큘러스] ; 기적의, 초자연적인, 놀라운
in one's presence [프**뤠**즌스] ; ~ 앞에서	

299 But no one **would say** anything publicly about him for fear of the Jews.

그러나 유대인들이 무서워서, 그에 대하여 드러내 놓고 **말하는 사람은 아무도 없었다**. 요 7:13

publicly [**퍼**블리클리] ; 공공연히

300 Yet at the same time many even among the leaders **believed** in him.
But because of the Pharisees
they **would not confess** their faith for fear [they **would be put out** of the synagogue].

동시에 지도자들 가운데서도 많은 사람들이 그를 믿었다.
그러나 바리새 사람들 때문에 [그들은 회당에서 쫓겨날까] 두려워서 그들의 믿음을 **고백하려 하지 않았다**. 요 12:42

at the same time ; 동시에	confess [컨**훼**스] ~ ; ~을 고백하다
be put out of ~ ; ~에서 쫓겨나다	synagogue [**씨**너각] ; 유대교 회당

2. 소망 (=wish to부정사; ~하기를 원하다)

301 In order not to weary you further, I **would request** [that you be kind enough to hear us briefly].

더 이상 당신을 피곤하게 하지 않도록, 나는 [당신이 잠시 우리의 말을 들어주실 만큼 친절을 베풀어 주시기를] **요청합니다**. 행 24;4

in order not to 부정사 ; ~하지 않도록	weary [**위**어뤼] ~ ; ~을 지치게 하다
further [**훠**~ㄹ더ㄹ] ; 더 이상	request [뤼**퀘**스트] ~ ; ~을 요구하다
enough [이**너**흐] ; 충분히, 매우	briefly [브뤼~흘리] ; 잠시

8. '요구·주장·제안·명령' 동사의 목적어인 that절

1. '요구·주장·제안·명령'등을 나타내는 동사는 다음과 같다.

요구	ask, demand, require, request	주장	insist, urge
제안, 권유	suggest, propose, recommend	소망	desire
명령	order	충고	advise

2. '요구·주장·제안·명령'을 나타내는 동사 뒤에 접속사 that은 생략할 수 없다.

3. '요구·주장·제안·명령' 뒤 접속사 that절에서 should를 생략한 동사원형을 쓴다.

   that절을 '~해야 한다'라고 해석한다.

   that절이 부정문인 경우 not + 원형으로 된다.

4. that절에서 should를 생략하지 않은 채, '강력한 요구나 명령'을 강조할 수 있다.

302 And now, dear lady,

I am not writing you a new command but one (we have had from the beginning).

I ask [that we love one another].

그리고 지금, 자매여, 내가 그대에게 새로운 계명이 아니라 (우리가 처음부터 가지고 있던) 것을 쓰고 있다.

나는 [우리들이 서로 사랑해야 한다]고 요구한다. 요2 1:5

dear[**디**어ㄹ] ; 사랑하는	command[커**맨**드] ; 명령
beginning[비**기**닝] ; 최초, 시작	one another ; 서로

303 I would request [that you be kind enough to hear us briefly].

나는 [당신이 잠시 우리의 말을 들어주실 만큼 친절을 베풀어 주시기를] 요청합니다. 행 24:4

enough[이**너**흐] ; 충분히	briefly[브**뤼**~흘리] ; 잠시

304 I **suggest** [that you **buy** it in the presence of these seated here and in the presence of the elders of my people].

나는 [너희가 여기 이 앉아있는 사람들(=those) 앞에서 그리고 장로들 앞에서 그것을 **사야 한다**]고 제안한다. 룻 4:4

seated[**씨**~티드] ; 앉은	in the presence[**프뤠**즌스] of ~ ; ~ 앞에서
elder[**엘**더ㄹ] ; 장로	

305 The master **ordered** [that the servant and his wife and his children and all (that he **had**) **be sold** to repay the debt].

주인은 [종과 그의 아내와 그의 자녀들과 (그가 가진) 모든 것이 빚을 갚기 위해 다 **팔려야 한다**]고 명령했다. 마 18:25

master[**매**스터ㄹ] ; 주인	repay[뤼**페**이] ~ ; ~을 갚다
debt[**뎉**] ; 빚	

306 Did Moses **command** [that a man **give** his wife a certificate of divorce and **send** her **away**]?

모세가 [남자가 그의 아내에게 이혼 증서를 **주고** 그녀를 **보내야 한다**]고 명령하였습니까? 마 19:7

command[커**맨**드] ~ ; ~을 명령하다	certificate[써ㄹ**티**휘컽] ; 증명서
divorce[디**보**~ㄹ스] ; 이혼	send ~ away ; ~를 보내다

307 I **urge** [that requests, prayers, intercession and thanksgiving **be made** for everyone].

나는 [간구와 기도와 중재와 감사는 모든 사람을 위하여 **되어야 한다**]고 요구한다. 딤전 2:1

request[뤼**퀘**스트] ; 요구	prayer[**프뤠**어ㄹ] ; 기도
intercession[인터ㄹ**쎄**션] ; 중재	thanksgiving[쌩스**기**빙] ; 감사

9. 조동사 + have p·p

can't have p·p	(과거에) ~이었을(=~ 했을)리가 없다
must have p·p	(과거에)~이었음에(=~ 했음에) 틀림없다
may have p·p	(과거에)~이었을지(=~ 했을지도) 모른다
would rather have p·p	(과거에)차라리 ~ 했어야 했는데(하지 못해 유감이다)
would rather not have p·p	(과거에)차라리 ~ 안했어야 했다(해서 유감이다)
need not have p·p	~ 할 필요가 없었다(해버렸다)
should have p·p	~ 했어야 했다(못해서 유감이다)
should not have p·p	~ 하지 말았어야 했다(해서 유감이다)

308 Then Moses was afraid and thought, ["[what I did] must have become known."]

그때 모세는 두려웠다. 그리고 ["[내가 한 것]이 알려졌음에 틀림없다"]고 생각했다. 출 2:14

Moses[모우지즈] ; 모세	afraid[어흐뤠이드] ; 무서워하는, 두려워하는

309 One witness is not enough to convict a man accused of any crime or offense (he may have committed).

한 사람의 증인은 (그가 저질렀을지도 모르는) 어떤 범죄나 위반으로 비난을 받는 사람을 유죄로 입증하기에 충분하지 않다. 신 19:15

witness[위트니스] ; 증인	enough[이너흐] ; 충분한
convict[컨뷕트] ~ ; ~의 유죄를 입증하다	accused[어큐즈드] of ~ ; ~ 비난을 받는
crime[크롸임] ; 범죄	offense[어풴스] ; 위반, 죄
commit[커밑] ~ ; ~을 범하다	

310 <u>You</u> **should have put** my money **on deposit** with the bankers.

너는 내 돈을 돈을 관리하는 사람들에게 **맡겨 두었어야 했다**. 마 25:27

> put money on deposit [디**파**짙] with ~ ; ~에게 돈을 맡기다

311 **Shouldn't** <u>you</u> **have had** mercy on your fellow servant ⟨just as <u>I</u> **had** on you⟩?

⟨내가 네게 했던 것(=자비를 베풀었던 것)처럼⟩, 너도 네 동료 하인에게 **자비를 베풀었어야 하지 않느냐**? 마 18:33

> have mercy on ~ ; ~를 불쌍히 여기다   fellow [**휄**로우] ; 동료
>
> as ~ ; ~처럼

마리아에게 나타나는 천사 가브리엘

10. 조동사의 특수한 표현

cannot help ~ing	~ 하지 않을 수 없다
cannot but+동사원형	~ 하지 않을 수 없다
cannot ~ too	아무리 ~ 해도 지나치지 않다
may well	~ 일 것 같다 [~ 하는 게 당연하다
may as well (as)	(~ 하느니) ~ 하는 게 낫다
would like to	~ 하고 싶다
would rather ~ (than)	(~ 하느니) ~차라리 ~하고 싶다
had better + 동사원형	~ 하는 게 더 좋다

312 We **cannot help** speaking about [what we **have seen** and **heard**].

우리는 [우리가 보고 들은 것]을 **말하지 않을 수 없다**. 행 4:20

> cannot help ~ing ; ~을 피할 수 없다

313 They **came** to Philip with a request. ["Sir," they said, "we **would like** to see Jesus."]

그들이 요청을 가지고 빌립에게 왔다. ["선생님, 우리가 예수님을 **뵙고 싶습니다**"] 라고 그들이 말했다. 요 12:21

> come to ~ with a request ; ~에게 부탁을 하러 오다   Philip[**휠맆**] ; 빌립
>
> request[뤼**퀘**스트] ; 요구, 요청, 희망

314 I **would rather be** a doorkeeper in the house of my God **than dwell** in the tents of the wicked.

나는 악인들의 장막**에서 사느니 차라리** 하나님의 집에 문지기**가 되겠다**. 시 84:10

> doorkeeper[**도**~ㄹ키~퍼ㄹ] ; 문지기, 수위   dwell[드**웰**] in ~ ; ~에 살다
>
> the wicked[**위**키드] ; 악인들   tent[**텐**트] ; 천막

일곱

가정법

일곱. 가정법

1. 가정법은 사실과 반대되는 상황을 표현한다.

2. 가정법은 주관적인 상상, 소망, 감정, 바램, 후회 등을 표현한다.

3. 가정법의 종류는 다음과 같다.

	조건절	주절
가정법 현재	If + 주어 + 현재동사 ~	주어+will / shall / can / may+동사원형
	현재나 미래에 대한 단순한 상상, 가정, 소망을 나타낸다.	
가정법 과거	If + 주어 + 과거동사 ~ (be동사의 과거는 were를 쓴다)	주어+would / should / could / might+동사원형
	현재사실의 반대를 나타낸다.	
가정법 과거완료	If + 주어 + 과거완료 ~	주어+would / should / could / might+have+과거분사
	과거사실의 반대를 나타낸다.	
혼합가정법	If+주어+과거동사	주어+would / should / could / might+have+과거분사
	조건절은 현재사실의 반대, 귀결절은 과거사실의 반대를 나타낸다.	
	If+주어+과거완료	주어+would / should / could / might+동사원형
	조건절은 과거사실의 반대, 귀결절은 현재사실의 반대를 나타낸다.	
가정법 미래	If+주어+were to+동사원형	주어 + will / shall / can / may +동사원형
	should +동사원형	주어 + would / should / could / might +동사원형
	미래에 대한 강한 의심이나 전혀 있을 수 없는 일을 나타낸다.	
wish 가정법	I wish + 주어 + 과거동사	
	~라면 참 좋은 텐데(=가정법 과거)	
	I wish + 주어 + had + 과거분사	
	~ 이었다면 참 좋았을걸(=가정법 과거완료)	
as if + 가정법 과거 / 가정법 과거완료		

1. 가정법 현재

1. 가정법 현재는 현재나 미래에 대한 단순한 상상, 가정, 소망을 나타낸다.

   (=<If + 주어 + 현재형 동사 ~>, 주어 + will / shall / can / may + 동사원형 ~)

   (=<If + 주어 + 현재형 동사 ~>, 명령문)

315 ⟨If you forgive men ⟨when they sin against you⟩⟩, your heavenly Father will also forgive you.

⟨만일 너희가 ⟨사람들이 너희에게 죄를 지었을 때⟩ 용서하면⟩, 하늘에 계신 너희 아버지께서도 너희를 용서해 주실 것이다. 마 6:14

sin against[어겐스트] ~ ; ~에게 죄를 짓다	heavenly[헤븐리] ; 하늘에 계신

316 ⟨If anyone thinks [he is something ⟨when he is nothing⟩]⟩, he deceives himself.

⟨만일 누구든지 [그가 ⟨아무것도 아니면서⟩ 훌륭한 사람이라고] 생각하면⟩ 그는 자신을 속이는 것이다. 갈 6:3

something[썸씽] ; 대단한 사람	nothing[너씽] ; 하찮은 사람
deceive[디씨~브] ~ ; ~을 속이다	

317 ⟨If any one of you thinks [he is wise by the standards of this age]⟩,

he should become a fool ⟨so that he may become wise⟩.

⟨너희 중에 누구든지 [그가 이 세상의 기준으로 지혜 있다]고 생각하면⟩, 그는 지혜로운 자가 될 수 있도록 어리석은 자가 되어야 한다. 고전 3:18

wise[와이즈] ; 영리한, 지혜가 있는	by the standards[스탠더즈]of ~ ; ~의 기준으로
age[에이쥐] ; 시대	fool[후~울] ; 바보

318 ⟨If someone wants to sue you and take your tunic⟩, let him have your cloak as well.

⟨만일 누군가가 너희를 고소하여 네 속옷을 가지기를 원하면⟩, 그가 네 겉옷도 갖게 해라. 마 5:40

sue[수~] ~ ; ~에게 소송을 제기하다	tunic[튜~닉] ; 속옷
cloak[클로욱] ; 소매 없는 외투	as well ; 또한

2. 가정법 과거

1. 가정법 과거란 종속접속사 If가 이끄는 절의 동사가 과거형인 경우를 말한다.

   (=be 동사는 인칭에 상관없이 were를 쓴다)

   <If+주어+과거형 동사 ~>, 주어+would / should / could / might+동사원형 ~

2. 가정법 과거는 현재의 사실에 반대되는 상황을 가정한다. 현재로 해석한다.

3. 종속절에서 If를 생략하면 주어와 동사가 도치된다.

   <If + 주어 + were ~> = <Were + 주어 ~>

   <If + 주어 + 과거형 동사 ~> = <Did + 주어 + 동사원형 ~>

319 〈If you **believed** Moses〉, you **would believe** me.

〈만일 너희가 모세를 **믿는다면**〉, 나를 **믿을 것이다**. 요 5:46

320 No one **could perform** the miraculous signs (you are doing) 〈if God **were** not with him〉.

〈만일 하나님께서 그와 함께하시지 **않는다면**〉, 아무도 (당신이 행하고 있는) 기적들을 **행할 수 없다**. 요 3:2

perform [퍼ㄹ**호**~ㄹ옴] ~; ~을 행하다

321 〈**Were** you blind〉, you **would** not **be** guilty of sin.

〈만일 너희가 앞을 보지 못하**면**〉 너희는 **죄가 없을 것이다**. 요 9:41

be guilty [**길**티] of sin ; 죄를 짓다

3. 가정법 과거완료

1. 가정법 과거완료란 종속접속사 If가 이끄는 절의 동사가 과거완료(=had+pp)인 경우를 말한다.

<If+주어+과거완료 ~>, 주어+would / should / could / might+have+과거분사 ~

2. 가정법 과거완료는 과거의 사실과 반대되는 상황을 가정하거나 소망한다. 과거로 해석한다.

3. 종속절에서 If를 생략하면 주어와 동사가 도치된다.

<If + 주어 + had pp ~> = <Had + 주어 + pp ~>

322 <If the miracles (that were performed in you) had been performed in Sodom>,
it would have remained to this day.

<만일 (네게서(=가버나움에서) 행하여진) 기적들이 소돔에서 행하여졌다면>, 그 도시가 오늘까지 남아 있었을 것이다. 마 11:23

miracle[**미**뤄클] ; 기적	Sodom[**싸**덤] ; 소돔
remain[뤼**메**인] ; 남아 있다	

323 <If you had known what these words mean, ['I desire mercy, not sacrifice,']>
you would not have condemned the innocent.

<만일 너희가 ['나는 희생 제물이 아니라 자비를 원한다.']라는 이 말씀이 무엇 의미하는지를 알았더라면>,
죄 없는 사람들을 죄인으로 단정하지 않았을 것이다. 마 12:7

mean[**미**~인] ~; ~을 의미하다	desire[디**자**이어ㄹ] ~ ; ~을 바라다
mercy[**머**~ㄹ시] ; 자비	sacrifice[**쌔**크뤄화이스] ; 제물
condemn[컨**뎀**] ~; ~를 비난하다	the innocent[**이**너썬트] ; 죄 없는 사람들

324 ⟨If <u>you</u> **could have done** so⟩, <u>you</u> **would have torn out** your eyes and **given** them to me.

⟨**만약** 너희가 그렇게 **할 수 있었더라면**⟩ 너희는 눈을 **뽑아** 그것들을 나에게 **주었을 텐데**. 갈 4:15

tear[**테**어ㄹ] out one's eyes ; 눈을 뽑다

325 And <u>you</u> say, ['⟨If <u>we</u> **had lived** in the days of our <u>forefathers</u>⟩,

<u>we</u> **would** not **have taken** part with them in <u>shedding</u> the <u>blood</u> of the <u>prophets</u>.']

그리고 너희는 ['⟨우리가 조상들 시대에 **살았었더라면**⟩, 우리는 조상들이 예언자들의 피를 흘리는 데 **가담하지 않았을 텐데**.'] 라고 말한다. 마 23;30

forefather[**호**~ㄹ화~더ㄹ] ; 조상, 선조   take part with A in ~ing ; ~할 때 A 편을 들다

shed[**쉐**드] ~ ; ~을 흘리다   blood[**블러**드] ; 피

prophet[**프롸**휕] ; 예언자

성탄의 밤

4. 혼합가정법

1. if절과 주절이 가정하고 있는 시간이 다를 때, 혼합가정법이라고 한다.

예)1; if절은 과거 사실의 반대, 주절은 현재사실의 반대를 나타낸다.

if절 = 가정법 과거완료	주절 = 가정법 과거
<If + 주어 + had p·p ~>	주어 + 조동사의 과거형 + 동사원형
과거에 ~했다면, 현재 ~할 텐데	

예)2; if절은 현재 사실의 반대, 주절은 과거사실의 반대를 나타낸다.

if절 = 가정법 과거	주절 = 가정법 과거완료
<If + 주어 + 과거동사>	주어 + 조동사의 과거형 + have p·p ~
현재 ~라면, 과거에 ~했을 텐데	

1. 가정법 과거 (=현재사실의 반대) + 가정법 과거완료 (=과거사실의 반대)

326 ⟨If you **knew** the gift of God and [who **it** is (that **asks** you for a drink)]⟩, you **would have asked** him and he **would have given** you living water.

⟨**만일** 네가 하나님의 선물과 [(네게 마실 것을 달라고 요구하는) 사람이 누구인지] **안다면**⟩,

너는 그 사람에게 **요구하였을 것이고** 그가 너에게 생명의 물을 **주었을 것이다.** 요 4:10

gift[**기**흐트] ; 선물	ask A for B ; A에게 B를 요구하다
living water ; 생명의 물	

327 "⟨If he **were not** a criminal⟩," they replied, ["we **would not have handed** him **over** to you."]

"⟨**만일** 그가 범죄자가 **아니라면**⟩ ["우리가 그를 당신에게 **넘기지 않았을 것이다.**"]라고 그들이 대답했다. 요 18:30

criminal[크**뤼**머늘] ; 범죄자	hand A over to ~ ; A를 ~에게 넘겨주다

2. 가정법 과거완료(=과거사실의 반대) + 가정법 과거(=현재사실의 반대)

328 ⟨If those days **had** not **been cut** short⟩,

no one **would survive**, but for the sake of the elect those days **will be shortened**.

⟨만일 그 날들이 단축되지 않았다면⟩, 아무도 살아남지 못할 것이다. 그러나 선택한 사람들을 위하여 그 날들이 단축될 것이다. 마 24:22

be cut short [쇼~ㄹ트] ; 단축되다	survive [써ㄹ**봐**이브] ; 살아남다
for the sake [**세**이크] of ~ ; ~를 위하여	the elect [**일렉**트] ; 뽑힌 사람들, 하나님의 선민
be shortened [쇼~ㄹ튼드] ; 단축되다	

329 ⟨If I **had** not **com**e and **spoken** to them⟩,

they **would** not **be guilty of sin**. Now, however, they **have** no excuse for their sin.

⟨내가 와서 그들에게 말하지 않았었더라면⟩ 그들은 죄가 없을 것이다. 하지만 이제는 그들이 자기들의 죄에 대하여 변명에 여지가 없다. 요 15:22

be guilty [**길티**] of sin ; 죄를 짓다	however [하우**에**붜ㄹ] ; 하지만
have no excuse [익스**큐**~즈] for ~ ; ~에 변명에 여지가 없다	

베드로를 부르시는 예수 그리스도

5. 가정법 미래

1. 가정법 미래는 미래에 대한 '불확실성', 즉 '...일지 아닐지 모르지만 만일 ..한다면'의 뜻에 가깝다.

2. If절에 조동사 should를 사용한다.

3. 강한 의지를 나타내기 위해 if절에 will을 사용할 수 있다.

4. 'If + 주어 + were to부정사'는 실현 불가능성 또는 가능성이 가장 적은 상태를 표현한다.

330 But 〈even if you **should suffer** for [what is right]〉, you **are** blessed.

그러나 〈너희가 [옳은 것]을 위하여 고통을 받는다 해도〉, 너희는 복이 있다. 벧전 3:14

even if ~ ; ~한다 해도	suffer[써풔ㄹ] ; 고통을 겪다
blessed[블레씨드] ; 신의 은총을 입은	

331 We gave you this rule: ["〈If a man **will not work**〉, he **shall** not **eat**."]

우리가 너희에게 ["〈일하기 싫어하거든〉 먹지 말게 하라"]라는 이 규칙을 주었다. 살후 3:10

332 〈Even if you **were to give** me half your possessions〉,

I **would** not **go** with you, nor **would** I **eat** bread or **drink** water here.

〈비록 당신이 나에게 당신 재산의 절반을 준다고 해도〉

나는 당신과 함께 가지 않을 것이다, 그리고 여기서 빵을 먹지도 물을 마시지도 않을 것이다. 왕상 13:8

half[해~흐] ~ ; ~의 절반, 2분의 1	possessions[퍼제션즈] ; 재산, 부
bread[브뤠드] ; 빵	

6. wish / as if (= as though) + 가정법 과거, 가정법 과거완료

I wish + 주어 + 과거동사	~라면 참 좋을 텐데 (가정법 과거 : 현재사실의 반대)
I wish + 주어 + had p·p	~이었다면 좋을 텐데 (가정법 과거완료 : 과거사실의 반대)
as if (=as though) + 주어 + 과거동사	마치 ~인 것처럼
as if (=as though) + 주어 + had p·p	마치 ~이었던 것처럼

1. wish + [가정법 과거]

333 I **have come** to bring fire on the earth, and how I **wish** [it **were** already **kindled**]!

나는 세상에 불을 놓으려고 왔다. [그것에 **불이** 이미 **붙었으면**] 얼마나 **좋을까**. 눅 12:49

bring fire ; 불을 지피다	earth [**어**~ㄹ스] ; 세상
kindle [**킨**들] ~ ; ~에 불을 붙이다	

334 How I **wish** [I **could be** with you now and **change** my tone, ⟨because I **am** perplexed about you⟩]!

[⟨내가 너희에 대하여 당황해서⟩, 내가 지금 너희와 **함께 있어** 내 말투를 **바꿀 수 있기를**] **원한다**. 갈 4:20

tone [**토**운] ; 음성, 어조, 말투	change [**췌**인쥐] ~ ; ~을 바꾸다
perplexed [퍼ㄹ**플렉**스트] ; 당황한, 난처	

335 I **could wish** [that I myself **were cursed** and **cut off** from Christ for the sake of my brothers, those of my own race, the people of Israel].

나는 [나 자신이 나의 형제들, 나 자신의 혈족의 사람들인 이스라엘 사람들을 위해 **저주를 받고** 그리스도에게서 **잘려나가기를**] **원했다**. 롬 9:3-4

be cursed [**커**~ㄹ스트] ; 저주를 받다	be cut off from~ ; ~에서 잘려 나가다
for the sake of ~ ; ~를 위해	race [**뤠**이스] ; 민족

2. wish + [가정법 과거완료]

336 How I **wish** [that you really **had become** kings ⟨so that we **might be** kings with you⟩]!

나는 [⟨우리가 너희와 함께 왕이 되도록 하기 위하여⟩ 너희가 참으로 왕이 **되었기를**] 얼마나 **원하는지**. 고전 4:8

> really[**뤼**~얼리] ; 정말로, 참으로

3. as if + [가정법 과거]

337 Do not **rebuke** an older man harshly, but **exhort** him ⟨**as if** he **were** your father⟩.

나이 든 사람을 심하게 꾸짖지 말고, ⟨그가 **마치** 네 아버지**인 것처럼**⟩ 그를 권고해라. 딤전 5;1

> rebuke[뤼**뷰**~욱] ~ ; ~를 책망하다, 비난하다   harshly[**하**~ㄹ쉴리] ; 엄하게
>
> exhort[이그**조**~ㄹ트] ~ ; ~를 설득하다

338 ⟨As they **approached** the village (to which they **were going**)⟩,

Jesus acted ⟨**as if** he **were going** farther⟩.

⟨(그들이 가려고 했던) 그 마을에 가까이 왔을 때⟩, 예수께서는 ⟨**마치** 그가 더 멀리 **가려는 것처럼**⟩ 행동하셨다. 눅 24:28

> approach[어프**로**우취] ~ ; ~에 다가가다   village[**빌**리쥐] ; 마을
>
> act[**액**트] ; 행동하다   go farther[**화**~ㄹ더ㄹ] ; 더 멀리 가다

4. as if + [가정법 과거완료]

339 I saw a Lamb, looking ⟨**as if** it **had been slain**⟩,

standing in the center of the throne, encircled by four living creatures and the elders.

나는 어린양을 보았다. ⟨그것은 **마치 죽임을 당한 것처럼**⟩ 보였고, 보좌의 중앙에 서 있고, 네 생물과 장로들에 둘러싸여 있었다. 계 5:6

> Lamb[(을)**램**] ; 하나님의 어린양, 예수 그리스도   be slain[슬**레**인] ; 죽임을 당하다
>
> throne[스**로**운] ; 왕좌, 보좌   encircle[인**써**~ㄹ클] ~ ; ~을 둘러싸다
>
> creature[크**뤼**~춰리] ; 창조물, 피조물   elder[**엘**더ㄹ] ; 장로

7. 기타 가정법

1. to부정사가 조건절을 대신하는 경우

2. 주어가 조건절을 대신하는 경우

3. 조건절 없이 귀결절만 있는 경우

4. 귀결절 없이 조건절만 있는 경우

5. With / Without ~ : ~이 있었다면(~이 있다면), ~이 없었다면(~이 없다면)

6. If only ~ : 단지 ~하기만 하면, ~이면[~이었다면 좋았을 텐데

7. unless ~

8. what if ~? : ~이라면 어찌 되는가?

9. 가정법 과거완료 but 직설법 과거, 가정법 과거 but 직설법 현재

1. 주어가 조건절을 대신하는 경우

340 Jesus answered, ["You give them something to eat."]

His disciples said to him, ["That would take eight months of a man's wages!

Are we to go and spend that much on bread and give it to them to eat?"]

예수께서 대답하셨다. ["너희가 그들에게 먹을 것을 주어라."]

제자들이 그에게 말했다. ["그렇게 하려면 남자의 8개월 치 임금이 들 것입니다!

우리가 가서 그 많은 돈을 빵에 써서 그들에게 그것을 먹도록 주어야 합니까?"] 막 6:37

take ~ ; ~이 들다	wage[웨이쥐] ; 임금, 급료

2. 조건절 없이 귀결절만 있는 경우

341 I was afraid [that in some way the tempter might have tempted you and our efforts might have been useless].

나는 [어떤 식으로든 시험하는 자가 너희를 유혹했을지도 모르고 우리의 수고가 쓸모없었을지도 모른다고] 걱정했다. 살전 3:5

tempter[**템**터ㄹ] ; 유혹자, 악마	tempt[**템**트] ~ ; ~을 유혹하다
effort[**에**훠ㄹ트] ; 노력, 수고	useless[**유**~슬리스] ; 헛된

3. 귀결절 없이 조건절만 있는 경우

342 The Israelites said to them, [" ⟨If only we had died by the LORD's hand in Egypt⟩ "].

이스라엘 사람들이 그들에게 [" ⟨차라리 우리가 이집트에서 하나님의 손에 죽었더라면 좋았을 텐데⟩ "]라고 말했다. 출 16;3

Israelite[**이**즈뤼얼라이트] ; 야곱의 자손, 이스라엘 사람, 신의 선민
Egypt[**이**~쥡트] ; 이집트

4. Unless(=If not) ~

343 [What you sow] does not come to life ⟨unless it dies⟩.

⟨만일 그것이 죽지 않으면⟩ [네가 뿌리는 것]이 살아나지 못한다. 고전 15:36

sow[**쏘**우] ~ ; 씨를 뿌리다	come to life ; 살아나다

5. What if ~?

344 What ⟨if some did not have faith⟩? Will their lack of faith nullify God's faithfulness?

⟨어떤 사람들이 믿음이 없으면⟩ 어떻게 될까? 그들의 부족한 믿음이 하나님의 신의를 헛되게 할까? 롬 3:3

lack [(을)**랙**] ; 부족	faithfulness[**훼**이스훨니스] ; 충실함
nullify[**널**러화이] ~ ; ~을 무효로 하다, 헛되게 하다	

6. 가정법 but 직설법

345 As apostles of Christ we **could have been** a burden to you,

but we **were** gentle among you, like a mother caring for her little children.

그리스도의 사도로서 우리는 너희에게 짐이 **될 수 있었다.**

그러나 우리는 자기 어린 자녀들을 돌보는 어머니처럼 너희 가운데서 **유순했다.** 살전 2:6-7

| apostle[어**파**쓸] ; 사도 | be a burden[**버**~ㄹ든] to ~ ; ~에게 짐이 되다 |
| gentle[**젠**틀] ; 온화한 | care[**케**어ㄹ] for ~ ; ~를 돌보다 |

346 〈If those days **had** not **been cut** short〉,

no one **would survive**, but for the sake of the elect those days **will be shortened**.

〈그날들이 **줄여지지 않았었다면**〉, 구원을 얻을 사람이 하나도 **없을 것이다.** 그러나 선택받은 사람들을 위하여, 그날들이 **줄여질 것이다.** 마 24:22

| for the sake of ~ ; ~를 위하여 | the elect[일**렉**트] ; 택하신 자들 |
| shorten[**쇼**~ㄹ튼] ~ ; ~을 줄이다, 단축하다 | |

347 〈If you, even you, **had** only **known** on this day [what **would bring** you peace]〉--

but now it **is hidden** from your eyes.

〈너도 오늘날 [너에게 평화를 가져다주는 것이 무엇인지] **알았었더라면** 좋았을 텐데〉. 그러나 지금 그것이 너의 눈에 **숨겨져 있구나.** 눅 19:42

| peace[**피**~스] ; 평화 | be hidden[**히**든] from ~ ; ~에 숨겨지다 |

예수의 성전정화

여덟

명사를 꾸며주는 수식어

1. 명사 앞에 쓰이는 수식어
2. 명사를 뒤에서 수식하는 수식어구

여덟. 명사를 꾸며주는 수식어

1. 명사를 앞에서 수식하는 수식어

관사		a pen
소유격		my pen
형용사	+ 명사	a blue pen
현재분사		a swimming girl
과거분사		a broken pen

2. 명사를 뒤에서 수식하는 수식어구

	형용사구(=전치사구)	a girl in the pool
	현재분사구	a country divided in two
명사 +	과거분사구	a girl slept in the bed
	to부정사구	a girl to study hard
	관계대명사절	a girl (who is swimming in the pool)
	관계부사절	a park (where we visited last year)

사마리아 여인과 예수 그리스도

1. 명사 앞에 쓰이는 수식어

1. 단독으로 쓰이는 형용사나 분사는 명사 앞에 위치한다.

2. 수와 양을 나타내는 형용사는 명사 앞에 위치한다.

	수	양	수와 양
많은	many	much	a lots of / lots / plenty of
조금 있는 (a가 있음)	a few	a little	some
거의 없는 (a가 없음)	few	little	

3. such a(an) 형용사 + 명사

   what a 형용사 + 명사

   so(as, how, too) + 형용사 + a + 명사

1. 소유격 + 명사

348 Abraham's faith is credited to God as righteousness.

아브라함의 믿음은 하나님에게 의로 인정되었다. 롬 4;9

> be credited [크뤠디티드] to ~ ; ~에게 인정받다   righteousness [롸이춰스니스] ; 의, 정의

2. 현재분사 + 명사

349 Everyone must submit himself to the governing authorities.

모든 사람은 통치하는 권세에 복종해야 한다. 롬 13:1

> submit [써브밑] oneself to ~ ; ~에 복종하다   governing [거붜ㄹ닝] ; 지배하는, 통치하는
>
> authorities [어쏘~뤄티즈] ; 당국

3. 과거분사 + 명사

350 You may become blameless and pure in a crooked and depraved generation.

너희는 비뚤어진 그리고 타락한 세대 가운데서 나무랄 데 없고 순수해야 한다. 빌 2:15

blameless[블레임리스] ; 비난할 점이 없는	pure[퓨어ㄹ] ; 순수한
crooked[크루키드] ; 부정직한	depraved[디프뤠이브드] ; 부패한, 타락한
generation[쥐너레이션] ; 세대	

351 All the assembled worshipers were praying outside.

모든 모인 예배자들은 밖에서 기도를 하고 있었다. 눅 1:10

assembled[어쎔블드] ; 모인	worshiper[워~ㄹ쉬퍼ㄹ] ; 숭배자, 예배자
pray[프뤠이] ; 기도하다	outside[아웉싸이드] ; 밖에

4. 형용사구+명사

352 A large herd of pigs was feeding on the nearby hillside.

많은 돼지 떼가 가까운 산허리에서 먹이를 먹고 있었다. 막 5:11

a large herd[허~ㄹ드] of ~ ; 많은 ~떼	feed[퓌~드] ; 먹이를 먹다
nearby[니어ㄹ바이] ; 가까이의	hillside[힐싸이드] ; 산허리

353 They caught such a large number of fish 〈that their nets began to break〉.

그들은 아주 많은 고기를 잡았다. 〈그래서 그들의 그물이 찢어지기 시작했다〉. 눅 5:6

a large number of ~ ; 많은~	net[넽] ; 그물

5. 형용사+명사

354 How many times shall I forgive my brother 〈when he sins against me〉? Up to seven times?

〈형제가 나에게 죄를 지었을 때〉 내가 나의 형제를 몇 번이나 용서해 주어야 합니까? 최고 일곱 번까지입니까? 마 18:21

sin against ~; ~ 에게 죄를 짓다	up to ~ ; 최고 ~ 까지
seven times; 일곱 번	

355 Teacher, **look** at these magnificent buildings! Look at the impressive stones in the walls.

선생님, 이 거대한 건물들을 보십시오! 벽에 인상적인 돌들을 보십시오. 막 13:1

magnificent[매그**니**훠슨트] ; 장대한, 화려한	wall[**워**~얼] ; 벽
impressive[임프**뤠**씨브] ; 인상적인	

356 Stop drinking only water, and **use** a little wine because of your stomach and your frequent illnesses.

물만 마시지 말고 네 위장과 자주 나는 병을 위하여(= 때문에) 약간의 포도주를 사용해라. 딤전 5:23

stomach[스**터**먹] ; 위	frequent[흐**뤼**~퀀트] ; 빈번한
illness[**일**니스] ; 병	

357 A few days later, 〈when Jesus again **entered** Capernaum〉, the people **heard** [that he **had come** home].

며칠 뒤에 〈예수께서 다시 가버나움으로 들어가셨을 때〉, 사람들은 [그가 집에 오셨다는 말을] 들었다. 막 2:1

Capernaum[커**퍼**~ㄹ니엄, 커**퍼**ㄹ네이엄] ; 가버나움

358 How then **could** I **do** such a wicked thing and **sin** against God?

내가 어떻게 그런 나쁜 일을 행하고 하나님에 대하여 죄를 지을 수 있겠습니까? 창 39:9

wicked[**위**키드] ; 나쁜, 사악한	sin against ~ ; ~에게 죄를 짓다

359 So Moses **went back** to the LORD and **said**,

["Oh, what a great sin these people **have committed**! They **have made** themselves gods of gold."]

그래서 모세는 주께 다시 가서 말하였다. ["이 백성이 정말 큰 죄를 지었습니다. 그들이 금으로 신을 만들었습니다."] 출 32:31

go back to ~ ; ~에게 돌아가다	commit[커**밑**]~ ; ~을 범하다

360 At that time I **said** to you, ["You **are** too heavy a burden for me to carry alone."]

그때 나는 너희에게 ["너희는 내가 혼자 인도하기에는 너무 무거운 짐이다."]라고 말했다. 신 1:9

heavy[**헤**뷔] ; 무거운	burden[**버**~ㄹ든] ; 짐
carry[**캐**뤼] ; 나르다	alone[얼**로**운] ; 혼자서

2. 명사를 뒤에서 수식하는 수식어구

명사 + 형용사 (구)

1. -thing, -body 로 끝나는 명사의 경우 , 형용사는 명사 뒤에 위치한다 .

2. 긴 수식어가 명사를 수식할 경우 , 수식어는 명사 뒤에 위치한다 .

3. 형용사구가 명사를 수식할 경우 , 명사 뒤에 위치한다 .

1. -thing + 형용사

361 ["Nazareth! Can anything good come from there?"] Nathanael asked.

["나사렛! 거기에서 **좋은 것**이 나올 수 있을까?"]라고 나다나엘이 물었다. 요 1:46

Nazareth [**내**저뤄스] ; 나사렛	Nathanael [너**쌔**니얼] ; 나다나엘

2. 명사 + 형용사구 (=전치사+명사)

362 The knowledge of the secrets of the kingdom of heaven has been given to you.

하늘나라의 비밀을 **아는 것**이 너희들에게는 허락되었다. 마 13:11

knowledge[**날**리쥐] ; 지식, 아는 것	secret[**씨**~크륕] ; 비밀

363 Their throat are open graves; their tongues practice deceit.

The poison of vipers is on their lips.

그들의 목구멍은 열린 무덤이다; 그들의 혀는 속임수를 쓴다. **독사의** 독이 그들의 입술에 있다. 롬 3:13

throat[**스**로웉] ; 목구멍	grave[**그뤠**이브] ; 무덤
tongue[**텅**] ; 혀	practice[**프뢥**티스] ~ ; ~을 행하다
deceit[디**씨**~트] ; 사기	poison[**포**이즌] ; 독
viper[**봐**이퍼ㄹ] ; 독사	lip[(을)**맆**] ; 입술

364 Foxes **have** holes and <u>birds</u> of the air **have** nests, but <u>the Son of Man</u> **has** no place to lay his head.

여우들은 굴이 있고, 하늘의 새들은 둥지가 있다. 그러나 인자는 머리를 둘 곳이 없다. 눅 9:58

hole[호울] ; 구멍, 굴	air[에어ㄹ] ; 공중, 하늘
nest[네스트] ; 둥우리, 보금자리	

365 ["You of little faith," <u>he</u> said, "why did <u>you</u> doubt?"]

그는 ["믿음이 적은 사람아", "왜 너는 의심하였느냐?"]라고 말했다. 마 14:31

of little faith ; 믿음이 적은	doubt[다웉] ; 의심하다

366 <u>We</u> **speak** a message of wisdom among <u>the mature</u>, but not the wisdom of this age.

우리는 성숙한 사람들 중에서 지혜의 메시지를 말하지만, 이 세상의 지혜가 아니다. 고전 2:6

message[메씨쥐] ; 메시지, 말	wisdom[위즈덤] ; 지혜
the mature[머츄어ㄹ] ; 성숙한 사람들	

3. 명사 + 현재분사구

① 현재분사가 구로 쓰일 때(=현재분사+부사(구), 현재분사+보어, 현재분사+목적어 등등)는, 명사 뒤에 위치한다.

② 현재분사나 현재분사구는 능동과 진행의 의미로 명사를 수식한다.

367 <u>The people</u> living in darkness **have seen** a great light.

어둠에 살고 있는 백성들이 큰 빛을 보았다. 마 4:16

darkness[다ㄹ크니스] ; 어둠, 암흑	

368 <u>They</u> **are** like children sitting in the marketplace and calling out to each other.

그들은 시장에 앉아 서로를 부르는 아이들과 같다. 눅 7:32

marketplace[마~ㄹ킽플레이스] ; 장터	call out to ~ ; ~를 부르다

369 The kingdom of heaven is like a merchant looking for fine pearls.

하늘나라는 좋은 진주들을 찾고 있는 상인과 같다. 마 13:45

merchant[**머**~ㄹ춴트] ; 상인	look for ~ ;~을 찾다
fine[**화**인] ; 품질이 좋은	pearl[**퍼**~ㄹ얼] ; 진주

370 Those tending the pigs ran off and reported this in the town and countryside.

돼지를 돌보고 있던 사람들이 달아나서 읍내와 촌에 이것을 알렸다. 막 5:14

tend[**텐**드] ~ ; ~을 돌보다	run off ; 도망가다
report[뤼**포**~ㄹ트] ~ ; ~을 보고하다	countryside[**컨**트뤼싸이드] ; 시골

371 The one (who does not know and does things deserving punishment) will be beaten with few blows.

(모르고 벌을 받아 마땅한 일들을 하는) 사람은 매를 적게 맞을 것이다. 눅 12:48

deserve[디**저**~ㄹ브] ~ ; ~을 받을만하다	punishment[**퍼**니쉬먼트] ; 벌
be beaten[**비**~튼] with few blows ; 매를 적게 맞다	

372 The only thing (that counts) is faith expressing itself through love.

(중요한) 유일한 것은 사랑을 통해 그 자신을 나타내는 믿음이다. 갈 5:6

count[**카**운트] ; 중요하다, 가치가 있다	faith ; 믿음
express[익스프**뤠**스] ~; ~을 표현하다	through[**쓰루**우~] ~ ; ~을 통해

373 I do not run like a man running aimlessly; I do not fight like a man beating the air.

나는 목적 없이 달려가는 사람처럼 달려가지 않는다. 나는 허공을 치는 사람처럼 싸우지 않는다. 고전 9;26

aimlessly[**에**임리슬리] ; 목적 없이	beat[**비**~잍] the air ; 허공을 때리다

374 So he sent two of his disciples, telling them,

["Go into the city, and a man carrying a jar of water will meet you. Follow him."]

그래서 그는 그의 제자들 중 둘을 보내며

["성안에 들어가라, 그러면 물통을 가지고 가는 사람이 너희를 만날 것이다. 그를 따라가라."]라고 말씀하셨다. 막 14:13

disciple[디**싸**이플] ; 제자	jar[**좌**~ㄹ] ; 병, 단지

4. 명사 + 과거분사구

① 과거분사가 단독으로 쓰일 때는, 명사 앞에 위치한다. 하지만 과거분사가 구로 쓰일 때는 명사 뒤에 위치한다.

② 과거분사나 과거분사구는 수동(~된, ~인)과 완료(~한)의 의미로 명사를 수식한다.

③ 과거와 형태가 같은 과거분사를 동사로 오인하지 않도록 각별한 주의가 필요하다.

375 In the time of Herod king of Judea there was a priest named Zechariah.

유대 왕 헤롯 시절에 사가랴라고 불리는 제사장이 있었다. 눅 1:5

Herod[헤뤄드] king ; 헤롯 왕	Judea[쥬~디~어] ; 유대
priest[프뤼~스트] ; 성직자, 제사장	Zechariah[제커롸이어] ; 스가랴

376 I know [that Messiah called Christ is coming].

나는 [그리스도라고 불리는 메시아가 오실 것]을 알고 있다. 요 4:25

Messiah[미싸이어] ; 메시아, 구세주	Christ[크롸이스트] ; 그리스도, 예수

377 Every kingdom divided against itself will be ruined.

자신에 대항하여 분열된(=내분이 일어난) 모든 나라는 파멸하게 될 것이다. 마 12:25

kingdom[킹덤] ; 왕국	be ruined[루인드] ; 망하다
be divided[디봐이디드] against oneself ; 내분이 일어나다	

378 We continually remember your work produced by faith, your labor prompted by love, and your endurance inspired by hope in our Lord Jesus Christ.

우리는 믿음에 의해 생산된 일과, 사랑으로 자극받은 수고와,

그리고 우리 주 예수 그리스도에 대한 소망에 영감을 받은 인내를 계속 기억한다. 살전 1:3

continually[컨티뉴얼리] ; 끊임없이	produce[프뤄듀~스] ~ ; ~을 생산하다
prompt[프롬트] ~ ; ~을 자극하다	endurance[인듀어뤈스] ; 인내
inspire[인스파이어ㄹ] ~ ; ~을 불어넣다	

379 Those controlled by the sinful nature cannot please God.

사악한 본성에 통제되는 사람들은 하나님을 기쁘게 할 수 없다. 롬 8:8

control [컨트**로**울] ~ ; ~을 지배하다	sinful [**신**훨] ; 죄 많은
nature [**네**이쳐ㄹ] ; 본능, 천성	please [플**리**~즈] ~ ; ~을 기쁘게 하다

380 We will no longer be infants tossed back and forth by the waves.

우리가 더 이상 파도에 앞뒤로 흔들리는 어린아이들이 아닐 것이다. 엡 4;14

infant [**인**훤트] ; 유아	tossed [**토**스트] back and forth ; 앞뒤로 뒤척이는
wave [**웨**이브] ; 파도, 감정의 고저	

5. 명사 + to부정사 (= 명사를 수식하는 형용사적 용법의 to부정사는 명사 뒤에 온다.)

381 The holy one to be born will be called the Son of God.

태어날 거룩한 분은 하나님의 아들이라고 불릴 것이다. 눅 1:35

holy [**호**울리] ; 거룩한

382 I was hungry and you gave me something to eat.

나는 배가 고팠고 너희가 내게 먹을 것을 주었다. 마 25:35

hungry [**헝**그뤼] ; 배고픈

383 Jesus gave them authority to drive out evil spirits and to heal every disease.

예수께서 그들에게 악한 영을 쫓아내고 모든 병을 치료하는 권능을 주셨다. 마 10:1

authority [어**쏘**~ㄹ뤄티] ; 권능, 권한	drive [드**롸**이브] out ~ ; ~을 쫓아내다
evil spirit ; 악령	

384 The Pharisees **went out** and **laid** plans to trap him in his words.

바리새 사람들이 나가서 그의 말씀으로 그를 함정에 빠뜨릴 계획을 준비했다. 마 22:15

lay plans ; 계획을 준비하다   trap[트뢥] ~ ; ~를 덫에 걸리게 하다

385 The kingdom of heaven **is** like a landowner

(who **went out** early in the morning to hire men to work in his vineyard).

하늘나라는 (그의 포도밭에서 일할 사람들을 고용하려고 아침 일찍 나간) 주인과 같다. 마 20:1

landowner[(을)**랜**도우너ㄹ] ; 토지 소유자, 지주   hire[**하**이어ㄹ] ~ ; ~을 고용하다

vineyard[**뷔**녀ㄹ드] ; 포도원

386 〈If your enemy **is** hungry〉, **feed** him; 〈if he is thirsty〉, **give** him something to drink.

〈만일 네 원수가 배고파하거든〉 그를 먹여라; 〈만일 그가 목말라하거든〉 그에게 마실 것을 주어라. 롬 12:20

enemy[**에**너미] ; 적   hungry[**헝**그뤼] ; 배고픈

feed[**휘**~드] ~ ; ~에게 먹을 것을 주다   thirsty[**써**~ㄹ스티] ; 목마른

예수 그리스도를 찾아온 백부장

6. 명사 + 관계사절(관계대명사절 / 관계부사절)

1) 사람인 명사(=선행사)를 수식하는 관계대명사는 'who, whose, whom, that'이 있다.

2) 사물인 명사(=선행사)를 수식하는 관계대명사는 'which, whose, of which, that'이 있다.

3) '시간 / 장소 / 원인'을 나타내는 선행사 the time, the place, the reason을 수식하는
   관계부사는 'when, where, why'가 있다.

4) 선행사가 있는 관계부사절도 명사(=선행사)를 수식하므로 형용사절이다.

   관계부사 how는 선행사 the way와 함께 쓰지 않고 the way나 how 중 하나만 쓴다.

   따라서 명사절로 분류한다.

① 명사 + 관계대명사절

387 Everyone (who drinks this water) will be thirsty again.

(이 물을 마시는) 모든 사람은 다시 목마를 것이다. 요 4:13

388 There was a certain royal official (whose son lay sick at Capernaum).

(아들이 가버나움에서 병들어 앓아누워있는) 어떤 왕의 신하가 있었다. 요 4:46

certain [써~ㄹ튼] ; 어떤, 어느	royal [로이얼] ; 왕의
official [어휘셜] ; 관리, 신하	Capernaum [커퍼~ㄹ니엄] ; 가버나움
lie sick ; 앓아눕다	

389 One of them, the disciple (whom Jesus loved), was reclining next to him.

그들 중에 하나인, (예수께서 사랑한) 그 제자가 그의 옆에 앉아 있었다. 요 13:23

recline [뤼클라인] ; 기대다

② 명사 + 관계부사절

390 In the spring, at the time (when kings go off to war), Joab led out the armed forces.

봄에 (왕들이 전쟁에 나갈) 때에, 요압이 군대를 이끌고 나갔다. 대상 20:1

go off to war ; 전쟁에 나가다	Joab [**조**우앱] ; 요압
lead out ~ ; ~을 이끌고 나가다	armed forces ; 군대

391 Once more he visited Cana in Galilee (where he had turned the water into wine).

한 번 더 그는 (그가 물을 포도주로 변화시켰던) 갈릴리에 있는 가나를 방문하셨다. 요 4:46

Cana [**캐**이너] ; 가나	Galilee [**갤**럴리~] ; 갈릴리
turn A into B ; A를 B로 바꾸다	

392 The reason (why 생략 the dream was given to Pharaoh in two forms) is

[that the matter has been firmly decided by God, and God will do it soon.]

(꿈이 바로에게 두 가지 형태로 주어진) 이유는 [그 일이 하나님에 의해 단호히 정해졌고, 하나님이 그것을 곧 행하실 것이라는 것]이다. 창 41:32

reason [**뤼**~즌] ; 이유	dream [드**뤼**~임] ; 꿈
Pharaoh [**훼**어로우] ; 파라오, 바로	form [**호**~ㄹ옴] ; 형태
matter [**매**터ㄹ] ; 일	firmly [**훠**~ㄹ엄리] ; 굳게, 단호히

393 And now the cry of the Israelites has reached me,

and I have seen the way (how 는 반드시 생략 the Egyptians are oppressing them).

지금 이스라엘 사람들의 부르짖는 소리가 나에게 들렸다, 그리고 나는 (이집트 사람들이 그들을 학대하는) 방법을 보았다. 출 3:9

reach [**뤼**~취] ~ ; ~에 도달하다	Egyptian [이**쥡**션] ; 이집트 사람
oppress [어프**뤠**스] ~ ; ~을 억압하다, 학대하다	
Israelite [**이**즈뤼얼라이트] ; 야곱의 자손, 이스라엘 사람, 유대인	

아홉

부사적 용법의 to부정사

1. 동사를 수식하는 to부정사 - 목적
2. 동사를 수식하는 to부정사 - 결과
3. 형용사를 수식하는 to부정사 - 원인, 판단근거
4. 형용사를 수식하는 to부정사
5. 형용사나 부사를 수식하는 to부정사
6. 문장 전체를 수식하는 to부정사 (=독립부정사)

아홉. 부사적 용법의 to부정사

1. 명사적 용법의 to부정사는 주어, 목적어, 보어로 쓰인다.

2. 형용사적 용법의 to부정사는 명사 뒤에서 명사를 수식한다.

    be 동사 뒤에 보어로 쓰여 예정, 가능 운명 등을 나타내는 be to부정사는 형용사적 용법이다.

3. 부사적 용법의 to부정사는 동사, 형용사, 부사 또는 문장 전체를 수식한다.

예수 그리스도의 산상수훈

1. 동사를 수식하는 to부정사 - 목적

1. 목적표시 부사적 용법은 '~ 하기 위하여'라고 해석한다.

   목적표시 부사적 용법은 부정사를 먼저 해석하고 동사를 나중에 해석한다.

2. 'in order to부정사' / 'so as to부정사'의 형태를 갖기도 한다.

394 He has anointed me to preach good news to the poor.

그는 가난한 사람들에게 복음을 전파하게 하시려고 내게 기름을 부으셨다. 눅 4:18

preach [프뤼~취] ~ ; ~을 전하다	good news ; 복음
anoint [어노인트] ~ ; ~에 기름을 바르다, 지명하다	the poor ; 가난한 자들

395 He has sent me to proclaim freedom for the prisoners.

그는 포로들에게 자유를 선포하려고 나를 보내셨다. 눅 4:18

proclaim [프로우클레임] ~ ; ~을 선언하다	freedom [흐뤼~덤] ; 자유
prisoner [프뤼저너ㄹ] ; 죄수, 자유를 빼앗긴 사람	

396 Jesus was led by the Spirit into the desert to be tempted by the devil.

예수께서는 마귀에게 시험을 받으려 성령에 인도되어 사막으로 갔다. 마 4:1

the Spirit [스피륃] ; 성령	desert [데저르트] ; 사막, 광야
be tempted [템티드] ; 유혹을 받다	devil [데뷜] ; 마귀

397 You, my brothers, were called to be free.

너희, 나의 형제들은, 자유로워지도록 부름을 받았다. 갈 5:13

398 Do not **use** your freedom to indulge the sinful nature; rather, **serve** one another in love.

너희가 사악한 본성을 탐닉하기 위해 자유를 사용하지 말고; 오히려 서로를 사랑으로 섬겨라. 갈 5:13

indulge[인**덜**쥐] ~ ; ~에 빠지다, 탐닉하다

399 The **rest** said, ["Now **leave** him alone. Let's see [if Elijah **comes** to save him]."]

나머지는 말했다, ["이제 그를 내버려 두어라. [엘리야가 그를 구하러 오는지] 보자."] 마 27:49

rest[**뤠**스트] ; 나머지

leave ~ alone[얼**로**운] ; ~을 내버려 두다

see if ~ ; ~인지 아닌지 보다

come to 부정사 ; ~하러 오다

400 God **chose** the foolish things of the world to shame the wise;

God **chose** the weak things of the world to shame the strong.

하나님께서 지혜 있는 자들을 부끄럽게 하려고 세상의 미련한 것들을 선택하셨다;

하나님은 강한 자들을 부끄럽게 하려고 세상의 약한 자들을 선택하셨다. 고전 1:27

shame[**쉐**임] ~ ; ~을 망신시키다

the wise[**와**이즈] ; 지혜 있는 자들

the strong[스트**로**~옹] ; 강한 자들

401 I have **written** you in my letter not to associate with sexually immoral people.

내가 내 편지에 성적으로 부도덕한 사람들과 교제하지 말라고 너희에게 썼다. 고전 5:9

associate[어**쏘**우시에잍] with ~ ; ~와 교제하다

immoral[이**모**뤌] ; 부도덕한

sexually[**쎅**슈얼리] ; 성적인, 성에 관한

402 To those under the law I **became** like one under the law, so as to win those under the law.

율법 아래에 있는 사람들에게는 내가 율법 아래에 있는 사람 같이 되었다. 율법 아래에 있는 사람들을 얻기 위해서. 고전 9:20

law[(을)**로**~, (을)**라**~] ; 법, 율법

win[**윈**] ~ ; ~을 얻다

403 We **worked** night and day in order not to be a burden to anyone.

우리는 아무에게도 짐이 되지 않으려고 밤낮으로 일을 했다. 살전 2:9

burden[**버**~ㄹ든] ; 짐

2. 동사를 수식하는 to부정사 - 결과

주어의 의지와 관계없는 동사 뒤에 쓰여 동사의 결과를 나타낸다.

동사를 먼저 해석하고 부정사를 나중에 해석한다.

예) grow up, awake + to 부정사

404 John will go on before the Lord to prepare the way for him,
to give his people the knowledge of salvation through the forgiveness of their sins.

요한은 주님의 길을 준비하기 위해 주님보다 앞서 가서, 그의 백성들에게 죄의 용서를 통한 구원을 알게 할 것이다. 눅 1:76~77

prepare[프뤼**페**어ㄹ] ~ ; ~을 준비하다	salvation[쌜**붸**이션] ; 구원
forgiveness[호ㄹ**기**브니스] ; 면제, 용서	

405 They are distressed, ⟨because they had been confident⟩ ; they arrive there, only to be disappointed.

그들은 고민한다. ⟨왜냐하면 그들은 자신 있었기 때문이었다⟩. 그들이 거기에 도착해서, 결국 실망한다. 욥 6:20

distressed[디스트**뤠**스트] ; 고민하는	confident[**칸**훠던트] ; 확신하는, 자신이 있는
disappointed[디써**포**인티드] ; 실망한	

406 A time is coming (when all (who are in their graves) will hear his voice and come out)--
those (who have done good) will rise to live, those (who have done evil) will rise to be condemned.

((무덤 속에 있는) 모든 사람들이 그의 음성을 듣고 나올) 때가 올 것이다. (선을 행한) 사람들은 부활하여 생명을 얻고,
(악을 행한) 사람들은 부활하여 심판을 받을 것이다. 요 5:28-29

grave[그**뤠**이브] ; 무덤	be condemned[컨**뎀**드] ; 심판을 받다, 비난을 받다

407 The reason (my Father loves me) is [that I lay down my life]--only to take it up again.

(아버지께서 나를 사랑하시는) 이유는 [내가 목숨을 바치기 때문]이다. 그러나 결국 나는 다시 그 목숨을 얻게 될 것이다. 요 10:17

reason[**뤼**~즌] ; 이유	lay down ~ ; ~을 버리다
take ~ up ; ~을 찾다, 얻다, 차지하다	

3. 형용사를 수식하는 to부정사 – 원인, 판단근거

1. 감정을 나타내는 형용사 뒤에 쓰인 to부정사는 감정의 원인(~해서)을 나타낸다.
2. 판단이나 추측 뒤에 쓰인 to부정사는 그 이유나 판단의 근거(~을 보니, ~하다니)를 타나낸다.

408 His disciples **returned** and **were** surprised **to find** him talking with a woman.

그의 제자들이 돌아 왔다. 그리고 그가 한 여자와 이야기하고 있는 것을 발견하고 놀랐다. 요 4:27

disciple[디**싸**이플] ; 제자	return[뤼**터**~ㄹ언] ; 돌아오다

409 Those people **are** zealous **to win you over**, but for no good.

그 사람들이 너희를 이기려고 열심이다, 그러나 좋은 뜻이 아니다. 갈 4:17

zealous[**젤**러스] ; 열심인, 열광적인	win ~ over ; ~를 이기다

410 I'm sorry **to hear** the sad news.

슬픈 소식을 듣게 되어 유감입니다.

4. 형용사를 수식하는 to부정사

1. 관용적으로 쓰이는 'be + 형용사 + to부정사'의 쓰임에 유의하도록 한다.

be willing to 부정사	기꺼이 ~하다
be apt to 부정사	~하기 쉽다
be free to 부정사	마음대로 ~하다
be likely to 부정사	~할 것 같다
be sure to 부정사	분명히 ~하다
be anxious to 부정사	~하기를 갈망하다

411 I know [you are Abraham's descendants]. Yet you are ready to kill me.

나는 [너희가 아브라함의 자손인 것] 을 안다. 그러나 너희는 나를 죽일 준비가 되어 있다. 요 8:37

descendant [디쎈던트] ; 자손, 후예	be ready [뤠디] to 부정사 ; ~할 준비가 되다

412 〈If you are willing to accept it〉, he is the Elijah (who was to come).

〈만일 너희가 그것을 받아들일 마음이 있다면〉, 그는 (오기로 되어 있던) 엘리야이다. 마 11:14

be willing [윌링] to 부정사 ; ~할 마음이 있다	accept [액쎞트] ~ ; ~을 받아들이다
Elijah [일라이줘] ; 엘리야	

413 For just ⟨as the Father **raises** the dead and **gives** them life⟩,

even so the Son **gives** life to [whom he **is pleased to give** it].

⟨아버지께서 죽은 사람들을 일으키시고 그들에게 생명을 주시는 것 처럼⟩, 아들도 [그가 그것을 **주기를 원하는** 누구에게든지] 생명을 주신다. 요 5:21

raise [뤠이즈] ~ ; ~을 일으키다	the dead ; 죽은 사람들
be pleased [플리~즈드] to 부정사 ; ~하기를 기뻐하다	

414 I **am** no longer worthy to be called your son; **make** me like one of your hired men.

나는 **더 이상** 아버지의 아들**이라고 불릴 자격이 없습니다.**; 다만 저를 당신의 고용된 사람들 중 하나로 만들어 주십시오. 눅 15:19

no longer [(을)로~옹거ㄹ] ; 더 이상 ~않다	worthy [워~ㄹ디] ; 가치 있는
hired [**하**이어ㄹ드] ; 고용된	

415 A woman **is bound** to her husband ⟨as long as he **lives**⟩.

But ⟨if her husband **dies**⟩, she **is free to marry** anyone (she **wishes**).

아내는 ⟨남편이 살아있는 동안에는⟩ 그녀의 남편에게 매여 있다.

그러나 ⟨만약 그녀의 남편이 죽으면⟩, 그녀는 (그녀가 원하는) 어느 누구와 **결혼하는데 자유롭다**. 고전 7:39

be bound [**바**운드] to ~ ; ~에 묶여 있다	husband [**허**즈번드] ; 남편
as long [(을)로~옹] as ~ ; ~하는 동안	

416 Be sure to keep the commands of the LORD your God and stipulations and decrees (he **has**

given you).

반드시 주 너희 하나님의 명령과 약속과 (그가 너희에게 준) 규례를 **지켜라**. 신 6:17

command [커맨드] ; 명령	stipulation [스티퓰레이션] ; 조건, 계약, 약정
decree [디크뤼~] ; 법령	

5. 형용사나 부사를 수식하는 to부정사

too ~ to부정사 -	너무 ~해서 -할 수 없는	= so 형용사 + that ~ can't
~ enough to부정사 -	- 하기에 충분히 ~한	= so 형용사 + that ~ can
so ~ as to부정사 -	- 할 만큼 ~한, 너무 ~해서 -한	

417 <u>Everyone</u> **brings out** the choice wine first and then the cheaper wine 〈after <u>the guests</u> **have had** too much to drink〉.

모든 사람은 처음에 좋은 포도주를 내놓는다. 그러고 나서 〈손님들이 마시지 못할 만큼 너무 많이 마신 다음에〉 값싼 포도주를 내놓는다. 요 2:10

choice[**초**이스] ; 고급의	wine[**와**인] ; 포도주
cheaper[**취**~퍼ㄹ] ; 더 싼	guest[**게**스트] ; 손님

418 <u>He</u> **tore** the chains **apart** and **broke** the irons on his feet. No <u>one</u> **was** strong enough to subdue him.

그는 쇠사슬을 끊고 그의 발에 쇠고랑을 부수었다. 아무도 그를 제압할 정도로 힘이 있지 않았다. 막 5:4

tear[**테**어ㄹ] ~ apart ; ~을 찢다, 부수다	chain[**췌**인] ; 쇠사슬
irons[**아**이어ㄹ언즈] ; 수갑, 쇠고랑	subdue[썹**듀**~] ~ ; ~을 정복하다

419 Is <u>it</u> possible [that there is <u>nobody</u> among you wise enough to judge a dispute between believers]?

[너희들 가운데 믿는 자들 사이에 논쟁을 판단할 만한 지혜 있는 사람이 아무도 없는 것]이 가능하냐? 고전 6:5

judge[**줘**쥐] ~ ; ~을 재판하다, 판단하다	dispute[디스**퓨**~트] ; 논쟁, 분쟁
believer[빌**리**~붜ㄹ] ; 믿는 사람	

420 <u>Abraham</u> **said**, [" 〈Now that <u>I</u> **have been** so bold as to speak to the Lord〉, what 〈if only <u>twenty</u> **can be found** there〉?"]

아브라함이 ["〈내가 주께 말씀드릴 만큼 담대하므로〉, 〈만일 단 20명만 거기서 발견될 수 있으면〉 어떻게 될까요?"]라고 말했다. 창 18:31

now that ~ ; ~이므로, ~ 때문에	what if ~? ; ~라면 어찌 되는가?

6. 문장 전체를 수식하는 to부정사 (=독립부정사)

1. to부정사가 문장 전체를 수식할 수 있다.

2. 관용적으로 쓰이는 '문장 전체를 수식하는 to부정사'로 다음과 같은 것이 있다.

To tell the truth : 사실을 말하자면	To make matters worse : 설상가상으로
To be short : 한마디로, 요컨대	Needless to say : 말할 필요도 없이, 물론
To make a long story short : 한마디로 말해서	To say nothing of : ~은 말할 것도 없이
So to speak : 말하자면, 이를테면	Strange to say : 이상한 말이지만
To be sure : 확실히	To begin with : 우선(적으로), 무엇보다도 먼저
not to speak of ~ : ~은 말할 것도 없이	

421 To be sure, Elijah comes and will restore all things.

확실히, 엘리야가 와서 모든 것을 회복시킬 것이다. 마 17:11

Elijah[일라이줘] ; 엘리야   restore[뤼스토~ㄹ] ~ ; ~을 회복하다

422 To be sure, he was crucified in weakness, yet he lives by God's power.

확실히, 그는 약하심으로 십자가에 못 박히셨으나 하나님의 능력으로 살아 계신다. 고후 13:4

be crucified[크루써화이드] ; 십자가에 못 박히다   yet ; 그러나

423 Her husband **is**, so to speak, a grown-up baby.

그녀의 남편은, 말하자면, 다 큰 아기이다.

grown-up[그로운엎] ; 성인이 된

424 My car **broke down** on the way, and to make matters worse, **it** **began** to rain.

내차가 운전하는 도중에 고장이 났다. 그리고 설상가상으로 비가 내리기 시작했다.

break down ; 고장 나다   matter[매터ㄹ] ; 일, 문제
worse[워~ㄹ스] ; 더 나쁜

425 To begin with, **reuse** everything (that **you** can).

우선, (너희들이 할 수 있는) 모든 것을 재사용해라.

reuse[뤼~유~즈]~ ; ~을 다시 사용하다

회개의 복음을 전하는 세례요한

열

분사구문

열. 분사구문

1. 분사구문은 부사절에서 접속사(=시간, 조건, 양보, 이유)와 주어를 생략하고

   동사를 분사로 전환하여 문장에서 부사구의 기능을 한다.

2. 분사구문을 이끄는 분사와 주절의 주어가 능동 관계이면 현재분사가 이끄는 분사구문을,

   수동 관계이면 과거분사가 이끄는 분사구문을 쓴다.

분사구문 만들기
1) 부사절에서 접속사를 생략한다.
2) 주절의 주어와 일치 할 때, 부사절의 주어를 생략한다.
3) 동사를 분사로 바꾼다.
4) Being은 생략할 수 있다.

3. 분사구문은 주절과의 논리적 관계를 따져 생략된 접속사를 추론하여 해석해야 한다.

오병이어의 기적을 베푸는 예수 그리스도

1. 시간을 표현하는 분사구문

1. 분사구문과 절(주어+동사)이 시간의 관계를 갖고 있다면, '~할 때, ~동안, …' 등으로 해석한다.

2. 주어가 2개 이상의 동작을 갖는다면, '~하면서, ~한 채로'라고 해석한다.

3. 2개의 동작이 연속해서 일어나는 경우, '그리고 ~ 하다'라고 해석한다.

426 Let us be self-controlled, putting on faith and love as a breastplate, and the hope of salvation as a helmet.

우리가 자제하며 믿음과 사랑을 가슴판으로 달고 구원의 소망을 투구로 쓰자. 살전 5:8

self-controlled [쎌흐-컨트로울드] ; 자제심 있는	breastplate [브뤠스트플레잍] ; 가슴받이, 가슴판
helmet [헬밑] ; 투구, 철모	

427 Jesus went through all the towns and villages, teaching in their synagogues, preaching the good news of the kingdom and healing every disease and sickness.

예수께서 모든 성읍과 마을을 두루 다니셨다. 그리고 그는 유대인의 회당에서 가르치셨고,
하나님 나라의 기쁜 소식을 전하셨고 모든 질병과 고통을 치료해 주셨다. 마 9:35

synagogue [씨너갈] ; 유대교 회당	preach [프뤼~취] ~ ; ~을 전하다
heal [히~일] ~ ; ~을 치료하다	

428 We proclaim him, admonishing and teaching everyone with all wisdom, 〈so that we may present everyone perfect in Christ〉.

우리가 그를 전파하고 모든 사람을 지혜롭게 훈계하고 가르쳐서 〈우리는 모든 사람을 그리스도 안에서 완전한 자로 세우려 한다〉. 골 1:28

proclaim [프로우클레임] ~ ; ~를 공포하다	admonish [어드마니쉬] ~ ; ~를 충고하다
wisdom [위즈덤] ; 지혜	present [프뤼젠트] ~ ; ~에게 보여주다
perfect [퍼~ㄹ휔트] ; 완전한	

429 Forgetting [what is behind] and straining toward [what is ahead],

I **press on** toward the goal to win the prize (for which <u>God</u> **has called** me heavenward in Christ Jesus).

[뒤에 있는 것]은 잊어버리고 [앞에 있는 것]을 향해 긴장하고,

나는 (하나님이 그리스도 예수 안에서 하늘로 나를 부르신) 상을 받으려고 목표를 향하여 계속 나아간다. 빌 3:13-14

behind[비**하**인드] ; 뒤에	strain[스트**뤠**인] ; 열심히 노력하다, 긴장하다
ahead[어**헤**드] ; 앞쪽에	press[프**뤠**스] on ; 밀고 나가다
win the prize[프**롸**이즈] ; 상을 받다	heavenward[**헤**븐워ㄹ드] ; 하늘을 향하여

갈릴리 호수의 폭풍과 예수 그리스도

2. 원인과 이유를 표현하는 분사구문

분사구문이 주절의 '원인이나 이유'를 나타낼 때, '~하므로, ~이므로, ~때문에' 등으로 해석한다.

430 He wanted to see [who Jesus was], but being a short man he could not, because of the crowd.

그는 [예수가 누구인지] 보기를 원했다. 그러나 그는 키가 작고 군중들 때문에 볼 수 없었다. 눅 19:3

> crowd[크롸우드] ; 군중

431 Not knowing what to say, I sought the wisdom of God.

무엇을 말해야 할지를 몰라서, 나는 하나님의 지혜를 요구했다.

> sought[쏘~트] ~ ; seek([씨~크] ~ ; ~을 구하다)의 과거

432 Being sleepy, I could not pray anymore.

졸려서, 나는 더 이상 기도할 수 없었다.

> sleepy[슬리~피] ; 졸리는

3. 조건과 양보를 표현하는 분사구문

1. 분사구문이 주절의 '조건'을 나타낼 때, '만일 ~하면(=~라면)'으로 해석한다.
2. 분사구문이 주절과 상반된 '양보'의 내용을 나타낼 때, '비록 ~일지라도'라고 해석한다.

1. 조건

433 Turning to the left, you will find the church.

왼쪽으로 돌아가면, 너희는 그 교회를 찾을 것이다.

> church [**춰**~ㄹ취] ; 교회

434 Read carelessly, the Bible is not easy to understand.

부주의하게 읽히면, 성경은 이해가 쉽지 않다.

> carelessly [**케**어ㄹ리슬리] ; 소홀하게, 무관심하게

2. 양보

435 Admitting [what they said], I did not believe it.

[그들이 말한 것]을 인정해도, 나는 그것을 믿지 않았다.

> admit [애드**밑**, 어드**밑**] ~ ; ~을 인정하다

436 Born of the same parents, Esau and Jacob have no resemblance.

같은 부모에게서 태어났지만, 에서와 야곱은 닮지 않았다.

> Esau [**이**~쏘] ; 에서   Jacob [**쉐**이컵] ; 야곱
>
> resemblance [뤼**젬**블런스] ; 유사, 유사점

4. 완료분사구문 (Having p·p)

1, 완료분사구문이란 분사구문의 시제가 주절의 시제보다 앞선(=과거나 대과거인) 상황을 나타낸다.

2. 주절이 현재일 때는 완료 분사구문은 과거를, 주절이 과거일 때는 완료 분사구문은 대과거를 나타낸다.

437 Having been warned in a dream, he withdrew to the district of Galilee.

꿈에 경고를 받고 그는 갈릴리 지방으로 떠났다. 마 2:22

be warned[**워**~ㄹ언드] ; 경고를 받다	withdraw[이스드**로**~] to ~; ~로 떠나다, 물러나다
district[**디**스트릭트] ; 구역, 지방	

438 This was the second miraculous sign (that Jesus performed, having come from Judea to Galilee).

이것은 (유대에서 갈릴리로 오신 후, 예수께서 행하신) 두 번째 기적이었다. 요 4:54

perform[퍼ㄹ**호**~ㄹ옴] ~; ~을 행하다	Judea[쥬~**디**~어] ; 유대

439 Once, having been asked by the Pharisees [when the kingdom of God would come],

Jesus replied, ["The kingdom of God does not come with your careful observation"].

한번은 바리새 사람들에 의해 [하나님의 나라가 언제 올 것인지] 질문을 받고,

예수께서 ["하나님의 나라는 주의 깊게 관찰할 수 있도록 오지 않는다."]라고 대답하셨다. 눅 17:20

careful[**케**어ㄹ훨] ; 주의 깊은	observation[압저**붸**이션] ; 관찰

440 It was just before the Passover Feast.

Jesus knew [that the time had come for him to leave this world and go to the Father].

Having loved his own (who were in the world), he now showed them the full extent of his love.

유월절 직전이었다. 예수께서 [자기가 이 세상을 떠나 아버지께로 가야 할 때가 온 것]을 아셨다.

(세상에 있는) 자기의 사람들을 사랑하셨고, 지금 그는 그들에게 최대한의 사랑을 보여주셨다. 요 13:1

the Passover Feast[**패**쓰오우버ㄹ **휘**~스트] ; 유월절	
the full extent[익스**텐**트] of ~ ; 최대한의 ~	

5. being이 생략되어 과거분사로 시작되는 수동태 분사구문과 주격보어가 문두에 온 분사구문

1. 과거분사로 시작하는 수동분사구문은 분사 앞에 being이나 having been이 생략된 것이다.

2. 수동분사구문은 수동 또는 완료의 의미로 해석해야 한다.

3. being이 생략되어 보어인 형용사나 명사로 시작되기도 한다.

1. 과거분사로 시작되는 분사구문

441 Filled with compassion, Jesus reached out his hand and touched the man.

["I am willing,"] he said. ["Be clean!"]

동정으로 가득차서, 예수께서 손을 내밀어 그를 만지시며 ["내가 원한다"], ["깨끗해져라!"]라고 말했다. 막 1:41

compassion[컴**패**션] ; 동정	reach[**뤼**~취] out ~ ; ~을 뻗다
willing[**윌**링] ; 기꺼이 ~하는, 바라는, 원하는	

442 Convinced of this, I know [that I will remain],

and [I will continue with all of you for your progress and joy in the faith].

이것을 확신하고, 나는 [내가 살아남을 것]과 [내가 믿음 안에서 너희 진보와 기쁨을 위하여 너희 모두와 함께 계속 할 것]을 안다. 빌 1:25

convinced[컨**뷘**스트] of ~ ; ~을 확신하는	remain[뤼**메**인] ; 살아남다
continue[컨**티**뉴~] with ~ ; ~와 계속하다	progress[**프롸**그뤠스] ; 전진, 진보
joy ; 기쁨	faith ; 믿음

443 Jesus left there and went to his hometown, accompanied by his disciples.

예수께서 거기를 떠나 그의 고향으로 가셨다, 그리고 제자들이 동행했다. 막 6:1

hometown[**호**움타운] ; 고향	accompany[어**컴**퍼니] ~; ~와 동행하다, 따라가다

2. 주격보어가 문두에 온 분사구문

444 Aware of this, Jesus withdrew from that place. Many followed him, and he healed all their sick.

이것을 아시고, 예수께서 그곳에서 떠나셨다. 많은 사람들이 그를 따라왔다, 그리고 그는 그들의 모든 병을 고쳐주셨다. 마 12:15

be aware[어웨어ㄹ] of ~ ; ~을 알아차리다	follow[활로우] ~ ; ~을 따르다
withdraw[위스드로~, 위드드로~] from ~ ; ~에서 철수하다	

445 Say to the Daughter of Zion,

['See, your king comes to you, gentle and riding on a donkey, on a colt, the foal of a donkey.']

시온의 딸에게 말하여라. ['보아라. 네 왕이 네게로 오신다. 그는 겸손하여 당나귀, 어린 당나귀, 곧 나귀 새끼를 타고 오신다.'] 마 21:5

gentle[줸틀] ; 온화한	ride[롸이드] on ~ ; ~을 타다
colt[코울트] ; 망아지	donkey[당키] ; 당나귀
foal[호울] of a donkey ; 당나귀 새끼	
Daughter[도~터ㄹ] of Zion[자이언] ; 시온의 딸	

6. 접속사를 생략하지 않은 분사구문

분사구문과 주절과의 논리관계를 분명하게 하기 위해 접속사를 남겨두기도 한다.

446 Though seeing, they do not see; though hearing, they do not hear or understand.

비록 보아도, 그들은 보지 못하고; 비록 들어도, 그들은 듣거나 이해하지 못한다. 마 13:13

though[도우] ~ ; ~일지라도

447 Yet when planted, a mustard seed grows and becomes the largest of all garden plants, with such big branches 〈that the birds of the air can perch in its shade〉.

그러나 그것이 심겼을 때, 겨자씨는 자라서 모든 정원 식물들 중에서 가장 크게 되고
아주 큰 가지들이 있어 〈하늘의 새들이 그 그늘에 쉴 수 있다〉. 막 4:32

plant[플랜트] ~ ; ~을 심다	mustard seed[머스터ㄹ드 씨~드] ; 겨자씨
branch[브뢘취] ; 가지	perch[퍼ㄹ취] ; 쉬다
shade[쉐이드] ; 그늘, 응달	

448 After taking the cup, he gave thanks and said, ["Take this and divide it among you."]

잔을 드신 후, 그는 감사 기도를 드리고 말씀하셨다. ["이것을 가져다가 너희끼리 나누어 마셔라."] 눅 22:17

give thanks ; 감사 기도를 드리다	divide[디봐이드] ~ ; ~을 나누다

7. 주어를 생략하지 않은 독립분사구문

분사구문의 의미상 주어와 주절의 주어가 다를 때, 주어를 생략하지 않는다.

449 A voice is heard in Ramah, weeping and great mourning,
Rachel weeping for her children and refusing to be comforted, ⟨because they are no more⟩.

라마에서 울음과 큰 애도의 소리가 들린다. 라헬이 그녀의 자식을 위하여 울고 위로받기를 거절한다,
⟨왜냐하면 그들이 더 이상 없기 때문이다⟩. 마 2:18

Ramah [**뤠**마] ; 라마	weeping [**위**~핑] ; 울기
mourning [**모**~ㄹ닝] ; 한탄	Rachel [**뤠**이춸] ; 라헬
weep [**위**~잎] ; 울다, 눈물을 흘리다	

450 Nearby stood six stone water jars, the kind used by the Jews for ceremonial washing,
each holding from twenty to thirty gallons.

가까이에 여섯 개의 돌로 만든 물 항아리가 서 있었다. 이 항아리는 유대인들이 정결 예식에 사용되었다.
각각은 물 20에서 30갤런을 담을 수 있었다. 요 2:6

nearby [니어ㄹ**바**이] ; 바로 가까이에	jar [**좌**~ㄹ] ; 단지
ceremonial [쎄뤄**모**우니얼] ; 의식의	washing ; 세정

8. 무인칭독립분사구문

1. 무인칭독립분사구문이란 분사구문의 의미상 주어가 일반적인 사람인 까닭에 주절의 주어와 다른지만 주어를 생략한 분사구문을 말한다.

strictly speaking	= if we speak strictly,	= 엄격하게 말하자면
generally speaking	= if we speak generally,	= 일반적으로 말해
frankly speaking	= if we speak frankly,	= 솔직하게 말한다면
considering ~	= for ~ ,	= ~을 고려한다면
judging from ~	= if we judge from ~ ,	= ~으로 판단하건대
talking of ~	= if we talk of ~ ,	= ~을 말하자면
seeing that ~	= since ~, as ~	= ~하기 때문에

451 Generally speaking, its research result is entirely reliable.

일반적으로 말해서, 그 연구 결과는 완전히 믿을만하다.

research [뤼**써**~ㄹ취, 뤼~**써**~ㄹ취] ; 연구, 조사　　　result [뤼**절**트] ; 결과

entirely [인**타**이어ㄹ리, 엔**타**이어ㄹ리] ; 완전히　　　reliable [륄**라**이어블] ; 믿을 수 있는

452 Considering the warm weather there, it must have been even more fun outdoors!

그곳이 따뜻한 날씨인 것을 고려하면, 야외에서 훨씬 더 재미있었겠구나!

warm [**워**~ㄹ엄] ; 따뜻한　　　fun [**훤**] ; 재미 있는

outdoors [아웉**도**~ㄹ즈] ; 야외에서

453 Judging from the text message it is obvious [his statement irked her anger].

문자 내용으로 판단해보면, [그의 말이 그녀의 화를 불러일으켰다는 것]은 명백하다.

text message [텔스트 메씨쥐] ; 문자 메시지	obvious [아브뷔어스] ; 명백한
statement [스테잍먼트] ; 언급	irk [어~ㄹ크] ~ ; ~을 불러일으키다
anger [앵거ㄹ] ; 화, 노여움	

마르다, 마리아 자매와 예수 그리스도

9. 분사형 전치사

다음 표현들은 분사형태이지만 전치사로 사용된다.

concerning, respecting, regarding	~ 에 관하여
considering, given	~ 을 고려하면
according to	~ (구체적인 기준)에 따라서
excepting, barring	~ 을 제외하고, ~이 없다면

454 John testifies **concerning** Jesus.

He **cries out**, saying, ["This **was** he (of whom I said), ['He (who **comes** after me) **has surpassed** me.']"]

요한이 예수에 대해서 증언한다. 그는 외치며, 말했다, ["이분이 (내가 말한) 그분이다. ['(내 뒤에 오시는) 그분이 나보다 더 위대하다.']"] 요 1:15

testify[**테**스터화이] ; 증언하다	concerning[컨**써**~ㄹ닝] ~ ; ~에 관하여
cry out ; 외치다	surpass[써ㄹ**패**스] ~ ; ~을 능가하다

455 Abraham **did** not **waver** through unbelief **regarding** the promise of God,

but **was strengthened** in his faith.

아브라함은 하나님의 약속에 관하여 불신으로 흔들리지 않고, 그의 믿음이 강화되었다. 롬 4:20

waver[**웨**이붜ㄹ] ; 흔들리다, 망설이다	unbelief[언빌**리**~흐] ; 불신
promise[**프롸**미스] ; 약속	strengthen[스트**렝**썬] ~ ; ~을 강하게 하다

456 <u>We</u> **have done** so not according to worldly wisdom but according to God's grace.

우리는 세상의 지혜에 따라 그렇게 한 것이 아니라 하나님의 은혜에 따라 그렇게 했다. 고후 1:12

worldly[**워**~ㄹ얼들리] ; 세상의, 세속적인	wisdom[**위**즈덤] ; 지혜
grace[**그뤠**이스] ; 은혜	

457 〈If <u>you</u> **belong** to Christ〉, then <u>you</u> **are** Abraham's seed, and heirs according to the promise.

〈만일 너희가 그리스도에 속하면〉 너희가 아브라함의 자손이고 약속에 따라 후계자들이다. 갈 3:29

belong[빌**로**~옹] to ~; ~에 속하다	Abraham's seed ; 아브라함의 자손
heir[**에**어ㄹ] ; 상속인, 후계자	

열하나

등위접속사와 상관접속사

열하나. 등위접속사와 상관접속사

1. 등위접속사는 대등한 관계의 단어와 단어, 구와 구, 절과 절을 연결한다.

2. 대표적인 등위접속사로 and, or, but를 들 수 있다.

3. 상관 접속사는 떨어져 있는 두 개 이상의 짝을 연결한다.

both A and B	= A와 B 둘 다
between A and B	= A와 B 사이에
either A or B	= (둘 중에) A또는B
neither A nor B	= (둘 중에) A도 B도 아닌
not A but B	= A가 아니라 B
not only A but also B	= A 뿐 아니라 B도
B as well as A	= A 는 물론 B도

선한 사마리아인

1. 등위접속사 and, or, but, yet

1. 등위접속사 and(그리고), or(혹은, 또는), but(그러나)은 단어와 단어, 구와 구, 절과 절을 이어줄 수 있다.

2. '명령문, + and 가정법 현재'에서 and는 '그러면'이라고 해석한다.

3. '명령문, + or 가정법 현재'에서 or는 '그렇지 않으면'이라고 해석한다.

1. 등위접속사

① 절과 절

458 Don't you know [that you yourselves are God's temple] **and** [that God's Spirit lives in you]?

너희는 [너희 자신이 하나님의 성전인 것]**과** [하나님의 성령이 너희 안에 살아계시는 것]을 모르느냐? 고전 3:16

temple[**템**플] ; 성전

② 문장과 문장

459 You were once darkness, **but** now you are light in the Lord. Live as children of light.

너희가 전에는 어둠이었다. **그러나** 이제 너희는 주 안에서 빛이다. 빛의 자녀들로 살아라. 엡 5:8

darkness[**다**~ㄹ크니스] ; 어둠, 암흑

460 The wages of sin is death, **but** the gift of God is eternal life in Christ Jesus our Lord.

죄의 대가는 사망이다. **그러나** 하나님의 선물은 그리스도 예수 우리 주 안에 있는 영원한 생명이다. 롬 6:23

wage[**웨**이쥐] ; 삯, 대가   death[**데**스] ; 죽음, 사망

eternal[이**터**~ㄹ늘] ; 영원한

③ 동사와 동사

461 What good **will** <u>it</u> be for <u>a man</u> ⟨if <u>he</u> **gains** the whole world, **yet forfeits** his soul⟩?

⟨만일 그가 온 세상을 얻었지만 자기 영혼을 잃으면⟩ 그것이 사람에게 무슨 소용이 있겠느냐? 마 16:26

forfeit [**호**~ㄹ휕] ~ ; 벌로서 ~을 잃다	soul [**쏘**울] ; 영혼

462 <u>They</u> **do** not **sow** or **reap** or **store away** in barns, and yet <u>your</u> heavenly <u>Father</u> **feeds** them.

그들(=새들)은 심거나 거두거나 창고에 쌓아두지 않는다. 그러나 하늘에 계신 너희 아버지께서 그들을 먹이신다. 마 6:26

sow [**쏘**우] ; 씨를 뿌리다	reap [**뤼**~잎] ; 수확하다
store [**스토**~ㄹ] away ; 저장하다	barn [**바**~ㄹ안] ; 창고
heavenly [**헤**뷘리] ; 하늘에 계신	feed [**휘**~드] ~ ; ~에게 먹을 것을 주다

2. 명령문, and(=그러면) 가정법 현재

463 **Seek** first his kingdom and his righteousness, **and** all <u>these</u> <u>things</u> **will be given** to you as well.

먼저 그의 나라와 그의 의를 **구하여라. 그러면** 이 모든 것들이 또한 너희에게 **주어질 것이다.** 마 6:33

seek [**씨**~익] ~ ; ~을 찾다	kingdom [**킹**덤] ; 왕국
righteousness [**롸**이춰스니스] ; 의, 정의	

464 **Wake up**, O sleeper, **rise** from <u>the</u> <u>dead</u>, **and** Christ **will shine** on you.

잠자는 자여 **일어나라**, 죽음에서 **일어나라**. **그러면** 그리스도께서 너에게 **빛을 비추실 것이다.** 엡 5:14

wake [**웨**이크] up ; 눈을 뜨다	sleeper [슬**리**~퍼ㄹ] ; 잠든 사람
shine [**샤**인] on ~ ; ~에 비추다	

465 **Carry** each other's burdens, **and** in this way <u>you</u> **will fulfill** the law of Christ.

서로의 짐을 **져라**, **그러면** 이렇게 해서 너희는 그리스도의 법을 **이룰 것이다.** 갈 6:2

carry [**캐**뤼] ~ ; ~을 지고 가다	fulfill [**훌**휠] ~ ; ~을 이행하다, 실현되다

3. 명령문 or (=그렇지 않으면) 가정법 현재

466 Stop sinning or something worse may happen to you.

죄짓기를 멈추어라, 그렇지 않으면 더 나쁜 일이 당신에게 일어날지도 모른다. 요 5:14

worse[**워**~르스] ; 더 나쁜	happen[**해**펀] ; 일어나다, 생기다

467 〈If you keep on biting and devouring each other〉,

watch out or you will be destroyed by each other.

〈만일 너희가 서로를 물고 삼키면〉, 조심해라 그렇지 않으면 너희는 서로에 의해 멸망할 것이다. 갈 5:15

keep on ~ ; 계속 ~하다	bite[**바**이트] ~ ; ~을 물다, 물어뜯다
devour[디**봐**우어ㄹ] ~ ; ~을 삼키다, 망치다	be destroyed[디스트**로**이드] ; 파괴되다

468 Fathers, do not embitter your children, or they will become discouraged.

아비들아, 너희 자녀들을 마음이 상하게 하지 마라, 그렇지 않으면 그들이 낙심하게 될 것이다. 골 3:21

embitter[임**비**터ㄹ] ~ ; ~에게 적의를 품게 하다
discouraged[디스**커**뤼쥐드] ; 낙심한, 의욕을 잃어버린

2. 등위접속사 for, so, nor

1. 등위접속사 for는 이유의 등위절을 인도하며 '왜냐하면 / ~ 때문에'로 해석한다.

2. so는 결과의 등위절을 인도하며 '그래서 ~'라고 해석한다.

3. nor는 '그리고 ~도 아니다'라고 해석한다.

469 Blessed are the peacemakers, for they will be called sons of God.

평화를 위해 일하는 사람들은 복이 있다, 왜냐하면 그들이 하나님의 아들이라고 불릴 것이다. 마 5:9

blessed[블레시드] ; 신의 은총을 입은   peacemaker[피~스메이커ㄹ] ; 중재자

470 There is neither Jew nor Greek, slave nor free, male nor female for you are all one in Christ Jesus.

유대인도 헬라인도 없고, 종도 자유인도 없고, 남자도 여자도 없다, 왜냐하면 너희 모두는 그리스도 예수 안에서 하나다. 갈 3:28

Jew[주~] ; 유대인	Greek[그뤼~익] ; 그리스인
slave[슬레이브] ; 노예	free[흐뤼~] ; 자유인
male[메일] ; 남성	female[휘~메일] ; 여성

471 The appeal (we make) does not spring from error or impure motives,
nor are we trying to trick you.

(우리가 하는) 호소는 오류나 불순한 동기에서 난 것이 아니다. 그리고 우리가 너희를 속이려는 것도 아니다. 살전 2:3

appeal[어피~일] ; 간청, 애원	spring[스프륑] from ~ ; ~에서 나오다
error[에뤄ㄹ] ; 잘못, 실수	impure[임퓨어ㄹ] ; 불순한, 불결한
motive[모우티브] ; 동기	trick[트뤽] ~ ; ~을 계교로 속이다

472 The Pharisees **were looking** for a reason to accuse Jesus,

so they **watched** him closely to see [if he **would heal** on the Sabbath].

바리새 사람들이 예수를 고소할 근거를 찾고 있었다. **그래서** 그들은 [그가 안식일에 사람을 고치는지] 보기 위해 그를 지켜보았다. 눅 6:7

Pharisee [**홰**뤄씨~] ; 바리새 사람	reason [**뤼**~즌] ; 이유, 근거
accuse [어**큐**~즈] ~ ; ~에게 죄를 씌우다	closely [클**로**우슬리] ; 면밀히, 주의 깊게
see if ~ ; ~인지 여부를 확인하다	Sabbath [**쌔**버스] ; 안식일

473 A student **is** not above his teacher, **nor** a servant above his master.

학생은 선생보다 위에 있지 않다, **그리고** 종은 주인보다 위에 있지 **않다**. 마 10:24

servant [**써**~ㄹ붠트] ; 하인, 종	master [**매**스터ㄹ] ; 주인, 고용주

예수 그리스도와 소경 바디매오

3. 상관접속사

1. 상관 접속사는 서로 떨어져 있으나, 문법적으로 대등한 구조의 짝을 연결한다.
2. 주어가 상관접속사로 연결된 경우, 주어와 동사의 수의 일치에 유의해야 한다.
   일반적으로 가까운 명사와 동사의 수를 일치시킨다.
3. 'both A and B'는 복수로 취급하여 복수형 동사와 연결한다.
4. 'B as well as A'는 강조 대상인 B와 동사의 수를 일치시킨다.

474 John the Baptist came neither eating bread nor drinking wine.

세례요한은 와서 빵을 먹지도 않고, 포도주를 마시지도 않았다. 눅 7:33

John the Baptist [뱁티스트] ; 세례요한

475 Be afraid of the One (who can destroy both soul and body in hell).

(영혼과 몸 둘 다를 지옥에 던져 멸망시킬 수 있는) 분을 두려워하라. 마 10:28

destroy[디스트로이] ~; ~을 파괴하다

476 We have been made a spectacle to the whole universe, to angels as well as to men.

우리는 전 세계, 곧 사람들에게는 물론 천사들에게 구경거리가 되었다. 고전 4:9

spectacle[스펙터클] ; 광경, 장관, 구경거리　　whole[호울] ; 모든, 전

universe[유~너붜~ㄹ스] ;우주　　angel[에인췰] ; 천사

477 I have power either to free you or to crucify you.

나는 당신을 놓아주거나 십자가에 못 박을 권한이 있다. 요 19:10

> free[흐뤼~] ~ ; ~을 자유롭게 하다   crucify[크루~써화이] ~ ; ~을 십자가에 못 박다

478 Not only was he breaking the Sabbath, but he was even calling God his own Father.

그는 안식일을 범하고 있을 뿐만 아니라 그는 심지어 하나님을 자기의 아버지라고 부르고 있었다. 요 5:18

479 ["Then, Lord," Simon Peter replied, "not just my feet but my hands and my hand as well!"]

["그때, 주님, 제 발뿐만 아니라 손과 머리도 또한"]이라고 시몬 베드로가 대답했다. 요한 13:9

> not just A but B and C as well ; A뿐만 아니라 B와 C도 또한

예수 그리스도와 세리장 삭개오

4. 병렬구조

1. 등위접속사나 상관접속사는 문법적으로 대등한 어구를 연결한다.
2. 문법적으로 대등한 어구를 연결하는 것을 '병렬구조'라고 부른다.

1. and로 연결된 병렬

480 He **traveled** throughout Galilee, **preaching** in their synagogues **and** **driving out** demons.

예수께서는 갈릴리 모든 곳을 다니셨다, 그리고 그는 그들의 회당에서 말씀을 전하시고 그리고 귀신들을 쫓아내셨다. 막 1:39

travel[트**래**블] ; 여행하다	throughout[스루~**아**울] ~ ; ~도처에
drive out ~ ; ~을 몰아내다	demon[**디**~먼] ; 악령, 귀신

481 They **were** harassed **and** helpless, like sheep without a shepherd.

그들은 목자 없는 양처럼 지치고 그리고 무력했다. 마 9:36

harassed[허**래**스트] ; 지친	helpless[**헬**플리스] ; 무력한, 의지할 곳 없는
shepherd[**쉐**퍼ㄹ드] ; 양치기, 목자	

482 Jesus **gave** his disciples authority **to drive out** evil spirits **and** **to heal** every disease **and** sickness.

예수께서 그의 제자들에게 악한 영을 내쫓고 그리고 모든 병과 허약함을 치료하는 권능을 주셨다. 마 10:1

authority[어**쏘**~뤄티] ; 권위, 권능, 권한	drive out ~ ; ~을 몰아내다
evil[**이**~뷜] ; 나쁜, 사악한	

483 <u>Jesus</u> **made** the disciples get into the boat **and** go on ahead of him to the other side.

예수께서는 제자들을 배에 타게 하시고 그리고 호수 건너편으로 그보다 먼저 가게 하셨다. 마 14:22

get into ~; ~에 들여보내다	go on to ~; ~로 이동하다
ahead[어**헤**드] of ~; ~보다 앞서서	

484 <u>They</u> **observe** many other traditions, such as the washing of cups, pitchers **and** kettles.

그들은 컵, 주전자 그리고 냄비를 씻는 것과 같은 많은 다른 전통들을 지킨다. 막 7:4

observe[업**저**~ㄹ브] ~ ; ~을 지키다, 준수하다	tradition[트뤄**디**션] ; 전통
pitcher[**피**춰ㄹ] ; 주전자	kettle[**케**틀] ; 솥, 냄비

485 Don't <u>you</u> **know** [that <u>you</u> yourselves **are** God's temple] **and** [that God's Spirit **lives** in you]?

너희는 [너희 자신이 하나님의 성전인 것]과 [하나님의 성령이 너희 안에 사시는 것]을 모르느냐? 고전 3:16

486 The Scripture **foresaw** [that <u>God</u> **would justify** the Gentiles by faith],

and announced the gospel in advance to Abraham: ["All <u>nations</u> **will be blessed** through you."]

성경은 [하나님이 이방인들을 믿음으로 죄 없다고 하실 것]을 미리 알았다.

그리고 먼저 아브라함에게 ["모든 민족이 너를 통해 복을 받을 것이다."]라는 복음을 알렸다. 갈 3:8

Scripture[스크**뤞**춰ㄹ] ; 성서	foresee[호~ㄹ**씨**~] ~ ; ~을 예감하다, 미리 보다
in advance[애드**봰**스] ; 미리	nation[**네**이션] ; 국민, 민족
be blessed[블레스트] ; 축복을 받다	

2. or로 연결된 병렬

487 Do <u>people</u> pick grapes from thornbushes, or figs from thistles?

사람들이 가시나무에서 포도를, 또는 엉겅퀴에서 무화과를 따느냐? 마 7:16

pick [**픽**] ~ ; ~을 수확하다, 따다	grape [**그뤠**잎] ; 포도
thornbush [**쏘**~ㄹ온부쉬] ; 가시나무	fig [**휙, 휘**그] ; 무화과
thistle [**씨**슬] ; 엉겅퀴	

488 Do not <u>go</u> among the Gentiles or enter any town of the Samaritans.

이방인들 사이에 가거나 사마리아인들의 마을에 들어가지 마라. 마 10:5

Gentile [**쥅**타일] ; 이교도, 이방인	Samaritan [써**매뤄**튼] ; 사마리아인

3. but으로 연결된 병렬

489 Every good <u>tree</u> bears good fruit, but a bad <u>tree</u> bears bad fruit.

모든 좋은 나무는 좋은 열매를 맺는다, 그러나 나쁜 나무는 나쁜 열매를 맺는다. 마 7:17

bear [**베**어ㄹ] ~ ; ~을 맺다

490 ⟨When the <u>Egyptians</u> see you⟩, <u>they</u> will say, ['This is <u>his</u> wife.']

Then <u>they</u> will kill me but will let you live.

⟨애굽 사람들이 당신을 보면⟩, 그들은 ['이 사람이 그의 아내다.'] 라고 말할 것이다.

그리고 그들은 나를 죽일 것이지만 당신은 살려둘 것이다. 창 12:12

Egyptian [이**쥡**션] ; 이집트인

돌아온 탕자

열둘

명사절

열둘. 명사절

1. 명사절은 문장 속에서 단어들이 둘 또는 그 이상이 모여 주어와 술어를 형성하고
   그 문장의 주어, 목적어, 보어 역할을 한다.

2. 명사절을 이끄는 연결어는 다음과 같다.

종속접속사	that, if, whether
관계대명사	what
의문사 (간접의문문)	when, where, who, what, how, why, which ...
선행사가 없는 관계부사	when, where, why, how
복합관계대명사	whoever, whosever, whomever, whichever, whatever

죽은 나사로의 무덤 돌문을 여는 예수 그리스도

1. 종속접속사 that이 이끄는 명사절

1. 종속접속사 that은 문장에서 주어, 목적어, 보어 및 동격의 절을 이끈다.

2. 목적어와 보어를 이끄는 종속접속사 that은 생략될 수 있다.

3. 일반적으로 동사 뒤에 쓰여 완전한 문장을 인도하는 that은 종속접속사,
   명사 뒤에 쓰여 불완전한 문장을 인도하는 that은 관계대명사다.

4. 종속접속사 that이 인도하는 명사절은 '확실성(~ 것)'을 나타낸다.

1. 주어로 쓰인 that절

491 ⟨If, ⟨while we seek to be justified in Christ⟩,

it becomes evident [that we ourselves are sinners]⟩, does that mean [that Christ promotes sin]?

Absolutely not!

⟨만일 ⟨우리가 그리스도 안에서 의롭게 되려 하다가⟩, [우리들 자신이 죄인들이라는 것]이 분명하게 되면⟩,

그것이 [그리스도께서 죄를 짓게 한다는 것]을 의미하는가? 결코 그럴 수 없다! 갈 2:17

be justified [쥐스터화이드] ; 의롭게 되다, 용서받다	evident [에붜던트] ; 명백한, 분명한
promote [프러모우트] ~; ~을 조장하다	
absolutely [앱설루~틀리, 앱설루~틀리] ; 절대적으로, 전혀	

492 It is true [that some preach Christ out of envy and rivalry, but others out of goodwill].

[어떤 사람들은 질투와 분쟁으로, 다른 사람들은 선의로 그리스도를 전파하는 것]이 사실이다. 빌 1:15

envy [엔뷔] ; 질투, 시기	rivalry [롸이붤뤼] ; 경쟁, 대립
goodwill [굳윌] ; 호의, 선의	

2. 보어로 쓰인 **that**절

493 All (they asked) was [that we should continue to remember the poor].

(그들이 요구한) 모든 것은 [우리가 가난한 사람들을 계속 기억해야 한다는 **것**]이었다. 갈 2:10

> continue[컨**티**뉴~] to 부정사 ; ~하기를 계속하다

494 The reason (my Father loves me) is [that I lay down my life--only to take it up again].

(아버지께서 나를 사랑하시는) 이유는 [내가 다시 생명을 얻으려고 나의 생명을 버리**기**] 때문이다. 요 10;17

> lay down ~ ; ~을 버리다   take ~ up ; ~을 차지하다, 얻다

3. 목적어로 쓰인 **that**절

495 I tell you [that not even Solomon in all his splendor was dressed like one of these].

내가 너희에게 말한다. [모든 영화를 누린 솔로몬조차 이것들 중 하나처럼 옷을 입어 보지 못하였다**는 것을**] . 마 6:29

> Solomon[**쌀**러먼] ; 솔로몬   splendor[스플**렌**더ㄹ] ; 화려함
> be dressed[드**뤠**스트] like ~ ; ~처럼 차려입다

496 I know [접속사 that 생략 he will rise again in the resurrection at the last day].

나는 [그가 마지막 날 부활 때 다시 살아날 **것**]을 안다. 요 11:24

> the resurrection[뤠저**뤡**션] ; 최후의 심판 때에 만인의 부활

497 Do you not know [that your body is a temple of the Holy Spirit]?

너희는 [너희 몸이 성령의 전이라는 **것**을] 알지 못하느냐? 고전 6:19

> temle[**템**플] ; 성전   the Holy Spirit ; 성령

2. 관계대명사 what이 이끄는 명사절

1. 관계대명사 what은 불명확한 선행사 + 관계대명사, something that을 나타낸다.

2. 관계대명사 what이 이끄는 절은 명사절은 주어, 목적어, 보어로 쓰인다.

3. 관계대명사 what은 '~ 것'이라고 해석한다.

1. 주어로 쓰인 what절

498 [what is seen] is temporary, but [what is unseen] is eternal.

[보이는 것]은 잠깐이다, 그러나 [보이지 않는 것]은 영원하다. 고후 4:18

temporary[템퍼뤄뤼] ; 일시적인	eternal[이터~ㄹ늘] ; 영원의, 불멸의

499 [What is highly valued among men] is detestable in God's sight.

[사람들 사이에 상당히 가치 있다고 여겨지는 것]이 하나님이 보시기에 가증스럽다. 눅 16:15

detestable[디테스터블] ; 몹시 미운, 증오하는

2. 보어로 쓰인 what절

500 This is [what the kingdom of God is like]. A man scatters seed on the ground.

이것이 [하나님 나라와 같은 것]이다. 어떤 사람이 밭에 씨를 뿌린다. 막 4:26

scatter[스캐터ㄹ] ~ ; ~을 뿌리다	ground[그롸운드] ; 땅, 토지

3. 동사의 목적어로 쓰인 what절

501 〈When you give to the needy〉, do not let your left hand know [what your right hand is doing].

〈너희가 가난한 사람들에게 줄 때〉, [네 오른손이 하고 있는 **것**]을 왼손이 모르게 하여라(=알게 하지 마라). 마 6:3

> the needy [**니**~디] ; 빈곤자들

502 I do not understand [what I do]. For [what I want to do] I do not do, but [what I hate] I do.

[내가 행하는 **것**]을 내가 이해하지 못한다. 왜냐하면 [내가 하기를 원하는 **것**]을 내가 행하지 않고 [내가 미워하는 **것**]을 내가 행한다. 롬 7:15

> hate [**헤**잍] ~ ; ~을 미워하다, 증오하다

503 〈If I rebuild [what I destroyed]〉, I prove [that I am a lawbreaker].

〈만일 [내가 헐었던 **것**]을 다시 세우면〉, 나는 [내가 범법자임]을 증명하는 것이다. 갈 2:18

> rebuild [뤼~**빌**드] ~ ; ~을 재건하다 　　destroy [디스트**로**이] ~ ; ~을 파괴하다
> prove [프루~브] ~ ; ~을 증명하다 　　lawbreaker [(을)**로**브뤠이커ㄹ] ; 범법자, 죄수

4. 전치사의 목적어로 쓰인 what절

504 We fix our eyes not on [what is seen], but on [what is unseen].

우리가 [보이는 **것**]이 아니라, [보이지 않는 **것**]에 주목한다. 고후 4:18

> fix [**휙**스] A on ~ ; A를 ~에 고정시키다 　　not A but B ; A가 아니라 B

505 Do not let anyone judge you by [what you eat or drink], or with regard to a religious festival, New Moon celebration or a Sabbath day.

[너희가 먹거나 마시는 **것**]으로, 또는 종교 축제(=절기), 초하루(=신월제)나 안식일과 관련해서 누구든지 너희를 비판하지 못하게 하라. 골 2:16

> with regard [뤼**가**~ㄹ드] to ~ ; ~에 관하여 　　religious [륄**리**줘스] ; 종교의
> festival [**휀**스터벌] ; 축제 　　New Moon celebration [쎌러브**뤠**이션] ; 신월제

3. 의문사가 이끄는 명사절

1. 의문사(=의문대명사, 의문형용사, 의문부사)

   when(언제), where(어디서), how(어떻게), why(왜), who(누가), whose(누구의, 누구의 것),

   whom(누구를, 누구에게), what(무엇), which(어느 것)'는 명사절을 이끌 수 있다.

2. 의문사가 이끄는 절은 주어, 목적어, 보어의 역할을 하는데, 주로 목적어로 쓰인다.

3. 의문사가 이끄는 명사절을 '간접의문문(=의문사절)'이라 한다.

4. '의문사 + 주어 + 동사'의 순으로 쓰인다.

   의문사가 주어인 경우 어순은 '의문사 + 동사'이다.

5. 의문대명사 뒤에는 불완전한 문장이,

   의문부사 뒤에는 완전한 문장이,

   의문형용사 뒤에는 의문형용사가 수식하는 명사가 온다.

1. 동사 (또는 준동사)의 목적어

506 Do not **worry** about your life, [**what** you **will eat** or drink].

너희 목숨을 위하여 [너희가 **무엇을** 먹을까 또는 **무엇을** 마실까] 걱정하지 마라. 마 6:25

worry[**워**~뤼] ~ ; ~을 걱정하다

507 All things **have been committed** to me by my Father.

No one **knows** [**who** the Son **is**] except the Father,

and no one **knows** [**who** the Father **is**] except the Son and those (to whom the Son **chooses**

to reveal him).

아버지께서는 모든 것들을 나에게 맡기셨다. 아버지를 제외하고 아무도 [아들이 **누구인지**]를 **모른다**.

그리고 [아버지가 **누구인지**]를 아들과 (그를 계시하려고 아들이 택한) 사람들을 제외하고 아무도 **모른다**. 눅 10;22

commit[커**밑**] ~ ; ~을 맡기다, 위임하다   except[익**쎕**트] ~ ; ~을 제외하고

reveal[뤼**뷔**~일] ~ ; ~을 드러내다, 계시하다

508 So <u>he</u> **called** one of the servants and **asked** him [what was going on].

그래서 그는 하인 중 하나를 불러 그에게 [무슨 일이 일어나고 있었는지] 물었다. 눅 15:26

servant[**써**~ㄹ붠트] ; 하인

---

509 <u>You</u> **know** [what instructions <u>we</u> gave you by the authority of the Lord Jesus].

너희는 [우리가 주 예수의 권위로 너희에게 무슨 명령을 주었는지]를 안다. 살전 4:2

instruction[인스트**뤽**션] ; 지시, 명령   authority[어**쏘**~러티] ; 권위, 권한

---

510 **Don't** <u>you</u> **remember** the five loaves for the five thousand, and [how many basketfuls you gathered]?

오천 명을 위한 빵 다섯 개를, 그리고 [얼마나 많은 가득한 바구니들을 너희가 거두어들였는지]를 기억하지 못하느냐? 마 16:9

loaf[(을)**로**우흐] ; 빵 한 덩어리   basketful[**배**스킽훌] ; 한 바구니 가득

gather[**개**더ㄹ] ~ ; ~을 모으다

---

511 The Pharisees **went out** and **began** to plot with the Herodians [how they might kill Jesus].

바리새 사람들이 밖으로 나갔다. 그리고 헤롯 당 사람들과 함께 [그들이 예수를 어떻게 죽일지] 계획을 세우기 시작했다. 막 3:6

plot[플**랕**] ~ ; ~을 몰래 계획하다   Herodian[허**로**우디언] ; 헤롯당 지지자

---

512 <u>Thomas</u> **said** to Jesus, ["Lord, <u>we</u> **don't know** [where <u>you</u> are going]".]

도마가 예수께 말했다. ["주님, 우리는 [당신이 어디로 가시는지]를 모릅니다."] 라고 말했다. 요 14:5

Thomas[**타**머스] ; 토마스, 도마

513 I am present with you in spirit and **delight** to see [how orderly you are]
and [how firm your faith in Christ is].

내가 영으로 너희와 함께 있고 [너희가 얼마나 질서 있는지] 그리고 [그리스도 안에서 너희 믿음이 얼마나 확고한지]를 알고 기쁘다. 골 2:5

be present[프뤠즌트] with ~ ; ~와 함께 있다	delight[딜라잍] ; 크게 기뻐하다
orderly[오~ㄹ더ㄹ리] ; 질서 있는	firm[훠~ㄹ엄] ; 굳은, 확고한

2. 전치사의 목적어

514 A dispute **arose** among them as to [which of them **was considered** to be greatest].

[그들 중에 누가 가장 큰 사람으로 여겨지는가]에 관하여 그들 간에 논쟁이 일어났다. 눅 22:24

dispute[디스퓨~트] ; 논쟁, 분쟁	as to~ ; ~에 관하여
be considered[컨씨더ㄹ드] to be ; ~라고 여겨지다	
arose[어로우즈] ; arise[어롸이즈] (발생하다)의 과거	

예수 그리스도의 발에 향유를 바르는 마리아

4. 선행사가 생략된 관계부사가 인도하는 명사절

515 This is the way 생략 [how it will be at the end of the age].

The angels will come and separate the wicked from the righteous.

이렇게 [그것이 세상 끝 날에 있을 것]이다(=이것이 [세상 끝날에 있을 방법]이다). 천사들이 와서 의인들로부터 악인들을 분리할 것이다. 마 13:49

separate[**쎄**퍼뤠잍] A from B~ ; A를 B에서 분리하다

the righteous[**롸**이춰스] ; 의인들　　　　　the wicked[**위**키드] ; 악한 사람들

516 That is the reason 생략 [why I did not even consider myself worthy to come to you].

그래서 [나는 나 자신이 당신께 올 만한 가치가 있다고 생각지도 못했던 이유]다. 눅 7:7

consider[컨**씨**더ㄹ ~]~ ; ~을 곰곰이 생각하다　　　　worthy[**워**~ㄹ디] to 부정사 ; ~할 만한 가치가 있는

517 This is also the reason 생략 [why you pay taxes],

for the authorities are God's servants, (who give their full time to governing).

이것이 또한 [너희가 세금을 바치는 이유]다. 왜냐하면 당국은 (통치에 전 시간을 드리는) 하나님의 일꾼들이다. 롬 13:6

tax[**택**스] ; 세, 세금　　　　　　　authorities[어**쏘**~러티즈] ; 당국

servant[**써**~ㄹ붼트] ; 하인, 종, 관리　　governing[**거**붜ㄹ닝] ; 통치

5. if, whether가 이끄는 명사절

1. 접속사 if는 명사절을 이끌며 동사 뒤에서 목적어로 쓰인다.

2. 접속사 whether는 명사절을 이끌며 주어, 목적어, 보어로 쓰인다.

3. if나 whether가 이끄는 명사절을 '의문사가 없는 간접의문문'이라고 부르기도 한다.

   '~인지 아닌지'로 해석한다.

4. 접속사 that(~ 것)은 '확실성', whether나 if(~인지 아닌지)는 '불확실성'을 의미한다.

1. 주어

518 [Whether he will be able to rejoin the team with the members' approval] will hinge on me.

[그가 멤버들의 승인으로 팀에 합류하게 될지]는 나에게 달려 있을 것이다.

rejoin[뤼~**조**인] ~ ; ~에 다시 들어가다	approval[어프루~**벌**] ; 승인
hinge[**힌**쥐] on ~ ; ~에 따라 결정되다	

2. 보어

519 The point is [whether or not she can solve the problems].

중요한 점은 [그녀가 그 문제들을 풀 수 있을지 없을지]이다.

point[**포**인트] ; 요점, 핵심, 문제	problem[프**롸**블럼] ; 문제

3. 목적어

520 I **charge** you under oath by the living God: **Tell** us [**if** you are the Christ, the Son of God].

내가 살아 계신 하나님께 맹세하고 당신에게 요구한다. 우리에게 [당신이 하나님의 아들 그리스도**인지**]를 말하라. 마 26:63

charge[**촤**~ㄹ쥐] ~ ; ~에게 요구하다	under oath [**오우**쓰] ; 선서 하에, 맹세하고

521 **Suppose** [one of you **wants** to build a tower].

Will he not first **sit down** and **estimate** the cost to see [**if** he **has** enough money to complete it]?

[너희 가운데 한 사람이 망대를 짓기를 원한다]고 가정해라.

그는 먼저 앉아서 [그가 그것을 완성하는 데 충분한 돈을 가지고 **있는지**]를 보기 위해 비용을 계산하지 않겠느냐? 눅 14:28

tower[**타**우어ㄹ] ; 탑, 망루	estimate [**에**스터메잍] ~ ; ~을 어림하다, 견적하다
cost[**코**~스트] ; 원가	complete[컴플**리**~잍] ~ ; ~을 완성하다, 끝내다

522 〈If anyone **chooses** to do God's will〉,

he **will find out** [**whether** my **teaching comes** from God] or [**whether** I **speak** on my own].

〈만약 누군가가 하느님의 뜻을 행할 것을 선택하면〉,

그는 [나의 가르침이 하나님으로부터 온 가르침**인지**] 또는 [내가 나 스스로 말하는 것**인지**]를 알 것이다. 요 7:17

speak[스**피**~크] on one's own ; 스스로 말하다

523 [**Whether** he is a sinner **or not**], I don't **know**. One thing I do **know**.

I **was** blind but now I **see**!

나는 [그가 죄인**인지 아닌지**]를 모른다. 나는 한 가지를 안다. 내가 맹인이었다. 그러나 이제는 본다! 요 9:25

blind[블**라**인드] ; 눈이 먼

6. 복합관계대명사가 이끄는 명사절과 부사절

1. whoever, whosever, whomever, whichever, whatever는 명사절을 이끈다.

   명사절이므로 주어, 목적어, 보어로 쓰인다.

whoever	= anyone who	= ~하는 누구든지
whichever	= anyone that	= ~하는 어느 쪽이든지
whatever	= anything that	= ~하는 무엇이든지

2. 다음 양보의 부사절과 혼돈하지 않도록 유의해야한다. (열넷. 부사절, 7. 기타 부사절을 이끄는 어구 참고)

whoever 절	= 누가 ~을 하더라도
whichever 절	= 어느 것이, 어느 것을 ~하더라도
whatever 절	= 무엇이, 무엇을 ~하더라도

3. 복합관계대명사가 인도하는 절 뒤에 주어와 목적어가 있는 완전한 문장이 오면 양보의 부사절이다.

   (열넷. 부사절 참고)

1. 명사절

① 주어

524 [Whoever does not love] does not know God, ⟨because God is love⟩.

[사랑하지 않는 사람은 **누구든지**] 하나님을 모른다. ⟨왜냐하면 하나님은 사랑이시기 때문이다⟩. 요일 4:8

525 I know [that his command leads to eternal life].

So [whatever I say] is just [what the Father has told me to say].

나는 [그의 명령이 영원한 생명에 이르게 한다는 것]을 안다.

그래서 [내가 말하는 것은 **무엇이든지**] 바로 [아버지께서 나에게 말하라고 말씀하신 것]이다. 요 12:50

command[커맨드] ; 명령	eternal[이터~ㄹ늘] ; 영원한
lead[(을)리~드] to ~ ; ~에 이르게 하다	

② 목적어

526 I will do [whatever you ask in my name], ⟨so that the Son may bring glory to the Father⟩.

나는 [너희가 내 이름으로 요구하는 것은 무엇이든지] 해 줄 것이다. ⟨그래서 아들이 아버지께 영광을 돌리도록⟩. 요 14:13

ask [애스크, 아~스크] ~; ~을 요구하다 　　　　 bring glory [글로~뤼] to ~; ~에게 영광을 돌리다

527 ⟨If you remain in me and my words remain in you⟩,

ask [whatever you wish], and it will be given you.

⟨만약 너희가 내 안에 머물러 있고, 내 말이 너희 안에 머물러 있으면⟩,

[너희가 원하는 것은 무엇이든지] 요구해라, 그러면 그것이 너희에게 주어질 것이다. 요 15:7

528 I will bless those (who bless you), and [whoever curses you] I will curse;

and all peoples on earth will be blessed through you.

나는 (너를 축복하는) 사람들을 축복할 것이고, [너를 저주하는 사람은 누구든지] 내가 저주할 것이다;

그리고 세상에 있는 모든 민족들이 너를 통해 축복을 받을 것이다. 창 12:3

bless [블레스] ~ ; ~에게 축복하다 　　　　 curse [커~르스] ~ ; ~을 저주하다

peoples [피~플즈] ; 민족들

2. 부사절

529 ⟨Whoever **acknowledges** me before men⟩,

I will also **acknowledge** him before my Father in heaven.

⟨누가 사람들 앞에서 나를 인정하든⟩, 나도 또한 하늘에 계신 내 아버지 앞에서 그를 인정할 것이다. 마 10;32

acknowledge [애크**날**리쥐] ~ ; ~을 인정하다

530 It will be on Aaron's forehead,

and he will bear the guilt involved in the sacred gifts (the Israelites **consecrate**,

⟨whatever their gifts may be⟩).

그것은 아론의 이마에 있을 것이고, 그는 (⟨그들의 예물이 무엇이든⟩, 이스라엘 사람들이 봉헌하는) 신성한 예물에 관련된 책임을 질 것이다. 출 28;38

Aaron [**에**어뤈] ; 아론	forehead [**호**~뤼드] ; 이마
bear [**베**어ㄹ] the guilt ; 죄를 짓다	involved [인**발**브드] in ~ ; ~에 관련된
sacred [**쎄**이크뤼드] ; 신성한	gift [**기**흐트] ; 예물
Israelite [**이**즈뤼얼라읻] ; 이스라엘 사람	consecrate [**칸**써크뤠읻] ~ ; ~을 봉헌하다

예수 그리스도의 예루살렘 입성

열셋

형용사절

열셋. 형용사절

1. 형용사절은 선행사를 수식하는 절이다.

2. 형용사절엔 선행사가 있는 관계대명사절과 관계부사절이 있다.
   ※ 선행사가 없는 관계대명사나 관계부사는 명사절을 인도한다.

3. 선행사에 적합한 관계사를 찾아야 한다.

4. 관계대명사의 선행사가 사람인지, 사물이나 동물인지,

   관계부사의 선행사가 시간, 장소, 이유인지를 확인한다.

5. 관계대명사

선행사	관계대명사		
	주격	소유격	목적격
사람	who	whose	whom
사물, 동물	which	whose / of which	which
사람, 사물, 동물	that		that

6. 관계부사

선행사	관계부사	
시간(the time)	when	
장소(the place)	where	that
방법(the way)	how	
이유(the reason)	why	

※ 현대영어에서는 관계부사 how와 선행사 the way를 함께 쓰지 않고 둘 중 하나만 쓴다.

   how 대신에 that을 쓰거나 생략되기도 한다.

1. 선행사를 수식하는 관계대명사절

1. 관계대명사는 접속사 기능을 하면서 동시에 대명사로서 주어, 목적어, 혹은 보어 역할을 한다.

2. 주격관계대명사 바로 뒤에는 동사가 뒤따른다.

3. 소유격관계대명사 뒤에는 명사가 뒤따른다.

3. 목적격관계대명사는 생략할 수 있다. 뒤에는 주어와 동사가 뒤따른다.

　전치사의 목적격인 경우 관계대명사를 생략하려면

　전치사를 관계대명사가 인도하는 절 뒤로 이동시킨다.

1. 주격

531　Love your enemies and **pray** for those (who persecute you).

너희의 원수들을 사랑하고 (너희를 박해하는) 사람들을 위해 기도하여라. 마 5:44

enemy[에너미] ; 적, 원수	pray[프뤠이] ; 기도하다
persecute[퍼~ㄹ씨큐~트]~ ; ~를 박해하다	

532　〈Since you are eager to have spiritual gifts〉, **try** to excel in gifts (that build up the church).

〈너희는 영적 선물을(=은사를) 갖기를 애쓰는 사람들이므로〉, (교회를 세우는) 영적 선물에 뛰어나기를 애쓰라. 고전 14:12

eager[이~거ㄹ] ; 열망하는	spiritual[스피뤼츄얼] ; 정신적인, 영적인
excel[익쎌] ; 능가하다, 뛰어나다	

533　Woe to you, teachers of the law and Pharisees, you hypocrites!

You are like whitewashed tombs, (which look beautiful on the outside but on the inside are full of dead men's bones and everything unclean).

율법학자들과 바리새 사람들아, 위선자들인 너희에게 화가 있을 것이다.

너희는 (겉은 아름다워 보이지만 그 속에는 죽은 사람의 뼈와 더러운 것들이 가득 차 있는) 회칠한 무덤들과 같다. 마태 23:27

woe[워우] ; 화, 재앙	hypocrite[히퍼크륃] ; 위선자
whitewashed[와이트와쉬트] ; 회반죽을 칠한	tomb[투~움] ; 무덤
outside[아웉싸이드] ; 외부	be full of ~ ; ~로 가득하다
bone[보운] ; 뼈	unclean[언클리~인] ; 더러운, 불결한

2. 소유격

534 There **was** a rich man (whose manager was accused of wasting his possessions).

어떤 **부자**가 있었는데 (그의 매니저가 부자의 재산을 낭비한다고 비난을 받았다). 눅 16:1

= (매니저가 그의 재산을 낭비한다고 비난을 받는) 어떤 **부자**가 있었다.

be accused [어**큐**~즈드] of ~ ; ~로 비난을 받다	possessions [퍼**제**션즈] ; 재산

535 Now there **were** some present at that time (who **told** Jesus about the Galileans (whose blood Pilate had mixed with their sacrifices)).

그때 ((**갈릴리 사람들의** 피를 빌라도가 그들의 제물에 섞은) **갈릴리 사람들에** 관하여 예수께 말한) 몇몇 사람들이 있었다. 눅 13:1

present [프**뤠**즌트] ; 참석한	Galilean [갤럴**리**~언] ; 갈릴리 사람
Pilate [**파**일럴] ; 빌라도	sacrifice [**쌔**크뤄화이스] ; 산 제물

3. 동사의 목적격

536 Jesus **arrived** at Bethany, (where Lazarus lived, (whom Jesus had raised from the dead)).

예수께서는 베다니에 도착했다. (그리고 거기는 (예수께서 죽음에서 살리신) **나사로**가 살았다). 요 12:1

arrive [어**롸**이브] ; 도착하다	Bethany [**베**써니] ; 베다니
Lazarus [(을)**래**저뤄스] ; 나사로	

537 There **is** no authority except that (which God has established).

(하나님이 세우신) **것**을 제외하고 어떤 권세도 없다. 롬 13:1

except [익**쎕**트] ~ ; ~을 제외하고	establish [이스**태**블리쉬] ~ ; ~을 세우다

538 There is a judge for the one (who **rejects** me and **does** not **accept** my words); that very word (which I spoke) will **condemn** him at the last day.

(나를 저버리고 내 말을 받지 아니하는) 자를 심판할 이가 있다; (내가 말한) 바로 그 말이 마지막 날에 그를 심판할 것이다. 요 12:48

judge [줘쥐] ; 재판관	reject [뤼**뤠**크트] ~ ; ~을 거절하다
accept [액**쎕**트] ~ ; ~을 받아들이다	condemn [컨**뎀**] ~ ; ~를 심판하다

539 I **have set** you an example (that you should do ⟨as I have done for you⟩).

(⟨내가 너희에게 행한 것 같이⟩ 너희가 해야 하는) 본을 보였노라. 요 13:15

set A an example [이그**잼**플] ; A에게 예를 들다

4. 전치사의 목적격

540 Now the day (on which Jesus **had made** the mud and **opened** the man's eyes) **was** a Sabbath.

(예수께서 진흙을 만들어 그 남자의 눈을 뜨게 하신) 그 날은 안식일이었다. 요 9:14

mud [**머**드] ; 진흙	Sabbath [**쌔**버스] ; 안식일

541 All things **have been committed** to me by my Father.
No one **knows** [who the Son **is**] except the Father, and no one **knows** [who the Father **is**] except the Son and those (to whom the Son **chooses** to reveal him).

내 아버지께서 모든 것을 내게 맡기셨다. 아버지 외에는 아무도 [아들이 누구인지] 모르고,

아들과 (아들이 그를 계시하기로 선택한) 사람들 외에는 [아버지가 누구인지] 아는 자가 없다. 눅 10:22

commit [커**밑**] ~ ; ~을 위임하다, 맡기다	choose [**츄**~즈] ~ ; ~을 고르다, 선택하다
reveal [뤼**뷔**~일] ~ ; ~을 드러내다, 계시하다	

542 He (who **falls** on this stone) **will be broken** to pieces, but he (on whom it falls) **will be crushed**.

(이 돌 위에 떨어지는) 사람은 산산조각이 날 것이지만, (이 돌이 위에 떨어지는) 사람은 으깨질 것이다. 마 21:44

fall on ~ ; ~ 위에 떨어지다	be crushed [크**뤄**쉬트] ; 부서지다
be broken [**브로**우컨] to piece [**피**~스] ; 산산조각이 나다	

2. 선행사를 수식하는 관계부사절

1. '시간, 장소, 이유'의 선행사를 수식하는 관계부사는 형용사절을 인도한다.

2. 선행사가 생략된 관계부사는 명사절을 인도한다.

3. 선행사가 있는 관계부사 'when, where, why'는 '언제, 어디서, 왜'라고 해석하지 않는다.

4. 선행사 the way와 관계부사 how는 함께 쓰지 않고 the way나 how 둘 중 하나만 사용한다.

   이때 the way나 how는 명사절을 인도한다.

5. 관계부사 when, where, why, 그리고 how는 that으로 바꾸어 쓸 수 있다.

1. where

543 Jews claim [that the place (where we must worship) is in Jerusalem].

유대인들은 [(우리가 예배해야 하는) 장소는 예루살렘에 있다]고 주장한다. 요 4:20

claim[클레임] ~ ; ~을 주장하다	worship[워~ㄹ쉽] ; 예배하다
Jerusalem[줘루~설럼] ; 예루살렘	

544 Jesus arrived at Bethany, (where Lazarus lived, (whom Jesus had raised from the dead)).

예수께서는 베다니에 도착했다. (그리고 거기는 (예수께서 죽음에서 살리신) 나사로가 살았다). 요 12:1

Bethany[베써니] ; 베다니	the dead ; 죽음

2. when

545 <u>You</u> also **must be** ready,

⟨because the <u>Son of Man</u> **will come** at ==an hour== (**when** <u>you</u> **do** not **expect** him)⟩.

너희도 준비되어야 한다. ⟨왜냐하면 (너희가 그를 예상하지 못한) ==시간==에 인자가 올 것이기 때문이다⟩. 눅 12:40

> expect[익스**펙**트] ~ ; ~을 예상하다

546 The certain royal <u>official</u> **inquired** as to ==the time== (**when** his son **got** better).

그 왕의 신하가 (자기 아들이 낫게 된) ==시간==에 대하여 물었다. 요 4:52

> certain[**써**~ㄹ튼] ; 어떤
> official[어**휘**셜] ; 신하, 관리
> as to ~ ; ~에 관해
>
> royal[**로**이얼] ; 왕의
> inquire[인**콰**이어ㄹ] ; 묻다
> get better ; 좋아지다

3. that

547 ==The <u>time</u>== (**that** <u>Jehu</u> **reigned** over Israel in Samaria) **was** <u>twenty-eight years</u>.

(예후가 사마리아에서 이스라엘을 다스린) ==기간==은 28년이었다. 왕하 10:36

> Jehu[**취**~휴~] ; 예후
> Samaria[써**메**어뤼어] ; 사마리아
>
> reign[**뤠**인] over ~ ; ~를 지배하다, 군림하다

3. 관계사의 생략

1. 주격관계대명사 + be 동사는 생략할 수 있다.

2. 목적격 관계대명사는 생략할 수 있다.

선행사인 (대)명사	목적격관계대명사 whom, which, that 생략	주어 + 동사
선행사 the way	관계부사 how 생략	주어 + 동사

3. 관계부사의 선행사가 the time, the place, the reason일 때
   선행사나 관계부사 중 하나를 생략할 수 있다.

1. 주격 관계대명사와 be동사 생략

548 One (who is 생략 greater than the temple) is here.

(성전보다 더 큰) 사람이 여기 있다. 마 12:6

greater [그뤠이터r] ; 더 큰	temple [템플] ; 성전, 교회

549 This is [what we speak, not in words (which are 생략 taught us by human wisdom)
but in words (which are 생략 taught by the Spirit)].

이것은 [우리가 (사람의 지혜로 우리를 가르친) 말로 말하는 것이 아니라 (성령께서 가르치신) 말로 말하는 것]이다. 고전 2:13

human [휴~먼] ; 인간의	wisdom [위즈덤] ; 지혜
the Spirit [스피륃] ; 성령	

550 He saw at the water's edge two boats, (which were 생략 left there by the fishermen).

그는 물가에서 배 두 척을 보았는데, (그것들은 어부들이 거기에 두었다). 눅 5:2

edge [에쥐] ; 가장자리	leave [(을)리~브] ~ ; ~을 내버려 두다

2. 동사의 목적격 관계대명사 (=whom, which, that) 생략

551 The first thing (that 생략 Andrew did) was to find his brother Simon.

(안드레가 한) 첫 번째 일은 그의 형제 시몬을 찾는 것 이었다. 요 1:41

Andrew[**앤**드루~] ; 안드레	Simon[**싸**이먼] ; 시몬

552 The Counselor, the Holy Spirit, (whom the Father will send in my name),

will teach you all things and will remind you of everything (that 생략 I have said to you).

보혜사 곧 (아버지께서 내 이름으로 보내실) 성령이 너희에게 모든 것들을 가르치고 (내가 너희에게 말한) 모든 것을 생각나게 할 것이다. 요 14:26

teach A B ; A에게 B를 가르치다

remind[뤼**마**인드] A of B ; A에게 B를 상기시키다, 기억나게 하다

3. which나 that 생략

553 [what I do] is not the good (생략 I want to do); no, the evil (생략 I do not want to do).

[내가 하는 것]은 (내가 하기를 원하는) 선한 일이 아니다. (내가 하기를 원하지 않는) 악이다. 롬 7:19

the good ; 선	the evil ; 악

554 He called him in and asked him, ['What is this (생략 I hear about you)?

Give an account of your management, ⟨because you cannot be manager any longer⟩.']

그가(=주인이) 그를(=종을) 불러 그에게, ['(내가 너에 대하여 들은) 이 말이 무엇이냐?

네가 관리한 것을 설명해라. ⟨왜냐하면 너는 더 이상 관리자가 될 수 없기 때문이다⟩']라고 말했다. 눅 16:2

give an account[어**카**운트] of ~ ; ~에 대한 설명을 하다

management[**매**니쥐먼트] ; 경영, 관리	not any longer ; 더 이상은 아니다

555 <u>He</u> (who **does** not **love** me) **will** not **obey** <u>my</u> teaching.

These words (생략 <u>you</u> **hear**) **are** not <u>my</u> own; <u>they</u> **belong** to the Father (who **sent** me).

(나를 사랑하지 않는) 사람은 나의 가르침을 따르지 않을 것이다.

(너희가 듣는) 이 말은 내 말이 아니다: 그것들은 (나를 보내신) 아버지의 것이다. 요 14:24

obey [오우**베**이] ~ ; ~을 따르다, 준수하다	belong [빌**로**~옹, 빌**롱**] to ~ ; ~에 속하다

556 **I have brought** you glory on earth by completing **the work** (생략 <u>you</u> **gave** me to do).

(당신이(=아버지께서) 내게 하라고 주신) 일을 내가 이루어 내가 당신을 이 세상에서 영화롭게 하였다. 요 17:4

bring A glory [글**로**~뤼] ; A 에게 영광을 돌리다 (=bring glory to A)

4. whom 생략

557 Then <u>he</u> **said** to <u>his</u> servants,

['The <u>wedding</u> **banquet** is ready, but **those** (생략 <u>I</u> **invited**) **did** not **deserve** to **come'**].

그때 그는 그의 종들에게 ['혼인 잔치는 준비되었으나 (내가 초대한) 사람들은 올 자격이 없다.'] 라고 말했다. 마 22:8

wedding banquet [**뱅**큍] ; 혼인 잔치	invite [인**봐**잍] ~ ; ~을 초대하다
do not deserve [디**저**~ㄹ브] to 부정사 ; ~할 자격이 없다	

558 **Go** to the street corners and **invite** to the banquet **anyone** (생략 <u>you</u> **find**).

길모퉁이로 가서 (너희가 발견하는) 누구든지 잔치에 초대해라. 마 22:9

corner [**코**~ㄹ너ㄹ] ; 모퉁이

5. 전치사의 목적격 관계대명사의 생략, which나 that 생략

559 The weapons (생략 we fight with) are not the weapons of the world.

(우리가 가지고 싸우는) 무기들은 세상의 무기들이 아니다. 고후 10:4

weapon[웨펀] ; 무기	fight[화일] with ~ ; ~을 가지고 싸우다

560 But the temple (생략 he had spoken of) was his body.

그러나 (그가 말한) 성전은 그의 몸이었다. 요 2:21

speak of ~ ; ~을 말하다

6. 관계부사의 생략

① how 생략

561 Do not judge, or you too will be judged.

For in the same way (how 생략 you judge others), you will be judged.

심판하지 마라, 그렇지 않으면 너희도 또한 심판을 받을 것이다.

왜냐하면 (너희가 다른 사람들을 심판한) 똑같은 방법으로 너희가 심판을 받을 것이다. 마 7:1~2

judge[줘쥐] ~ ; ~을 심판하다, 판단하다

562 ⟨When Jesus said this⟩, one of the officials nearby struck him in the face.

["Is this the way (how 생략 you answer the high priest)?"] he demanded.

⟨예수께서 이것을 말하자⟩, 곁에 섰던 경비병들 중 하나가 그의 얼굴을 때렸다.

["이것이 (네가 대제사장에게 대답하는) 방법이냐?"]라고 그가 물었다. 요 18:22

official[어휘셜] ; 관리, 경비병	nearby[니어ㄹ바이] ; 바로 가까이의
high priest[프뤼~스트] ; 대제사장	demand[디맨드] ~ ; ~을 요구하다, 캐묻다
strike[스트롸익] A in the face ; A의 얼굴을 때리다	

② why 생략

563 The reason (why 생략 I wrote you) was to see [if you would stand the test and be obedient in everything].

(내가 너희에게 편지를 쓴) 이유는 [너희가 시험에 견디고 모든 일에(=범사에) 순종하는지]를 확인하는 것이었다. 고후 2:9

see if ~ ; ~인지 아닌지를 보다	stand the test ; 시련을 견디다
obedient[오우비~디언트] ; 순종하는	

564 He (who belongs to God) hears [what God says].

The reason (why 생략 you do not hear) is [that you do not belong to God].

(하나님께 속한) 사람은 [하나님이 말하는 것]을 듣는다.

(너희가 듣지 않는) 이유는 [너희가 하나님에게 속하지 않았다는 것] 이다. 요 8:47

③ when 생략

565 In the days before the flood,

people were eating and drinking, marrying and giving in marriage, up to the day

(when 생략 Noah entered the ark).

홍수 이전에, 사람들은 (노아가 배에 들어가는) 날까지 먹고 마시고, 장가가고 시집가고 있었다. 마 24:38

flood[흘러드] ; 홍수	ark [아~ㄹ크] ; 배, 방주
give in marriage [매뤼쥐] ; 자식을 사위로(며느리로) 주다	

566 But the day (when 생략 Lot left Sodom),

fire and sulfur rained down from heaven and destroyed them all.

그러나 (롯이 소돔에서 떠난) 그날, 불과 유황이 하늘에서 비 오듯이 내려 그들 모두를 멸망시켰다. 눅 17:29

Lot [(을)랕] ; 롯	Sodom [싸덤] ; 소돔
sulfur[썰풔ㄹ] ; 유황	rain down from ~ ; ~에서 비처럼 쏟아지다
destroy[디스트로이] ~ ; ~을 멸망시키다	

4. 선행사와 분리된 관계사절

1. '선행사 + 짧은 수식어구 + 관계사절'의 구조로 선행사와 관계사절이 분리될 수 있다.
2. 주어인 선행사 뒤에 관계사절이 붙어 주부가 길어질 경우, 문장의 균형을 위해
   관계사절을 술부 뒤로 보낼 수 있다.

1.선행사와 관계대명사의 분리

567 Herod **gave** orders to kill all the boys in Bethlehem and its vicinity (who **were** two years old
and under).

헤롯은 베들레헴과 그 주변에 있는 (두 살 아래의) 모든 사내아이들을 죽이도록 명령을 내렸다. 마 2:16

order[**오**~ㄹ더ㄹ] ; 명령	vicinity[뷔**씨**너티] ; 부근, 주변
Bethlehem[**베**쓸리헴, **베**쓸리엄] ; 베들레헴	

568 A man **was** there (whose right hand **was shriveled**).

(그의 오른손이 오그라든) 사람이 거기에 있었다. 눅 6:6

be shriveled[쉬**뤼**뷜드] ; 오그라들다

569 Six days before the Passover,
Jesus **arrived** at Bethany, (where Lazarus **lived**, (whom Jesus **had raised** from the dead)).

유월절 엿새 전에, ((예수께서 죽음에서 살리신) 나사로가 살았던) 베다니에 도착했다. 요 12:1

Passover[**패**쓰오우붜ㄹ] ; 유월절	Bethany[**베**써니] ; **베**다니
Lazarus[(을)**래**저뤄스] ; 나사로	

570 May I never **boast** except in the cross of our Lord Jesus Christ,

(through which the world **has been crucified** to me, and I to the world).

나는 우리 주 예수 그리스도의 십자가 외에 결코 자랑할 것이 없고,

(그것을 통해 나에게는 세상이 십자가에 못 박히고 세상에게는 내가 십자가에 못 박혔다). 갈 6:14

boast[**보우**스트] ; 자랑하다, 뽐내다	except[익**쎕**트] ~ ; ~이외에는
be crucified[크**루**~써화이드] ; 십자가에 못 박히다	

571 Do here in your hometown [what we have heard (that you did in Capernaum)].

여기 당신의 고향에서 [(당신이 가버나움에서 행한) 우리가 들은 것]을 해라. 눅 4:23

hometown[**호움타**운] ; 고향
Capernaum[커**퍼**~ㄹ네이엄, 커**퍼**~ㄹ니엄] ; 가버나움

572 Through him all things **were made**; without him nothing was made (that has been made).

그를 통하여 모든 것이 만들어 졌다. (만들어진) 어느 것도 그 없이 만들어진 것이 없다. 요 1:3

through[스루~] ~ ; ~에 의하여

2. 선행사와 분리된 관계부사

573 The <u>time</u> will come (when <u>men</u> will not **put up** with sound doctrine).

(사람들이 바른 교훈을 견디지 못할) 때가 올 것이다. 딤후 4:3

put up with ~ ; ~을 참다	sound [**싸**운드] ; 정통의
doctrine [**닥**트륀] ; 교리	

574 A <u>time</u> is coming (when <u>you</u> will **worship** the Father neither on <u>this</u> mountain nor in Jerusalem).

(너희가 이 산에서도 아니고 예루살렘에서도 아닌 곳에서 아버지께 예배할) 때가 올 것이다. 요 4:21

worship [**워**~ㄹ쉽] ~ ; ~을 예배하다

575 The <u>days</u> will come upon you (when <u>your enemies</u> will **build** an embankment against you and **encircle** you and **hem** you **in** on every side).

(네 원수들이 너를 맞서 둑을 쌓고 사방으로 너를 포위할) 날이 너희에게 올 것이다. 눅 19:43

build an embankment [임**뱅**크먼트] ; 둑을 쌓다	encircle [인**써**~ㄹ클] ~ ; ~을 에워싸다
hem [**헴**] ~ in ; ~를 둘러싸다	on every side ; 사방으로

5. 전치사의 목적어인 관계대명사

1. 전치사의 목적어로 관계대명사가 쓰일 수 있다.

2. 전치사는 관계대명사 앞에 위치할 수도 있고 관계사절 뒤에 위치할 수도 있다.

3. 관계대명사를 생략할 경우 전치사는 반드시 관계사절 뒤에 위치해야 한다.

4. 전치사의 목적어로 관계대명사 that을 쓰지 않는다.

나는 너희가 믿는 복음을 받아들일 것이다

I will accept the gospel (in which you trust).

= I will accept the gospel (which you trust in).

= I will accept the gospel (in(x) that you trust in(o)).

= I will accept the gospel (you trust in).

---

576 Glory to God in the highest, and on earth peace to men (on whom his favor rests).

높은 곳에서는 하나님께 영광, 땅에서는 (그의 은혜가 머무르는) 사람들에게 평화. 눅 2:14

glory[글로~뤼] ; 영광	the highest[하이이스트] ; 가장 높은 곳, 천상
favor[훼이붜ㄹ] ; 은혜	rest[뤠스트] on ~; ~에 있다

577 For just ⟨as the Father raises the dead and gives them life⟩,

even so the Son gives life to those (to whom he is pleased to give it).

⟨아버지께서 죽은 사람을 일으키시고 그들에게 생명을 주시는 것처럼⟩, 아들도 (그가 그것을 주기를 원하는) 사람들에게 생명을 준다. 요 5:21

the dead ; 죽은 사람들	life [(을)라이흐] ; 생명
pleased[플리~즈드] ; 기쁜, 만족스러운	

578 The day (on which Jesus had made the mud and opened the man's eyes) was a Sabbath.

(예수께서 진흙을 만들고 그 사람의 눈을 뜨게 한) 그날은 안식일이었다. 요 9:14

mud [**머**드] ; 진흙	Sabbath [**쌔**버스] ; 안식일

579 They took Jesus to the brow of the hill (on which the town was built),

in order to throw him down the cliff.

그들은 (마을이 세워진) 언덕의 벼랑 끝으로 예수를 끌고 갔다. 그를 절벽 밑으로 던지려고. 눅 4:29

brow [브**롸**우] ; 벼랑 끝	in order to 부정사 ; ~하려고
throw A down the cliff [클**리**흐] ; A를 절벽 아래로 던지다	

580 Take up the shield of faith,

(with which you can extinguish all the flaming arrows of the evil one).

믿음의 방패를 들어라, (그것을 가지고 너희는 악한 자의 모든 불타는 화살들을 진화할 수 있다). 엡 6:16

take up ~ ; ~을 들다	shield [**쉬**~일드] ; 방패
extinguish [익스**팅**귀쉬] ~ ; ~을 끄다	flaming [흘**레**이밍] ; 불타고 있는
arrow [**애**로우] ; 화살	

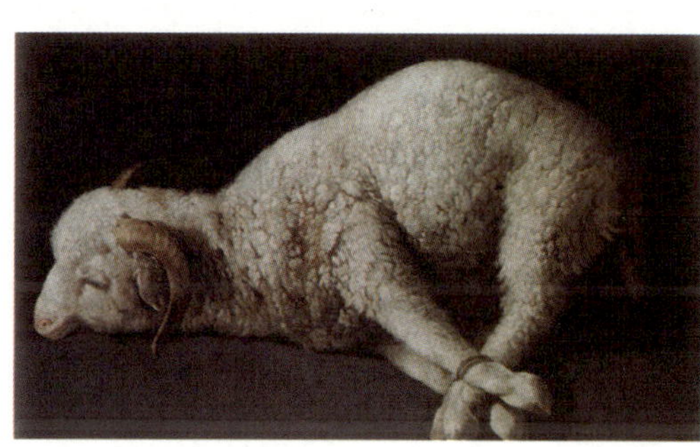

하나님의 어린양

6. 계속적 용법의 관계사

1. **관계사 앞에 콤마(,)가 있을 때**, 계속적 용법이라 한다.

   that은 계속적 용법으로 쓸 수 없다.

2. 주절을 해석한 후, 아래와 같이 순차적으로 연이어서 해석한다.

선행사, who	그런데(그리고) 그 사람은 ~
선행사, which	그런데(그리고) 그것은 ~
선행사, when	그런데(그리고) 그때 ~
선행사, where	그런데(그리고) 그곳에서 ~

1. 관계대명사

581 So <u>they</u> **hurried off** and **found** Mary and Joseph, and <u>the baby</u>, (who **was lying** in the manger).

그래서 그들은 서둘러 떠났다. 그리고 마리아와 요셉, 그리고 아기를 찾았다. (그는(=그 아기는) 구유에 누워 있었다). 눅 2:16

hurry[**허**~뤼] off ; 서둘러 떠나다	Joseph[**죠**우저흐] ; 요셉
manger[**메**인줘ㄹ] ; 여물통, 구유	

582 <u>God</u>, (who **has called** you into fellowship with his Son Jesus Christ our Lord), is faithful.

(너희를 불러 그의 아들 예수 그리스도 우리 주와 더불어 교제하게 하시는) 하나님은 성실하다. 고전 1:9

(=하나님은, (그분은 너희를 불러 그의 아들 예수 그리스도 우리 주와 더불어 교제하게 하시는 분인데), 성실하다.)

fellowship[**휄**로우쉽] ; 교제, 친교	faithful[**훼**이스풜] ; 충실한, 성실한

583 There a centurion's servant, (whom his master **valued** highly), **was** sick and about to die.

한 백부장의 종은, (그를(=종을) 그의 주인이(=백부장이) 아주 소중히 여겼는데), 병들어 거의 죽게 되었다. 마 7:2

centurion[쎈**츄**어뤼언] ; 백부장, 100인 대장	servant[**써**~ㄹ붠트] ; 하인
master[**매**스터ㄹ] ; 주인	value[**봴**류~] ~ ; ~을 소중히 하다
highly[**하**일리] ; 아주, 매우	be about to 부정사 ; 막 ~하려고 하다

584 〈When <u>the Counselor</u> comes, (whom I will send to you from <u>the Father</u>), the Spirit of truth (who **goes out** from <u>the Father</u>)〉, <u>he</u> will **testify** about me.

〈보혜사, (내가 아버지로부터 너희에게 보낼 분), (아버지께로부터 나오시는) 진리의 영이 오시면), 그분이 나를 증언할 것이다. 요 15:26

> the Counselor [**카**운썰러ㄹ] ; 보혜사, 협조자, 보호자, 상담자
> testify [**테**스터화이] ; 증언하다

585 Then the chief <u>priests</u> and the <u>elders</u> of the people **assembled** in the palace of <u>the high priest</u>, (whose name was Caiaphas).

그때에 대제사장들과 백성의 장로들이 대제사장의 궁전에 모였다. (그의 이름은 가야바였다). 마 26;3

> chief [**취**~흐] priest; 대제사장   elder [**엘**더ㄹ] ; 장로
> assemble [어**쎔**블] ; 모이다   palace [**팰**리스] ; 궁전
> Caiaphas [**카**이어훠스] ; 가야바

586 <u>It</u> is like <u>a mustard seed</u>, (which is the smallest seed (<u>you</u> plant in <u>the ground</u>)).

그것은 겨자씨와 같다. (그런데 그것은(=겨자씨는) (너희가 땅에 심는) 가장 작은 씨앗이다). 막 4:31

> mustard [**머**스터ㄹ드] ; 겨자   seed [**씨**~드] ; 씨
> plant [**플**랜트] ~ ; ~을 심다, 뿌리다   ground [그**롸**운드] ; 흙, 땅

587 Do not **work** for food (that **spoils**), but for **food** (that **endures** to eternal life), (which the Son of Man **will give** you).

(썩어 없어지는) 음식을 위해 일하지 말고, (영생에 이르도록 견디는) 음식을 위해 일해라, (그런데 그것(=영생에 이르도록 견디는 음식)을) 인자가 너희에게 줄 것이다). 요 6:27

> spoil [스**포**일] ; 상하다, 썩다   endure [인**듀**어ㄹ] ; 계속되다, 지속하다
> eternal [이**터**~ㄹ늘] life ; 영생

2. 관계부사

588 Store up for yourselves treasures in heaven, (where moth and rust do not destroy),
and (where thieves do not break in and steal).

너희를 위하여 재물을 하늘에 쌓아라, (그런데 거기에서는 좀과 녹이 파괴하지 못한다),

그리고 (그리고 거기에는 도둑이 들어와 훔쳐 가지도 못한다). 마 6:20

store[스**토**~ㄹ] up ~ ; ~을 저장하다	treasure[트**뤠**저ㄹ] ; 보물, 재산
moth[**모**~스] ; 나방	rust[**뤄**스트] ; 녹
destroy[디스트**로**이] ; 파괴하다	break in ; 침입하다
steal[스**티**~일] ; 훔치다	

589 At dawn he appeared again in the temple courts,

(where all the people gathered around him), and he sat down to teach them.

새벽에 그는 다시 성전에 나타나셨다, (그리고 거기에 모든 사람들이 그의 둘레에 모였고), 그는 앉아서 그들을 가르치셨다. 요 8:2

dawn[**도**~온] ; 새벽	court[**코**~ㄹ트] ; 안 마당
gather[**개**더ㄹ] ; 모이다	

590 On the first day of the Feast of Unleavened Bread,

(when it was customary to sacrifice the Passover lamb),

Jesus' disciples asked him,

["Where do you want us to go and make preparations for you to eat the Passover?"]

무교절의 첫날에, (그리고 그때는 유월절 양을 잡는 것이 풍습이었는데),

예수의 제자들이 그에게, ["당신은 우리가 어디로 가서 당신이 유월절 음식을 잡수시게 준비하기를 원하십니까?"]라고 물었다. 막 14:12

the Feast of Unleavened [언**레**뷘드] Bread ; 무교절	
unleavened ; 발효시키지 않은	customary[**커**스터머뤼] ; 관례적인
sacrifice[**쌔**크뤄화이스] ~ ; ~을 제물로 바치다	Passover[**패**스오우붜ㄹ] ; 유월절
lamb[(을)**램**] ; 어린 양	want A to 부정사 ; A가 ~하기를 원하다
make preparation[프뤼퍼**뤠**이션] ; 준비하다	

7. 유사관계대명사 as, but, than

1. 접속사로 쓰이는 as, but, than 등이 선행사인 명사를 수식할 수 있다.

as	선행사에 such, the same, as, so, just 등이 붙는다.
	,as는 ,which처럼 앞 문장 전체를 선행사로 받는다.
but	선행사에 부정어 not, no, never 등이 있다.
than	선행사에 비교급이 있다.

2. 유사관계대명사 as 뒤에는 불완전한 문장이, 종속접속사 as 뒤에는 완전한 문장이 온다.

591 On the Sabbath day he went into the synagogue, (as was his custom).

안식일에 그는 회당으로 갔다. (그것이 그의 일상이었다). 눅 4:16

custom [커스텀] ; 관습, 관행, 일상

592 I tell you, [⟨though he will not get up and give him the bread

⟨because he is his friend⟩⟩,

yet because of the man's boldness he will get up and give him as much (as he needs)].

[⟨비록 그가 ⟨그의 친구이기 때문에⟩ 일어나서 그에게 빵을 주지 않을지라도⟩⟩

그 사람의 대담함 때문에 그가 일어나 (그가 필요로 하는) 만큼 많이 줄 것이다.]라고 내가 너희에게 말한다. 눅 11:8

boldness [보울드니스] ; 대담함

593 Take your pay and go.

I want to give the man (who was hired last) the same (as I gave you).

네 임금을 가지고 가라. 나는 (마지막에 고용된) 그 사람에게 (내가 너에게 준) 것과 같은 임금을 주기를 원한다. 마 20:14

pay[페이] ; 임금   hire[하이어ㄹ] ~ ; ~를 고용하다

594 The disciples left, went into the city and found things just (as Jesus had told them).

So they prepared the Passover.

제자들이 떠나, 시내로 들어가서 (예수께서 말씀하신) 것들을 찾았다. 그래서 그들은 유월절 음식을 준비했다. 막 14:16

prepare[프뤼페어ㄹ] ~ ; ~을 준비하다

595 He replied, ["Collect no more taxes (than the government requires)."]

그는 ["(정부가 요구하는 것보다) 더 많은 세금을 거두지 말라"]고 대답했다. 눅 3:13

collect[컬렉트] ~ ; ~을 징수하다   tax[택스] ; 세금
government[거뷔ㄹ(언)먼트] ; 정부   require[뤼콰이어ㄹ] ~ ; ~을 요구하다

8. 복잡한 관계사절

이중한정 : 접속사 없이 두 개의 관계대명사절이 연이어 동일한 선행사를 수식할 때가 있다.

이 경우 의미의 중점은 뒤쪽 절에 있다.

따라서 앞쪽 관계대명사절은 삽입적으로 가볍게 옮긴다.

앞에 있는 관계대명사는 목적격일 때 생략할 수 있지만 두 번째 관계대명사는 생략할 수 없다.

596 Let's go to Bethlehem and see this thing (that has happened),

(which the Lord has told us about).

베들레헴으로 가서 (주께서 우리에게 말씀하신) (일어난) 이 일을 확인하자. 눅 2:15

Bethlehem [**베**쓸리헴, **베**쓸리엄] ; 베들레헴	happen [**해**편] ; 일어나다, 생기다

597 The shepherds returned, glorifying and praising God for all the things

(that 생략 they had heard and seen), (which were just ⟨as they had been told⟩).

목자들은 돌아갔다, 그리고 (그들이 듣고 보았던), (⟨그들에게 알려주신⟩ 그대로인) 모든 일들로 하나님께 영광을 돌리고 찬양을 드렸다. 눅 2:20

shepherd [**쉐**퍼ㄹ드] ; 양치기	glorify [글**로**~뤄화이] ~ ; ~에게 영광을 돌리다
praise [프**뤠**이즈] ~ ; ~를 찬미하다	

598 We ask you, brothers, to respect those

(who work hard among you), (who are over you in the Lord) and (who admonish you).

형제들아 우리가 너희에게 (너희 가운데서 열심히 일하고), (주 안에서 너희를 다스리며) (너희에게 충고하는) 사람들을 존경할 것을 요구한다. 살전 5:12

respect [뤼스**펙**트] ~ ; ~을 존경하다	hard [**하**~ㄹ드] ; 열심히
be over ~ ; ~ 위에 있다	admonish [애드**마**니쉬] ~ ; ~에게 권고하다

599 I am sending to you Timothy, my son (whom I love), (who is faithful in the Lord).

내가 너희에게 (내가 사랑하고), (주 안에서 신실한) 나의 아들 디모데를 보낸다. 고전 4;17

Timothy [티머씨] ; 디모데　　　　　　　　　the Lord [(을)로~ㄹ드] ; 하나님

겟세마네의 예수

9. 반드시 관계대명사 that을 쓰는 경우

1. 선행사가 -thing으로 끝나는 명사일 때

2. 선행사가 최상급, 서수, every, all, the only, the same, any, some 등의 수식을 받을 때

3. 선행사가 <사람+사물>또는 <사람+동물>일 때는 반드시 that을 써야한다.

600 There is nothing concealed (that will not be disclosed), or hidden (that will not be made known).

(드러나지 않을) 숨겨지거나, (알려지지 않을) 비밀의 것이 아무것도 없다. 마 10:26

concealed[컨**씨**~일드] ; 숨겨진	be disclosed[디스클**로**우즈드] ; 밝혀지다
hidden[**히**든] ; 비밀의	known[**노**운] ; 알려진

601 All (that the Father gives me) will come to me,

and [whoever comes to me] I will never drive away.

(아버지께서 나에게 주신) 모든 사람들은 내게로 올 것이며, [내게로 오는 사람은 누구든지] 나는 결코 쫓아내지 않을 것이다. 요 6:37

drive[드**롸**이브] away ~ ; ~를 물리치다

602 The only thing (that counts) is faith expressing itself through love.

(중요한) 유일한 것은 사랑을 통해서 그것 자신을 나타내는 믿음이다. 갈 5:6

count[**카**운트] ; 가치가 있다, 중요하다	express[익스프**뤠**스] ~ ; ~을 표현하다, 나타내다

603 Any goat in my possession (that is not speckled or spotted),

or any lamb (that is not dark-colored), will be considered stolen.

내가 가진 (반점이 없거나 얼룩덜룩하지 않은) 어느 염소든지, 또는 (어두운색이 아닌) 어느 양이든지 훔친 것으로 여겨질 것이다. 창 30;33

goat[고우트] ; 염소	possession[퍼제션] ; 소유
speckled[스페클드] ; 반점이 있는	spotted[스파티드] ; 얼룩이 있는
lamb[(을)램] ; 새끼 양	dark-colored[컬러ㄹ드] ; 어두운색의

604 There are some (that only chew the cud or only have a split hoof),

but you must not eat them.

(되새김질만 하거나 갈라진 굽을 가지기만한) 것들이 있다. 그러나 너희는 그것들을 먹어서는 안 된다. 레 11;4

chew[츄~] ~ ; ~을 씹다	cud[커드] ; 새김질 거리
chew the cud ; 새김질하다	split[스플릳] ; 갈라진
hoof[후흐, 후~흐] ; 발굽	

605 Every tree (that does not produce good fruit) will be cut down and thrown into the fire.

(좋은 과일을 생산하지 않는) 모든 나무는 베어져 불에 던져질 것이다. 마 3:10

be cut down ; 베어 넘어지다	be thrown[스로운] into ~ ; ~에 던져지다

가룻 유다의 입맞춤

열넷

다양한 쓰임의 부사절

열넷. 다양한 쓰임의 부사절

1. 부사절은 부사처럼 동사, 형용사, 부사 또는 문장을 수식한다.

2. 부사절은 시간, 원인, 이유, 목적, 결과, 조건, 양보, 양태 등을 표현한다.

부사절을 이끄는 접속사

시간	after, before, when, while, as, since, until, as soon as …
원인, 이유	because, as, since, now that …
목적	so that, in order that
결과	so 형용사[부사 that, such a 형용사+명사 that,
조건	if, unless, only if, in case (that), as long as …
양보, 대조	though, although, even if, if, even though, whereas, while …
양태	(just) as, as if, as though …

3. 접속사 뒤에는 '주어+동사(=절)'가,

   전치사 뒤에는 목적어(=명사상당어구)가 온다.

예수 그리스도와 가야바

1. 시간의 부사절을 이끄는 접속사

접속사	의미	접속사	의미
when	~ 때	once	일단 ~ 하면
while	~ 동안	not A until B	B 이후에 A하다
as	~ 할 때	as soon as	~ 하자마자, 곧
since	~ 이후 지금까지	as long as	~ 하는 동안
until	~ 까지	by the time	~할 무렵, ~할 때까지
before	~ 전에	the moment	~하자마자
after	~ 후에		

※ 시간의 접속사가 인도하는 부사절의 주어가 주절의 주어와 같으면,

부사절의 주어+be동사는 생략할 수 있다.

606 〈When the wheat sprouted and formed heads〉, then the weeds also appeared.

〈밀이 싹이 나고 이삭을 형성할 때〉, 잡초들도 나타났다. 마 13:26

wheat[**위**~잍, **휘**~잍] ; 밀	sprout[스프**롸**웉] ; 싹이 트다
form[**호**~ㄹ옴] heads ; 이삭이 생기다	weed[**위**~드] ; 잡초

607 〈While you are pulling the weeds〉, you may root up the wheat with them.

〈너희가 잡초들을 뽑으면서(=뽑는 동안)〉, 너희가 그것들과 함께 밀을 뽑을지도 모른다. 마 13:29

pull[**풀**] ~ ; ~을 뽑다	root[**루트**] up ~ ; ~을 뿌리째 뽑다

608 Then the man and his wife **heard** the sound of the LORD
⟨as he was walking in the garden in the cool of the day⟩,
and they **hid** from the LORD God among the trees of the garden.

그때 그 남자와 그의 아내는 ⟨그가 서늘할 때 동산을 걷고 있을 **때**⟩ 여호와의 소리를 듣고, 그들은 그를 피하여 동산 나무들 사이에 숨었다. 창 3:8

heard[**허**~ㄹ드] ~ ; hear[**히**어ㄹ] ~(~을 듣다)의 과거
hid[**히**드] ; hide[**하**이드] (숨다)의 과거

609 "Teacher," he **declared**, ["all these I **have kept** ⟨since I was a boy⟩."]

그는 "선생님, [나는 이 모든 것들을 ⟨내가 소년이었을 **때부터 지금까지**⟩ 지켰습니다."]라고 말했다. 막 10:20

declare[디**클레**어ㄹ] ~ ; ~라고 발표하다, 선언하다
keep[**키**~잎] ~ ; ~을 지키다

610 On the contrary, ⟨when he was in Rome⟩, he **searched** hard for me ⟨until he found me⟩.

오히려, ⟨그가 로마에 있을 **때**⟩, 그는 ⟨나를 찾을 **때까지**⟩ 나를 열심히 찾았다. 딤후 1:17

on the contrary[**칸**트뤠리] ; 반대로	Rome[**로**움] ; 로마
search[**써**~ㄹ취] for ~ ; ~을 찾다	hard[**하**~ㄹ드] ; 열심히

611 ⟨Before this faith came⟩,
we **were held** prisoners by the law, locked up ⟨until faith should be revealed⟩.

⟨이 믿음이 오기 **전에**⟩, 우리는 율법에 의해 포로로 잡혀 있었고, ⟨믿음이 나타날 **때까지**⟩ 갇혀 있었다. 갈 3:23

prisoner[**프뤼**저너ㄹ] ; 죄수	law[(을)**라**~] ; 율법
be locked[(을)**락**트] up ; 갇혀 있다	be revealed[뤼**뷔**~일드] ; 알려지다

612 I **beat** my body and **make** it my slave
⟨so that ⟨after I have preached to others⟩, I myself **will not be disqualified** for the prize⟩.

나는 ⟨⟨내가 다른 사람들에게 전도한 **후에**⟩ 나 자신이 그 상에 자격을 잃지 않도록⟩ 나의 몸을 쳐서 그것을 나의 종으로 만든다. 고전 9:27

beat[**비**~잍] ~ ; ~을 매질하다	slave[**슬레**이브] ; 노예
preach[프**뤼**~취] ~ ; ~에게 전도하다	prize[프**롸**이즈] ; 상
be disqualified[디스**콸**러화이드] for ~ ; ~에 자격을 잃다	

613 〈**Once** the owner of the house **gets up** and **closes** the door〉,

you will stand outside knocking and pleading, ['Sir, open the door for us.']

But he will answer, ['I don't know you or [where you come from].']

〈**일단** 집주인이 일어나서 문을 닫으**면**〉, 너희가 밖에 서서 문을 두드리면서 ['주인님, 문을 열어 주십시오.']하고 조를 것이다.

그러나 그는 ['나는 너희를 모르고 [너희가 어디서 왔는지] 모른다.']라고 대답할 것이다. 눅 13:25

owner[**오**우너ㄹ] ; 주인, 소유자	close[클**로**우즈] ~ ; ~을 닫다
knock[**낙**] ; 두드리다	plead[플**리**~드] ~ ; ~라고 간청하다

614 〈**As soon as** the chief priests and their officials **saw him**〉, they shouted, ["Crucify! Crucify!"]

〈대제사장들과 성전 경비병들이 그를 **보자마자**〉, 그들은 ["십자가에 못 박아라! 십자가에 못 박아라!"]라고 소리쳤다. 요 19:6

official[어**휘**셜] ; 관리, 직원	shout[**샤**우트] ~ ; ~라고 외치다
crucify[크**루**~써화이] ; 십자가에 못 박**다**	

615 〈**As long as** it is day〉, we **must do** the work of him (who **sent** me).

〈낮이 계속되는 **동안**〉, 우리는 (나를 보내신) 분의 일을 해야 한다. 요 9:4

616 [What I am saying] is [that 〈**as long as** the heir is a child〉,

he is no different from a slave].

[내가 말하고 있는 것]은 [〈상속자가 어린아이**인 한**〉 그는 종과 다름이 없다]는 것이다. 갈 4:1

heir[**에**어ㄹ] ; 상속인	be no different[**디**훠뤈트] from ~ ; ~와 다르지 않다

617 〈**By the time** Lot **reached** Zoar〉, the sun **had risen** over the land.

〈롯이 소알에 도착했을 **때(=무렵)**〉, 그 땅 위에 태양이 솟았다. 창 19:23

Lot [(을)**랏**] ; 롯	reach[**뤼**~취] ~ ; ~에 도착하다
Zoar[**조**우어ㄹ] ; 소알	

2. 원인과 이유의 부사절을 이끄는 접속사

접속사	의미
because, as, since	~ 때문에
now (that)	~ 이므로, ~ 이니까
in that	~ 이므로, ~ 때문에, ~ 라는 점에서
seeing (that)	~ 한 측면에서 보면

618 Rejoice and be glad, ⟨because great is your reward in heaven⟩,

for in the same way they persecuted the prophets (who were before you).

기뻐하고 즐거워하라, ⟨하늘에서 너희의 상이 크기 **때문이다**⟩, 왜냐하면 같은 방법으로 그들이 (너희보다 먼저 있었던) 예언자들을 박해했다. 마 5:12

rejoice [뤼**조**이스] ; 기뻐하다	reward [뤼**워**~ㄹ드] ; 상
persecute [**퍼**~ㄹ씨큐~트] ~ ; ~을 박해하다	prophet [프**롸**휕] ; 예언자

619 Jacob's well was there, and Jesus, ⟨tired as he was from the journey⟩, sat down by the well.

그곳에 야곱의 우물이 있었다. 그리고 예수께서는 ⟨여행으로 피곤**하여**⟩ 그 우물가에 앉으셨다. 요 4:6

Jacob [**줴**이컵] ; 야곱	well [**웰**] ; 우물
tired [**타**이어ㄹ드] ; 피곤한	journey [**줘**~ㄹ니] ; 여행

620　〈Since <u>they</u> **have** no root〉, <u>they</u> **last** only a short time.

〈그것들은 뿌리가 없기 **때문에**〉 잠깐 동안만 견디어 낸다. 막 4:17

root[**루**트, **루**~트] ; 뿌리　　　　　last [(을)**래**스트, (을)**라**~스트] ; 계속하다, 견디다

621　〈Since <u>you</u> are God`s son〉, <u>He</u> **has made** you also an heir.

〈네가 하나님의 아들이기 **때문에**〉, 그는 너를 또한 상속자로 만드셨다. 갈 4:7

heir[**에**어ㄹ] ; 상속자

622　〈Now that <u>faith</u> **has come**〉, <u>we</u> **are** no longer under the supervision of the law.

〈믿음이 왔<u>으므로</u>〉, 우리가 더 이상 율법의 감독 아래 있지 않다. 갈 3:25

no longer ; 더 이상 ~이 아닌

under the supervision [수~퍼ㄹ**뷔**전] of ~ ; ~의 감독 아래

623　〈Now that <u>I</u>, your <u>Lord</u> and <u>Teacher</u>, **have washed** <u>your feet</u>〉,

<u>you</u> also **should wash** one another's feet.

〈주이며 선생인 내가 너희의 발을 씻겨 **주었으니**〉, 너희도 또한 서로의 발을 씻겨 주어야 한다. 요 13;14

now that ~ ; ~이므로　　　　　wash [**와**쉬] ~ ; ~을 씻다

3. 목적, 결과의 부사절을 이끄는 접속사

접속사	의미
so that may ~	~ 하기 위하여 (목적)
that may ~(=in order that may ~)	~ 하기 위하여 (목적)
, that - may ~	그래서 -가 ~하도록 (결과)
, so that - may ~	그래서 -가 ~하도록 (결과)
, so (that) ~	그래서 ~ 하다
so 형용사 / 부사 that ~	
such a / an 형용사+ 명사 that ~	매우(=아주) -해서 ~하다
(=so 형용사 +a / an+ 명사 that ~)	
lest - (should) ~	-가 ~하지 않도록

목적을 나타내는 부사절은 주절보다 먼저 해석하고,

결과를 나타내는 부사절은 주절 뒤에 해석한다.

1. 목적을 나타내는 부사절

624 Watch and pray ⟨so that you will not fall into temptation⟩.

⟨너희가 시험에 빠지지 않도록⟩ 깨어서 기도해라. 마 26:41

fall into temptation[템(프)**테**이션] ; 유혹에 빠지다

625 Not(=It is not) [that I accept human testimony]; but I mention it ⟨that you may be saved⟩.

[나는 사람의 증언을 받아들이지] 않는다 ; 다만 ⟨나는 너희가 구원을 받도록⟩ 그것(=사람의 증언)을 말한다. 요 5:34

Not that ~ (=It is not that ~) ; 그것은 ~이 아니다	accept[액**쎕**트] ~ ; ~을 받아들이다
human[**휴**~먼] ; 사람의	testimony[**테**스터모우니] ; 증언
but(=only) ; 다만	be saved ; 구원을 받다
mention[**멘**션] ~ ; ~을 말하다, 언급하다	

626 He cuts off every branch in me (that **bears** no fruit),

⟨while every branch (that **does bear** fruit) he prunes ⟨**so that** it **will** be even more fruitful⟩⟩.

그는 (열매를 맺지 못하는) 내게 붙어 있는 모든 가지를 잘라내신다.

⟨반면에 그는 (열매를 맺는) 모든 가지를 ⟨훨씬 더 많은 열매를 맺게 하시려고⟩ 손질하신다⟩. 요 15:2

cut off ~ ; ~을 잘라내다	brach[브**랜**취] ; 가지
prune[프**루**~운] ~ ; ~을 다듬다, 손질하다	

627 He redeemed us

⟨**in order that** the blessing given to Abraham **might** come to the Gentiles through Christ Jesus⟩.

그가 우리를 구하셨다. ⟨그리스도 예수를 통해서 아브라함이 받은 축복이 이방인들에게 가도록 하기 위하여⟩ 갈 3:14

redeem[뤼**디**~임] ~ ; ~을 되사다, 되찾다	Gentile[**젠**타일] ; 이방인
through[스**루**~] ~ ; ~에 의하여	

2. 결과를 나타내는 부사절

628 Let your light shine before men,

⟨**that** they **may** see your good deeds and **praise** your Father in heaven⟩.

너희 빛을 사람들 앞에 비춰라, ⟨그래서 그들이 너희의 선한 행동을 보고 하늘에 계신 너희 아버지를 찬양하게 하여라⟩. 마 5:16

shine[**샤**인] ; 비치다	deed[**디**~드] ; 행위

629 A furious squall **came up**, and the waves **broke** over the boat, ⟨**so that** it was nearly **swamped**⟩.

성난 돌풍이 불어와서, 파도가 배 안으로 덮쳐 들어왔다, ⟨그래서 배가 거의 잠기게 되었다⟩. 막 4:37

furious[**휴**어뤼어스] ; 격노한	squall[스**쿼**~얼] ; 돌풍
come up ; 다가오다	wave[**웨**이브] ; 파도, 풍랑
break over ~ ; 파도가 부딪쳐 ~위를 씻다	nearly[**니**어ㄹ리] ; 거의
be swamped[스**왐**트] ; 가라앉다, 잠기다	

630 <u>We</u> **did** not **give in** to them, ⟨**so that** the <u>truth</u> of the gospel **might** remain with you⟩.

우리는 그들에게 굴복하지 않았다, ⟨그래서 복음의 진리가 항상 너희와 함께 있**도록**⟩. 갈 2:5

give in ; 항복하다, 굴복하다	truth[트루~쓰] ; 진리
gospel[**가스펄**] ; 복음	remain[뤼**메인**] with ~ ; ~와 함께 남아있다

631 <u>I</u> **will boast** all the more gladly about <u>my</u> weaknesses, ⟨**so that** Christ's power **may** rest on me⟩.

나는 나의 약한 것들에 대하여 더욱더 기꺼이 자랑할 것이다, ⟨그래서 그리스도의 능력이 내게 머물**도록**⟩. 고후 12:9

boast[**보우스트**] ; 자랑하다	all the more ; 더욱더
gladly[글래들리] ; 기꺼이	weakness[**위**~크니스] ; 약함, 결점
rest[**뤠**스트] on ~ ; ~에 있다	

632 <u>They</u> **came** and **filled** both boats **so** full ⟨**that** <u>they</u> began to sink⟩.

그들이 와서 양쪽 배를 아주 가득 채웠다 ⟨그래서 배들이 가라앉기 시작했다⟩. 눅 5:7

fill[**휠**] ~ ; ~을 채우다	boat[**보우트**] ; 배
sink[**씽크**] ; 가라앉다, 침몰하다	

633 <u>They</u> **caught** <u>such</u> a large number of fish ⟨**that** their <u>nets</u> began to break⟩.

그들은 아주 많은 고기를 잡았다 ⟨그래서 그들의 그물들이 찢어지기 시작했다⟩. 눅 5:6

a large number of ~ ; 많은 ~	net ; 그물

634 <u>Christ</u> **did** not **send** me to baptize, but to preach <u>the</u> gospel

--not with words of <u>human</u> wisdom, ⟨**lest** the <u>cross</u> of Christ **be emptied** of <u>its</u> power⟩.

그리스도께서 세례를 베풀게 하려고 나를 보내신 것이 아니고, 복음을 전하게 하려고 보내셨다.

인간의 지혜의 말이 아닌 것은 ⟨그리스도의 십자가의 능력이 헛되지 **않게 하려는** 것이다⟩. 고전 1:17

baptize[뱁**타**이즈] ; 세례를 행하다	human[**휴**~먼] ; 사람의
wisdom[**위**즈덤] ; 지혜	be emptied[**엠**티드] of ~ ; ~이 없어지다
lest[(을)**레**스트] ~ ; ~하지 않도록, ~할까 봐	

4. 조건의 부사절을 이끄는 접속사

접속사	의미
if	만일 ~라면
unless (=if not)	만일 ~이 아니라면
only if, on condition that	오직 ~ 경우에만
suppose, supposing, provided (that)	
in case (that)	만일 ~이라면, ~에 대비하여
as(=so) long as	~하는 한, ~하기만 하면

부사절의 주어+be동사는 생략할 수 있다.

635 〈If <u>someone</u> **wants** to sue you and take <u>your</u> tunic〉, **let** him have <u>your</u> cloak as well.

〈**만일** 누가 너희를 고소하여 네 속옷을 가지기를 원하**면**〉, 그에게 네 외투도 갖게 해라. 마 5:40

sue[**수**~] ~ ; ~를 고소하다	tunic[**튜**~닉] ; 속옷
cloak[클**로**욱] ; 소매 없는 외투, 겉옷	

636 〈If <u>I</u> **speak** in the <u>tongues</u> of men and of <u>angels</u>, but **have** not love〉,

<u>I</u> **am** only a <u>resounding</u> gong or a <u>clanging</u> cymbal.

〈**만일** 내가 사람들과 천사들의 말을 하지만 사랑이 없으**면**〉, 나는 단지 울려 퍼지는 종이나 울리는 심벌이다. 고전 13:1

tongue[**텅**] ; 말	angel[**에**인쥘] ; 천사
resounding[뤼**자**운딩] ; 울리는	gong[**공**] ; 징
clanging[클**랭**잉] ; 땡그랑하고 울리는	cymbal[**심**벌] ; 심벌즈

637 〈Unless <u>you</u> speak intelligible words with your tongue〉,

how **will** <u>anyone</u> **know** [what <u>you</u> **are** saying]?

〈너희가 너희 혀로 알아들을 수 있는 말을 **하지 않으면**〉, 어떻게 누군가가 [너희가 말하고 있는 것]을 알까? 고전 14:9

intelligible[인**텔**러줘블] ; 알기 쉬운, 명료한	word[**워**~ㄹ드] ; 말
tongue[**텅**] ; 혀	

638 〈Unless <u>I</u> **see** the nail marks in his hands and **put** <u>my</u> finger 〈where the <u>nails</u> **were**〉,

and **put** <u>my</u> hand into his side〉, <u>I</u> **will** not **believe** it.

〈내가 그의 손에 있는 못 자국을 보고 〈못이 있던 곳에〉 내 손가락을 넣어보고,

내 손을 그의 옆구리에 넣어보**지 않으면**〉, 나는 그것을 믿지 않을 것이다. 요 20:25

nail[**네**일] ; 못	mark[**마**~ㄹ크] ; 자국
side[**싸**이드] ; 옆구리	

639 〈Only if our youngest brother is with us〉 **will** <u>we</u> go.

<u>We</u> **cannot** **see** the man's face 〈unless our youngest brother is with us〉.

〈**오직** 우리 막내 아우가 우리와 함께 있는 **경우에만**〉 우리는 갈 것이다.

〈우리 막내 아우가 우리와 함께 있**지 않으면**〉 우리는 그분의 얼굴을 볼 수 없다. 창 44:26

youngest[**영**기스트] ; 최연소의, 막내의

640 〈If <u>it</u> is possible, 〈as far as <u>it</u> depends on you〉〉, live at peace with everyone.

〈만약 그것이 가능하면, 〈그것이 너희에게 달려있**는 한**〉〉, 모든 사람과 화목하라. 롬 12:18

possible[**파**써블] ; 가능한	depend[디**펜**드] on ~ ; ~에 달려있다
at peace[**피**~스] ; 평화롭게	

641 Consider therefore the kindness and sternness of God:

sternness to those (who **fell**), but kindness to you, ⟨provided that <u>you</u> **continue** in his kindness⟩.

그러므로 하나님의 인자하심과 엄격하심을 생각하라:

(넘어진) 사람들에게는 엄격하시지만, ⟨너희가 그의 인자하심에 머물러 있는 경우에만⟩ 너희에게 인자하시다. 롬 11:22

consider[컨**씨**더ㄹ] ~ ; ~을 숙고하다	kindness[**카**인(드)니스] ; 친절
sternness[스**터**~ㄹ언니스] ; 엄격함, 준엄함	

642 ⟨As long as the earth **endures**⟩,

seedtime and harvest, cold and heat, summer and winter, day and night will never **cease**.

⟨땅이 있는 한(=동안)⟩, 씨를 뿌리는 때와 추수하는 때, 추위와 더위, 여름과 겨울, 낮과 밤이 결코 그치지 않을 것이다. 창 8:22

endure[인**듀**어ㄹ] ; 지속하다	seedtime[**씨**~드타임] ; 파종기
harvest[**하**~ㄹ뷔스트] ; 추수기, 수확기	cease[**씨**~스] ; 끝나다

예수 그리스도를 외면하는 베드로

5. 양보, 대조의 부사절을 이끄는 접속사

접속사	의미	접속사	의미
although	비록 ~일지라도	even though + 사실	비록 ~라 해도
even if + 가정	비록 ~라 해도	while	~ 인 반면에
though	비록 ~일지라도		

복합관계대명사	의미
whoever(=no matter who)	누가 ~ 하더라도
whatever(=no matter what)	무엇을(이) ~ 하더라도
whichever(=no matter which)	어느 쪽을(이) ~ 하더라도

복합관계부사	의미
whenever(=no matter when)	언제 ~ 하더라도
wherever(=no matter where)	어디서 ~ 하더라도
however(=no matter how)+형용사	아무리 ~ 하더라도

※ 양보의 접속사가 인도하는 부사절의 주어가 주절의 주어와 같으면 부사절의 주어+be동사는 생략할 수 있다.

1. 접속사

643 <u>He</u> **was** in the world,

and ⟨**though** the <u>world</u> **was made** through him⟩, the <u>world</u> **did** not **recognize** him.

그가 세상에 있었다. 그리고 ⟨세상은 그를 통하여 만들어**졌지만**⟩, 세상이 그를 알지 못하였다. 요 1:10

recognize[**뤠**커그나이즈] ~ ; ~를 알아보다

644 <u>Peter</u> **insisted** emphatically, ["⟨**Even if** <u>I</u> **have to die** with you⟩, I **will** never **disown** you."].

베드로는 단호하게 주장했다, ["⟨**비록** 내가 당신과 함께 죽어야 할**지라도**⟩, 나는 결코 당신을 부인하지 않을 것이다."]라고. 막 14:31

insist[인**씨**스트] ~ ; ~라고 주장하다　　　　　emphatically[임**홰**티컬리, 엠**홰**티컬리] ; 단호하게

disown[디**쏘**운] ~ ; ~와의 관계를 부인하다

645 <u>He</u> (who **believes** in me) **will live**, ⟨**even though** <u>he</u> **dies**⟩.

(나를 믿는) 사람은 ⟨**설령** 그가 죽는다 **해도**⟩ 살 것이다. 요 11:25

646 <u>He</u> **cuts off** every branch in me (that **bears** no fruit),

⟨**while** every branch (that **does bear** fruit) <u>he</u> **prunes** ⟨so that <u>it</u> **will be** even more fruitful⟩⟩.

그는 내 안에서 (열매를 맺지 않는) 모든 가지를 잘라낸다.

⟨**반면에**⟩ (열매를 맺는) 모든 가지는 ⟨그것이 훨씬 더 많이 열매를 맺게 하려고⟩ 그는 가지를 친다. 요 15:2

cut off ~ ; ~을 잘라내다　　　　　branch[브**뢘**취] ; 가지

prune[프루~운] ; 나무의 가지를 치다

2. 복합관계대명사

647 〈Whoever disowns me before men〉, I will disown him before my Father in heaven.

〈누가 사람들 앞에서 나를 모른다고 하든지〉, 나는 하늘에 계신 나의 아버지 앞에서 그를 모른다고 할 것이다. 마 10:33

> whoever[후~**에붜**ㄹ] ~ ; 누가 ~하든
> disown[디**쏘**운] ~ ; ~와 관계가 없다고 말하다, 모른다고 하다

648 〈Whoever believes in me, 〈as the Scripture has said〉〉,
streams of living water will flow from within him.

〈누가 나를 믿든지, 〈성경이 말한 바와 같이〉〉, 생수의 강이 그의 안에서 흘러나올 것이다. 요 7;38

> the Scripture[스크**륖**춰ㄹ] ; 성경, 성서   stream[스트**뤼**~임] ; 시내, 강
> flow[흘**로**우] ; 흐르다

649 〈Whatever you ask for in prayer〉,
believe [that you have received it], and it will be yours.

〈너희가 기도로 무엇을 요구하든지〉, [너희가 그것을 받았다고] 믿어라. 그러면 그것이 너희 것이 될 것이다. 막 11:24

> whatever ~ ; 무엇을 ~하든   ask for ~ ; ~을 요구하다
> in prayer[프**뤠**어ㄹ] ; 기도할 때

650 〈Whatever town or village you enter〉,
search for some worthy person there and stay at his house 〈until you leave〉.

〈너희가 어느 도시나 마을에 들어가든지〉, 거기서 가치 있는 사람을 찾고 〈너희가 떠날 때까지〉 그의 집에 머물러라. 마 10:11

> whatever ~ ; 무슨 -에 ~하든   town[**타**운] ; 읍, 도시
> village[**빌**리쥐] ; 마을   worthy[**워**~ㄹ디] ; 가치 있는
> leave[(을)**리**~브] ; 떠나다

3. 복합관계부사

651 〈Whenever you eat this bread and drink this cup〉,

you proclaim the Lord's death 〈until he comes〉.

〈너희가 이 빵을 먹고 이 잔을 마실 **때마다**〉, 〈그가 오실 **때까지**〉 너희는 주의 죽으심을 선포하라. 고전 11:26

> proclaim[프로우클**레**임, 프러클**레**임] ~ ; ~을 선언하다

652 **Pray** also for me, 〈that 〈**whenever** I **open** my mouth〉,

words **may be given** me 〈so that I **will** fearlessly **make** known the mystery of the gospel〉.

또한 나를 위해서 기도해라. 〈그래서 〈내가 나의 입을 열 **때 마다**〉,

〈두려움 없이 복음의 비밀을 말할 **수 있게**〉 내가 말씀을 받도록(=말씀이 내게 주어지도록)〉. 엡 6:19

> fearlessly[**휘**어ㄹ리슬리] ; 겁 없이, 대담하게   make known ~ ; ~을 알리다
>
> mystery[**미**스터뤼] ; 신비, 비밀

653 The wind **blows** 〈**wherever** it **pleases**〉. But you cannot **tell** [where it **comes** from].

바람은 〈그것이 원하는 곳은 **어디든지**〉 분다. 그러나 너희는 [그것 어디서 오는지] 알 수 없다. 요 3:8

> blow[블**로**우] ; 불다   please[플**리**~즈] ; 좋아하다, 바라다
>
> wherever ~ ; ~하는 곳은 어디든지

654 〈**Wherever** there is a carcass〉, there the vultures **will gather**.

〈시체가 있는 곳은 **어디든지**〉, 독수리들이 모여들 것이다. 마 24:28

> carcass[**카**~ㄹ커스] ; 시체   vulture[**뷜**춰ㄹ] ; 독수리
>
> gather[**개**더ㄹ] ; 모이다

655 <u>He</u> **will** not **accept** any compensation; <u>he</u> **will refuse** the bribe, 〈however great <u>it</u> is〉.

그는 어떤 보상도 받으려고 하지 않을 것이며, 〈그것이 아무리 크다고 하더라도〉, 그는 위자료를 거절할 것이다. 잠 6:35

compensation[캄펀쎄이션] ; 보상, 보답	refuse[뤼휴~즈] ~ ; ~을 거절하다
bribe[브롸이브] ; 뇌물	

656 〈However many years a <u>man</u> **may live**〉, **let** him enjoy them all.

〈어떤 사람이 아무리 오래 살더라도〉, 그가 그 모든 날을 즐겁게 살 수 있도록 해라. 전 11:8

however[하우에붜ㄹ] ~ ; 아무리 ~ 할지라도

가롯 유다의 후회

6. 양태의 부사절을 이끄는 접속사

접속사	의미
as	~처럼, ~대로
(just) as	~꼭 ~인 것처럼
the way	~처럼

657 Sovereign Lord, ⟨as you have promised⟩, you now **dismiss** your servant in peace.

주권자 주님, ⟨당신이 약속하신 대로⟩, 당신은 이제 당신의 종을 평화롭게 떠나게 하여주십시오. 눅 2:29

> sovereign[**싸**붜뤈] ; 주권자, 통치자   in peace ; 평화롭게
>
> dismiss[디스**미**쓰] ~ ; ~을 떠나게 하다, 가게 하다

658 ⟨As lightning (that **comes** from the east) is visible even in the west⟩,

so **will be** the coming of the Son of Man.

⟨(동쪽에서 오는) 번개가 서쪽에서도 보이듯이⟩, 인자가 오는 것도 그러할 것이다. 마 24:27

> as A , so B ; A처럼 B하다   visible[**뷔**저블] ; 보이는
>
> lightning [(을)**라**이트닝] ; 번개

659 Shouldn't you **have had** mercy on your fellow servant ⟨just as I had on you⟩?

⟨내가 네게 자비를 베풀었던 것처럼⟩, 너는 네 동료 종에게 자비를 베풀었어야 하지 않았느냐? 마 18:33

> fellow[**휄**로우] ; 친구, 동료   have mercy [**머**~ㄹ씨] on ~ ; ~에게 자비를 베풀다

660 〈Just as Christ was raised from the dead through the glory of the Father〉, we too may live a new life.

〈그리스도가 아버지의 영광을 통해 죽음에서 부활하신 것처럼〉우리도 또한 새로운 삶을 살게 하신다. 롬 6:4

glory[글**로**~뤼] ; 영광

661 ["No one ever spoke 〈the way this man does〉,"] the guards declared.

성전 경비병들이 대답했다. ["〈이 사람이 말하는 것처럼〉 말한 사람은 이때까지 한 사람도 없었다."] 요 7:46

declare[디클**레**어ㄹ] ~ ; ~라 표명하다, 말하다

빌라도 총독 앞에 선 예수 그리스도

7. 기타 부사절을 이끄는 어구

기타 부사절을 인도하는 접속사로 where와 that이 있다.

1. 접속사 where

662 Father, I want those (you have given me) to be with me ⟨where I am⟩.

아버지, 나는 (당신이 나에게 주신) 사람들이 ⟨내가 있는 곳에⟩ 나와 함께 있기를 원합니다. 요 17:24

> be with ~ ; ~와 함께 있다

663 ⟨Where the Spirit of the Lord is⟩, there is freedom.

⟨주의 영이 있는 곳에⟩ 자유가 있다. 고후 3:17

> freedom[흐뤼~덤] ; 자유

664 It has always been my ambition to preach the gospel ⟨where Christ was not known⟩.

⟨그리스도가 알려지지 않은 곳에서⟩ 복음을 전하는 것이 항상 나의 야망이었다. 롬 15:20

> ambition[앰비션] ; 야망

2. 접속사 that (소망, 기도, 슬픔, 분노, 놀람 등을 나타내는 절)

665 So <u>they</u> **took away** the stone.

Then <u>Jesus</u> **looked up** and **said,** ["Father, <u>I</u> **thank** you ⟨that <u>you</u> **have heard** me⟩."]

그래서 사람들이 그 돌을 옮겨 놓았다.

그때 예수께서 하늘을 우러러 보시고 ["아버지, ⟨내 말을 들어주신 것⟩을 감사드립니다."]라고 말씀하셨다. 요 11;41

> take away ~ ; ~을 치우다, 제거하다

666 <u>Jesus</u> **answered**: [" **Watch out** ⟨that no <u>one</u> **deceives** you⟩".]

예수께서 그들에게 말씀하셨다. ["⟨누구에게도 속지 않도록⟩ 조심하여라."]. 마 24;4

> watch [**와취**] out ; 조심하다   deceive [디**씨**~브] ~ ; ~를 속이다

667 <u>You</u> **heard** me say, ['<u>I</u> **am going away** and <u>I</u> **am coming back** to you.']

⟨If <u>you</u> **loved** me⟩, <u>you</u> **would be glad** ⟨that <u>I</u> **am going** to the Father⟩,

for <u>the Father</u> **is** greater than I.

너희는 ['내가 갔다가 너희에게로 다시 온다']고 내가 말하는 것을 들었다.

⟨너희가 나를 사랑한다면⟩, ⟨내가 아버지께로 가는 것⟩을 기뻐할 것이다. 왜냐하면 아버지는 나보다 더 크기 때문이다. 요 14;28

> go away ; 떠나다   come back ; 돌아오다
>
> glad [**글래**드] ; 기쁜

8. 접속사와 전치사

1. 접속사 뒤엔 주어+동사가 온다.

2. 전치사 뒤엔 목적어(=명사상당어구)가 온다.

3. 다음과 같이 서로 의미가 같은 접속사와 전치사가 있다.

의미	접속사	전치사
~ 때문에	because, as, since	because of, due to owing to, on account of
~하는 동안에	while	during
비록 -일지라도 -에도 불구하고	although, even though, though, even if	despite, in spite of
~까지	until	until
~이후	since	since
~ 후에	after	after
~ 전에	before	before

668 A woman giving birth to a child **has** pain ⟨because her time **has come**⟩; but ⟨when her baby **is born**⟩ she **forgets** the anguish because of her joy.

아이를 낳는 여자가 ⟨그녀의 해산할 때가 왔으므로⟩ 고통을 갖는다.

그러나 ⟨그녀의 아기가 태어날 때⟩ 그녀는 그녀의 기쁨 때문에 그 고통을 잊는다. 요 16:21

give birth to ~ ; ~을 낳다, 출산하다	anguish [앵귀쉬] ; 고통
joy [조이] ; 기쁨, 즐거움	

669 Once <u>you</u> **were alienated** from God

and **were** enemies in <u>your minds</u> because of your evil behavior.

전에 너희는 너희의 악한 행실로(= 때문에) 하나님으로부터 소외되어 마음으로 원수이었다. 골 1:21

> be alienated [에일려네이티드] from ~ ; ~로부터 소외되다
>
> behavior [비**헤**이뷔어ㄹ] ; 행동, 행실

670 〈Ever since I went to Pharaoh to speak in <u>your name</u>〉,

<u>he</u> **has brought** trouble upon this people.

〈내가 바로에게 가서 당신의 이름으로 말한 이후〉, 그는 이 백성을 괴롭혔다. 출 5:23

> Pharaoh [**훼**어로우] ; 바로, 파라오   bring trouble [트**러**블] upon ~ ; ~을 괴롭히다

671 Since then, no <u>prophet</u> **has risen** in Israel like Moses.

그 이후에, 이스라엘에는 모세와 같은 예언자가 나지 않았다. 신 34:10

> prophet [프**롸**휕] ; 예언자   Moses [**모우지즈**] ; 모세
>
> Israel [**이**즈뤼얼, **이**즈뤠이얼] ; 이스라엘

672 Do not **muzzle** an ox 〈while <u>it</u> is treading out the grain〉.

〈곡식을 밟아 떠는 동안에〉 소에게 재갈을 물리지 말라. 고전 9:9

> muzzle [**머**즐] ~ ; ~에 재갈을 물리다   grain [그**뤠**인] ; 곡물
>
> tread [트**뤠**드] out ~ ; ~을 밟아서 알맹이를 내다

673 〈After Jesus **was born** in Bethlehem in Judea, during the time of King Herod〉,

<u>Magi</u> from the east **came** to Jerusalem.

〈예수께서 헤롯이 왕으로 있던 시대에(= 동안에) 유대의 베들레헴에서 태어나신 후〉, 동쪽 나라에서 박사들이 예루살렘으로 왔다. 마 2:1

> Judea [쥬~**디**~어] ; 유대   Herod [**헤**뤄드] ; 헤롯
>
> Bethlehem [**베**쓸리헴, **베**쓸리엄] ; 베들레헴   Jerusalem [줘**루**~설럼] ; 예루살렘
>
> Magi [**메**이좌이] ; 동방의 박사들(Magus [**메**이거스 [의 복수])

674 ⟨Though the doors were locked⟩,

Jesus came and stood among his disciples and said, ["Peace be with you!"]

⟨비록 문은 잠겨 있었지만⟩, 예수께서는 와서 그의 제자들 가운데 서서 말씀하셨다. ["너희에게 평강이 있을 지어다!"] 요 20:26

lock [(을)락] ~ ; ~에 자물쇠를 채우다

675 ⟨Though we live in the world⟩, we do not wage war ⟨as the world does⟩.

⟨비록 우리가 세상에 살고 있지만⟩, 우리는 ⟨세상이 하는 것처럼⟩ 전쟁을 치르지 않는다. 고후 10:3

wage [웨이쥐] ~ ; ~을 하다, 수행하다   wage war ; 전쟁을 하다

676 ⟨Even if we or an angel from heaven should preach a gospel other than the one (we

preached to you)⟩, let him be eternally condemned!

⟨우리나 혹은 하늘로부터 온 천사가 (우리가 너희에게 전한) 것 외에 어떤 다른 복음을 전할 지라도⟩ 그가 영원히 저주를 받게 하라. 갈 1:8

eternally [이터~ㄹ널리] ; 영원히

be condemned [컨뎀드] ; 유죄 선고를 받다, 비난을 받다

677 ⟨Even if I am being poured out like a drink offering on the sacrifice and service coming from

your faith⟩, I am glad and rejoice with all of you.

⟨비록 내가 너희 믿음의 제물과 섬김 위에 음료처럼 부어질 지라도⟩, 나는 기쁘고 너희 모두와 함께 기뻐한다. 빌 2:17

pour [포~ㄹ] out ~ ; ~을 쏟아내다   offering [오~훠링, 아훠링] ; 제물

sacrifice [쌔크뤄화이스] ; 산 제물   service [써~ㄹ뷔스] ; 봉사, 예배

rejoice [뤼죠이스] ; 기뻐하다

678 ⟨Even though my illness was a trial to you⟩, you did not treat me with contempt or scorn.

⟨비록 나의 질병이 너희에게 시험이었을 지라도⟩, 너희가 나를 경멸하지 않았다. 갈 4:14

contempt [컨템(프)트] ; 경멸, 멸시	scorn [스코~ㄹ온] ; 경멸, 모욕
trial [트롸이얼] ; 시험	treat [트뤼~트] ~ ; ~를 대하다

679 ⟨Even though you have ten thousand guardians in Christ⟩,

you do not have many fathers, for in Christ Jesus I became your father through the gospel.

⟨비록 너희는 그리스도 안에서 일만 수호자가 있지만⟩, 너희는 아버지는 많지 않다,

왜냐하면 그리스도 예수 안에서 내가 복음을 통해서 너희의 아버지가 되었다. 고전 4:15

guardian [가~ㄹ디언] ; 보호자, 수호자	gospel [가스펄] ; 복음

680 But man, despite his riches, does not endure; he is like the beasts (that perish).

사람이, 비록 그의 부에도 불구하고, 영원할 수 없다. 그는 (멸망하는) 짐승들과 같다. 시 49:12

riches [뤼취즈] ; 부, 재물	endure [인듀어ㄹ] ; 지속하다
beast [비~스트] ; 동물, 짐승	perish [페뤼쉬] ; 죽다, 사라지다

681 You became imitators of us and of the Lord;

in spite of severe suffering, you welcomed the message with the joy given by the Holy Spirit.

너희는 우리와 주를 본받은 자가 되었다; 심한 환난에도 불구하고, 너희는 성령이 주신 기쁨으로 말씀을 받았다. 살전 1:6

imitator [이머테이터ㄹ] ; 모방자	severe [써뷔어ㄹ] ; 가혹한
suffering [써훠링] ; 고통	message [메씨쥐] ; 메시지, 말씀

682 Stay with him for a while ⟨until your brother's fury subsides⟩.

⟨네 형의 분노가 가라앉을 때까지⟩ 한동안 그와 함께 머물러라. 창 27:44

for a while [와일] ; 한동안	fury [휴어뤼] ; 분노, 격노
subside [써브싸이드] ; 가라앉다	

683 A <u>child</u> **is** subject to guardians and trustees until the time set by his father.

어린아이는 그의 아버지가 정한 때까지 보호자들과 관리인들 아래에 있다. 갈 4:2

> be subject[**써**브쥑트] to ~ ; ~에 속하다   guardian[**가**~ㄹ디언] ; 보호자
> trustee[트뤼스**티**~] ; 수탁자, 관리인

684 ⟨After <u>he</u> **had said** this⟩, <u>he</u> **went on** to tell them,

[“Our friend Lazarus **has fallen** asleep; but <u>I</u> **am going** there to wake him up.”]

⟨그가 이것을 말씀하신 후⟩, 그는 그들에게

[“우리 친구 나사로가 잠들어 있다; 그러나 내가 그를 깨우러 거기에 갈 것이다.”] 라고 계속 말씀하셨다. 요 11:11

> Lazarus[(을)**래**저뤄스] ; 나사로   fall asleep[어슬**리**~잎] ; 잠이 들다

685 **Would** <u>he</u> not rather **say**, [‘**Prepare** <u>my</u> supper, **get** yourself ready and **wait** on me

⟨while <u>I</u> eat and **drink**⟩; after that <u>you</u> **may eat and drink**’]?

오히려 그가 [‘너는 나의 저녁을 준비하여라,

⟨내가 먹고 마시는 동안에⟩, 너는 대기하고 나에게 시중을 들어라; 그런 다음에 먹고 마셔라’]라고 말하지 않겠느냐? 눅 17:8

> supper[**써**퍼ㄹ] ; 저녁 식사   wait[웨**잍**] on ~ ; ~에게 시중들다
> get oneself ready[**뢰**디] ; 준비하다

686 <u>This</u> **was** ⟨before the <u>LORD</u> **destroyed** Sodom and Gomorrah⟩.

이것은 ⟨주께서 소돔과 고모라를 파괴하기 전⟩이었다. 창 13:10

> Sodom[**싸**덤] ; 소돔   Gomorrah[거**모**~뤄, 거**마**뤄] ; 고모라

687 Early the next morning

<u>Abraham</u> **got up** and **returned** to the place (where <u>he</u> **had stood** before the LORD).

다음 날 아침 일찍 아브라함은 일어나 (그가 주님 앞에 섰던) 곳으로 돌아왔다. 창 19:27

> return[뤼**터**~ㄹ언] to ~ ; ~로 돌아가다

9. 다양한 역할과 의미의 as

1. 접속사 as는 '시간, 이유, 양보, 짐작이나 추측, 모양이나 상태' 등을 나타낸다.

2. 전치사 as(=~로서, ~처럼, ~때)는 서로 비슷하거나 형태나, 지위나 자격을 나타낸다.

3. 부사 as는 서로 비슷하거나 같음을 나타낸다. as A as B(B와 같을 정도로 A)

4. 시간의 as는 'while 동안에 / when 특정한 때 / whenever 언제나'로

   이유의 as는 ' ~때문에'로,

   양보의 as는 '비록~일지라도'로,

   양태(=모양이나 상태)가 같은 것을 나타내는 as는 '~대로, 그대로'라고,

   짐작이나 추측을 나타내는 as는 '~듯이, ~하다시피'라고 해석한다.

1. 접속사 as

688 Be perfect, therefore, ⟨as your heavenly Father is perfect⟩.

그러므로 ⟨하늘에 계신 너희 아버지가 완전하신 것처럼⟩ 완전하라. 마 5:48

perfect[퍼~ㄹ휙트] ; 완전한	therefore[데어ㄹ훠~ㄹ] ; 따라서

689 ⟨As you enter the home⟩, give it your greeting.

⟨너희는 그 집에 들어갈 때⟩, 그 집에 평안을 빌라. 마 10:12

greeting[그뤼~팅] ; 인사

690 Jesus asked them, [“What are you discussing together ⟨as you walk along⟩?”]

예수께서 그들에게 물으셨다. [“⟨너희는 걸어 **가면서**⟩ 서로 무엇을 이야기하고 있었느냐?”] 눅 24:17

> discuss[디스**커**쓰] ~ ; ~에 관하여 토의하다

691 A Samaritan, ⟨as he traveled⟩, came ⟨where the man was⟩;

and ⟨when he saw him⟩, he took pity on him.

어떤 사마리아 사람이 ⟨길을 **가다가**⟩, ⟨그 사람이 있는 곳에⟩ 이르렀다. 그리고 ⟨그를 보고⟩ 그는 불쌍히 여겼다. 눅 10:33

> Samaritan[써**매뤄**튼] ; 사마리아인   travel[트**뢔**뷜] ; 여행하다
>
> take pity[**피**티] on ~ ; ~에게 연민을 품다, 불쌍히 여기다

692 The disciples went and did ⟨as Jesus had instructed them⟩.

제자들이 가서, ⟨예수께서 그들에게 지시하신 **대로**⟩ 했다. 마 21:6

> instruct[인스트**럭**트] ~ ; ~에게 지시하다

2. 전치사 as

① as + 명사

693 As God’s fellow workers we urge you not to receive God’s grace in vain.

하나님과 함께 일하는 사람들**로서** 우리는, 동료인 너희가 하나님의 은혜를 헛되이 받지 않기를 촉구한다. 고후 6:1

> fellow[**휄**로우] ; 동행하는, 동료인   fellow worker ; 동료
>
> receive[뤼**씨**~브] ~ ; ~을 받다   grace[그**뤠**이스] ; 은혜, 자비
>
> in vain[**붸**인] ; 헛되이
>
> urge[**어**~ㄹ쥐] A to 부정사 ; A에게 ~을 재촉하다, 권유하다

694 〈While <u>people</u> **are saying,** "Peace and safety," 〉

<u>destruction</u> **will come** on them suddenly, **as** labor pains on a pregnant woman.

〈사람들이 "평화와 안전"을 말하고 있는 반면에〉,

멸망이 임신한 여자에게 진통처럼 갑자기 그들에게 올 것이다. 살전 5:3

safety [**쎄**이프티] ; 안전	destruction [디스트**뤽**션] ; 파멸, 멸망
suddenly [**써**든리] ; 갑자기	labor [(을)**레**이버ㄹ] pain ; 진통, 분만통
pregnant [**프뤠**그넌트] ; 임신한	

695 On my account <u>you</u> **will be brought** before governors and kings **as** witnesses to them.

나 때문에 너희는 그들에게 증인으로 총독들과 왕들 앞에 끌려갈 것이다. 마 10:18

on one's account [어**카**운트] ; ~ 때문에, 책임으로	governor [**거**붜ㄹ너ㄹ] ; 총독

② as + 대명사

696 **Love** your neighbor **as** yourself.

네 이웃을 너 자신과 같이 사랑하라. 롬 13:9

neighbor [**네**이버ㄹ] ; 이웃 사람

③ as + 과거분사

697 Before your very eyes <u>Jesus Christ</u> **was** clearly **portrayed as** crucified.

너희 바로 눈앞에 예수 그리스도께서 십자가에 못 박히신 것으로 분명하게 묘사되었다. 갈 3:1

clearly [**클리**어ㄹ얼리] ; 분명하게	be portrayed [포~ㄹ트**뤠**이드] ; 묘사되다
crucified [크**루**~써화이드] ; 십자가에 못 박힌	

3. 부사 as

698 You are as good as dead because of woman (you have taken);
she is a married woman.

너는 (네가 데려온) 이 여자 때문에 너는 죽은 거나 다름이 없다. 이 여자는 결혼한 여자다. 창 20:3

as good as dead ; 죽은 거나 다름없는　　　　　married [매뤼드] ; 결혼한, 배우자가 있는

십자가를 맨 예수 그리스도

열다섯

원급과 비교급, 최상급

열다섯. 원급과 비교급, 최상급

1. 형용사나 부사는 성질·정도의 차이를 나타내기 위한 어형 변화를 만들 수 있다.

2. '원급 / 비교급 / 최상급'으로 나눌 수 있다.

3. 원급은 형용사, 부사의 원형으로 나타낸다.

4. 비교급은 형용사나 부사의 원급에 –er 또는 more를 붙인다. (더 ~한, 더~하게).

5. 두 대상을 비교하였으나 정도가 같을 때, 동등비교 'as 원급 as'로 나타낸다.

6. 최상급은 형용사나 부사의 원급에 –est, 또는 the most를 붙여 나타낸다. (가장 ~한, 가장~하게)

   최상급 뒤에는 'of 복수명사(~ 중에서)'나 'in 단수명사(~에서)'가 올 수 있다.

7. 비교급에서 than 뒤에, 동등비교에서 두 번째 as 뒤에, 이미 언급했던 반복 어구는 생략할 수 있다.

8. 원급은 very로,

   비교급은 much, even, still, far, a great deal, a little, by far로 (m·e·s·f·a·b[메스파비])

   최상급은 by far, quite로 수식한다.

십자가에서 죽음을 맞이한 예수 그리스도

1. 비교급

1. 비교급은 '-er than ~또는 more 원급 + than'으로 나타낸다.

2. than 뒤에 이미 언급했던 반복 어구는 생략할 수 있다.

3. 라틴어의 어원을 두고 있는 형용사는 비교급 비교구문에서 than 대신 to를 사용한다.

   예) junior, senior, minor, major, inferior, superior, interior, exterior, anterior, posterior

4. than 뒤에는 비교대상이 주어이면 주격을,

   비교대상이 목적어이면 목적격을 쓰지만 to 뒤에는 목적격만을 쓴다.

5. 비교급을 이용한 비교 구문

비교 구문	의미
비교급 and 비교급	점점 더 ~한(=~하게)
the 비교급 -, the 비교급 ~	-하면 할수록 더 ~하다
No A 비교급 than B	어떤 A도 B보다 ~하지 않다
비교급 than any other 단수명사	다른 어떤 ~보다 더 ~하다
비교급 than all the other 복수명사	다른 모든 ~보다 더 ~하다
less ~ than A	A만큼 ~하지 않은

1. '원급 + er' than

699 I have testimony weightier than that of John.

나는 요한의 증언보다 더 큰 증언을 가지고 있다. 요 5:36

testimony [테스터모우니] ; 선서 증언	weightier [웨이티어ㄹ] ; 더 중요한, 더 영향력 있는

700 It is easier for a camel to go through the eye of a needle

than for a rich man to enter the kingdom of God.

부자가 하나님 나라에 들어가는 것보다 낙타가 바늘귀를 지나가는 것이 더 쉽다. 막 10:25

easier [이~지어ㄹ] ; 더 쉬운	camel [캐멀] ; 낙타
eye of a needle [니~들] ; 바늘귀	

701 The foolishness of God is wiser than man's wisdom,

and the weakness of God is stronger than man's strength.

하나님의 어리석음이 사람의 지혜보다 더 현명하고, 하나님의 약함이 사람의 힘보다 더 강하다. 고전 1:25

foolishness [후~울리쉬니스] ; 어리석음	wisdom [위즈덤] ; 지혜
weakness [위~크니스] ; 약함	strength [스트렝스] ; 힘

2. 'more 원급' than

702 To love your neighbor as yourself is more important than all burnt offerings and sacrifices.

이웃을 자기 자신처럼 사랑하는 것이 모든 번제물이나 희생 제물보다 더 중요하다. 막 12:33

neighbor [네이버ㄹ] ; 이웃 사람	sacrifice ; 산 제물
burnt [버~언트] offerings ; 번제, 제단 위에서 구워 신에게 바치는 제물	

703 Jabez was more honorable than his brothers.

야베스는 그의 형제들 보다 **더 훌륭했다**. 대상 4:9

Jabez[**줴**이비즈] ; 야베스	honorable[**아**너뤄블] ; 존경할 만한, 훌륭한

3. 불규칙 변화 비교급

① good-better-best

704 It is better for you to lose one part of your body than for your whole body to be thrown into hell.

네 온몸이 지옥에 던져지는 **것보다** 너는 네 신체의 한 부분을 잃는 것이 **더 낫다**. 마 5:30

better A than B ; B보다 A가 더 낫다	part[**파**~르트] ; 부분
whole[**호**울] ; 모든	be thrown[**스로**운] into hell[**헬**] ; 지옥에 빠지다

② little-less-least

705 〈Although I am less than the least of all God's people〉, this grace was given me.

〈비록 나는 모든 하나님의 백성들 중에서 가장 작은 사람**보다 더 작지만**〉 이 은혜를 나에게 주셨다. 엡 3:8

least[(을)**리**~스트] ; 가장 작은

③ much-more-most

706 〈If I love you more〉, will you love me less?

〈만일 내가 너희를 **더** 사랑하면〉 너희는 나를 **덜** 사랑하겠느냐? 고후 12:15

707 The law was added 〈so that the trespass might increase〉.

But 〈where sin increased〉, grace increased all the more.

율법은 〈죄를 증가시키려고〉 보태어졌다. 그러나 〈죄가 증가한 곳에〉 은혜가 **더욱** 증가했다. 롬 5:20

trespass[트뤠스퍼스] ; 죄	increase[인크**뤼**~스] ; 늘다

708 Avoid godless chatter,

⟨because <u>those</u> (who <u>indulge</u> in it) <u>will become</u> more and more ungodly⟩.

속된 잡담을 피하라, ⟨왜냐하면 (그것에 빠지는) 사람들은 점점 더 신앙이 없어지게 될 것이다⟩. 딤후 2:16

avoid[어**보**이드] ~ ; ~을 피하다	godless[**가**들리스] ; 신을 믿지 않는
chatter[**좨**터ㄹ] ; 잡담	indulge[인**덜**쥐] in ~ ; ~에 빠지다

709 <u>Jesus</u> **commanded** them not to tell anyone.

But the more <u>he</u> **did** so, the more <u>they</u> **kept** talking about it.

예수께서 그들에게 아무에게도 말하지 말라고 명하셨다.

그러나 예수님께서 그렇게 하면 할수록, 그들은 그것에 관하여 계속 말했다. 막 7:36

command[커**맨**드] ~ ; ~에게 명령하다	keep ~ing ; 계속 ~하다

④ bad-worse-worst

710 <u>She</u> **had suffered** a great deal under <u>the care</u> of many doctors and **had spent** all (<u>she</u> had),

yet instead of getting better <u>she</u> **grew** worse.

그녀는 많은 의사들의 치료 하에서 상당히 고통을 받았다. 그리고 (그녀가 가진) 모든 것을 썼다,

그러나 더 좋아지는 대신 그녀는 더 나빠졌다. 막 5:26

suffer[**써**훠ㄹ] ; 고통을 받다	a great deal ; 상당히
care[**케**어ㄹ] ; 돌봄	get better ; 좋아지다
grow worse ; 더 나빠지다	

⑤ 라틴계 비교급 '-or' to + 목적어

711 <u>I</u> **do** not **think** [<u>I</u> **am** in the least inferior to those "super-apostles."]

나는 [내가 저 "거물급 사도들"보다 조금이라도 더 열등하다]고 생각하지 않는다. 고후 11:5

in the least : 조금이라도	be inferior[인**휘**어뤼어ㄹ] to ~ : ~보다 열등하다

712 How **were** <u>you</u> inferior to the other churches, except [that <u>I</u> **was** never a <u>burden</u> to you]?

[내가 너희에게 결코 짐이 아니었다는 것]을 제외하고 어떻게 너희가 다른 교회들보다 더 열등하였냐? 고후 12:13

> burden[**버**~ㄹ든] ; 짐

713 So <u>he</u> **became** as much superior to the angels

⟨as the <u>name</u> (<u>he</u> **has inherited**) is superior to theirs⟩.

그는 ⟨(그가 물려받은) 그 이름이 그들의 것보다 더 뛰어난 만큼⟩ 천사들보다 훨씬 더 뛰어나게 되었다. 히 1;4

> superior[써**피**어뤼어ㄹ] ; 우수한, 뛰어난   angel[**에**인췰] ; 천사
>
> inherit[인**헤**륕] ~ ; ~을 상속하다, 물려받다

4. 비교급을 이용한 최상급 (=형태는 비교급을, 내용은 최상급을 나타낸다)

714 <u>He</u> was wiser than any other man,

including Ethan the Ezrahite — wiser than Heman, Calcol and Darda, the sons of Mahol.

그는 어느 누구보다 더 지혜로웠다.

예스라 사람 에단을 포함하여 마홀의 아들들, 헤만, 갈골 그리고 다르다보다 더 지혜로웠다. 왕상 4:31

> Ethan[**이**~썬] ; 에단   Ezrahite[**에**즈뤄하잍] ; 예스라 사람
>
> Heman[**히**~맨] ; 헤만   Calcol[**캘**콜] ; 갈골
>
> Darda[**다**~ㄹ다] ; 다르다   Mahol[**메**이홀] ; 마홀
>
> ※ 비교급 than any other + 단수

715 <u>King Solomon</u> was greater in riches and wisdom than all the other kings of the earth.

솔로몬 왕은 부와 지혜에 있어서 세상의 모든 다른 왕들보다 더 뛰어났다. 대하 9:22

> Solomon[**쌀**러먼, **쏠**러먼] ; 솔로몬   ※ 비교급 than all the other + 복수

2. 원급비교

두 대상의 비교하였으나, 그 정도가 동일함을 나타낸다.

원급비교	의미
as 원급 as A	= A만큼 –한(=하게)
not as(=so) 원급 as A	= A만큼 ~하지 않은(=않게)
as 원급 as possible	가능한 한 ~한(=~하게)
not so much A as B	A라기 보다는 B
No A is so 원급 as B	어떤 A도 B만큼 ~하지 않다

716 Therefore be **as shrewd as** snakes and **as innocent as** doves.

그러므로 뱀**처럼 지혜롭고** 비둘기**처럼 순결하여라**. 마 10:16

shrewd[쉬**루**~드] ; 빈틈없는, 약삭빠른	snake[스**네**익] ; 뱀
innocent[**이**너썬트] ; 순결한, 청순한	dove[**더브**] ; 비둘기

717 I die every day--I mean that, brothers--
just **as surely** 〈**as** I **glory** over you in Christ Jesus our Lord〉.

형제들아 〈내가 그리스도 예수 우리 주 안에서 너희를 자랑하는 **것만큼**〉 **확실히** 나는 날마다 죽는다. 고전 15:31

glory[글**로**~뤼]over~ ; ~을 자랑하다

718 As far as possible,

we have bought back our Jewish brothers (who were sold to the Gentiles).

가능한 한, 우리는 (이방인들에게 팔린) 우리의 유대인 형제들을 사 왔다. 느 5:8

Jewish [쥬~이쉬] ; 유대인의   Gentile [젠타일] ; 이방인

719 I testify [that they gave as much 〈as they were able〉, and even beyond their ability].

나는 [〈그들이 할 수 있는 만큼〉 많이 주었고, 심지어 그들의 능력 이상으로 주었다]고 증언한다. 고후 8:3

ability [어빌러티] ; 능력

720 〈Though I am free and belong to no man〉,

I make myself a slave to everyone, to win as many as possible.

〈비록 내가 자유롭고 아무에게도 속하지 않았지만〉, 나는 가능한 많은 사람을 얻기 위해 나 자신을 모든 사람에게 종으로 만든다. 고전 9:19

belong to ~ ; ~에 속하다   slave [슬레이브] ; 노예

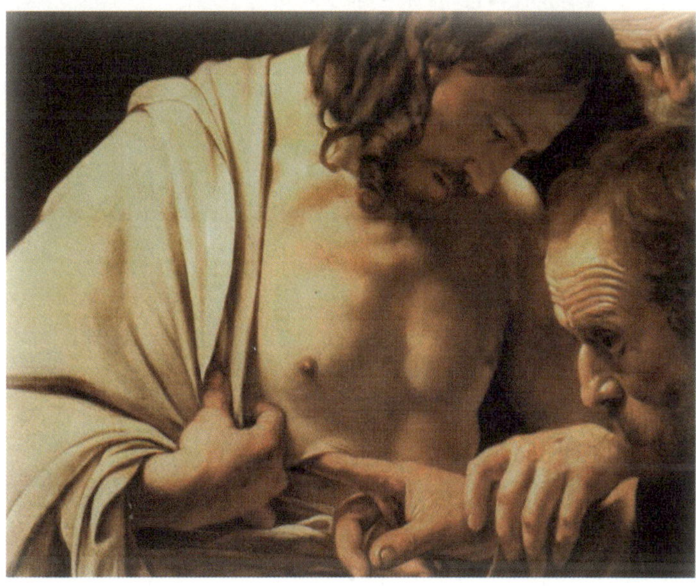

의심하는 도마

3. 원급과 비교급을 활용한 배수

721 It **came up**, **grew** and **produced** a crop, multiplying thirty, sixty, or even a hundred times.

그것은 싹이 나고, 자라서 열매를 맺어, 삼십 배, 육십 배나, 심지어 백배로 늘었다. 막 4:8

come up ; 올라오다	grow ; 성장하다, 자라다
produce[프뤄**듀**~스] ~ ; ~을 생산하다	multiply[**멀**터플라이] ; 배가하다, 늘다

722 No **one** (who **has left** home or brothers or sisters or mother or father or children or fields for me and the gospel) **will fail** to receive a hundred times as much in this present age and in the age to come, eternal life.

(나와 복음을 위해 자기 집이나 형제들이나 자매들이나 어머니나 아버지나 자식이나 밭을 버린) 사람은 아무도 이 세상에서 백배만큼 많이

받는 것을 그리고 오는 세대에서는 영원한 생명을 얻을 것을 실패하지 않을 것이다. 막 10:29-30

fail[**훼**일] to 부정사 ; ~하지 못하다	eternal life ; 영생
this present age ; 이 세상	the age to come ; 올 세상

723 **Woe** to you, teachers of the law and Pharisees, you hypocrites!

You **travel** over land and sea to win a single convert,

and 〈when **he** becomes one〉, **you** make him twice as much a son of hell (as **you** are).

율법학자들과 바리새 사람들아, 위선자들아, 너희에게 화가 있다!

너희는 개종자 한 사람을 만들려고 바다와 육지를 두루 다닌다.

그리고 〈그가 개종자가 되면〉, 너희는 그를 (너희보다) 두 배나 더 한 지옥의 자식으로 만든다. 마 23:15

hypocrite[**히**퍼크륏] ; 위선자	travel[트뢔**뷜**] over ~ ; ~를 다니다
convert[**칸**버~ㄹ트] ; 개종자	win[**윈**] ~ ; ~을 얻다

4. no와 not을 포함한 비교급의 관용적 표현

비교급의 관용적 표현	의미
no 비교급 than	as 반대의미의 원급 as
no less ~ than	~만큼 많은 = as many(much) as
no more ~ than	겨우, 단지 = only
not more than	기껏해야 = at most
not less than	적어도 = at least
A is no more B than C is D	A가 B 아닌 것은 C가 D아닌 것과 같다

724 ['Love your neighbor as yourself.'] There is no commandment greater than this.

['네 이웃을 너 자신같이 사랑하라.'] 이것보다 더 중요한 계명은 없다. 막 12:31

neighbor[네이버ㄹ] ; 이웃 사람   commandment[커맨드먼트] ; 명령, 계율, 율법

725 Food does not bring us near to God;

we are no worse ⟨if we do not eat⟩, and no better ⟨if we do⟩.

음식은 우리를 하나님에게 가까이 이르게 하지 못한다.

우리가 ⟨먹지 않는다고 해서⟩ 더 나빠지지 않고, ⟨먹는다고 해서⟩ 더 좋아지는 것도 아니다. 고전 8:8

bring A to B ; A를 B에 데려가다   near[니어ㄹ] ; 가까이
worse[워~ㄹ스] ; 더 나쁜   if ; ~라 할지라도
better[베터ㄹ] ; 더 나은

726 <u>No</u> one will think more of me (than is warranted by [what <u>I</u> do or say]).

아무도 ([내가 행하는 것이나 말하는 것]으로 보증**되는 것**) **이상으로** 나를 생각하지 **않을 것이다**. 고후 12:6

> warrant[**워**~뤈트] ~ ; ~을 보증하다

727 But ⟨If the <u>priest</u> examines it and there is <u>no white hair</u> in the spot⟩

and ⟨if <u>it</u> is not more than skin deep and faded⟩,

then the <u>priest</u> is to put him in isolation for <u>seven</u> days.

그러나 ⟨만약 제사장이 그것을 살펴보고 그 부분에 흰 털이 없고⟩

⟨만약 그것이 **기껏해야** 가죽 한 꺼풀 깊이이고 색이 바랬으면⟩, 제사장은 그를 7일 동안 격리시켜야 한다. 레 13:26

> examine[이그**재**민] ~ ; ~을 조사하다   spot[스**팥**] ; 부분, 지점
>
> faded[**훼**이디드] ; 색이 바랜   isolation[아이설**레**이션] ; 격리

728 <u>You</u> can easily verify

[that no more than twelve days ago <u>I</u> went up to Jerusalem to worship].

당신은 [내가 **겨우** 열이틀 전에 예배하러 예루살렘으로 올라간 것]을 쉽게 확인할 수 있다. 행 24:11

> easily[**이**~질리] ; 용이하게   verify[**붸**뤄화이] ~ ; ~을 확인하다
>
> worship[**워**~ㄹ쉽] ; 예배하다

5. 비교 구문에서의 생략

as ~ as에서 두 번째 as 뒤에서	1) 앞에서 이미 언급된 반복 어구를 생략할 수 있다. 2) be 동사는 인칭이 달라도 생략이 가능하다.
than 뒤에서	1) 앞에서 이미 언급된 반복 어구를 생략할 수 있다. 2) be동사, 조동사, 대동사를 생략할 수 있다. 3) 때를(=시간을) 나타내는 어구가 있으면, 시제가 달라도 '주어+동사'를 생략할 수 있다.

729 Pharisees **loved** praise from men **more than** (pharisees loved 생략) praise from God.

바리새 사람들은 하나님으로부터 칭찬을 받는 **것보다** 사람들로부터 칭찬을 받는 것을 **더** 좋아했다. 요 12:43

> Pharisee[**홰뤄**씨~] ; 바리새인　　　　　　　　praise[프뤠이즈] ; 칭찬

730 Don't **collect** any **more** (**than** you are required to (collect 생략)).

(너희가 거두도록 요구받은 **것보다**) 더 **많이** 거두지 마라. 눅 3:13

> collect[컬**렉**트] ~ ; ~을 징수하다
> be required[뤼**콰**이~어르드] to 부정사 ; ~을 요구받다

6. 최상급

1. 세 개 이상의 비교대상 중에서 정도가 가장 뛰어난 상태를 나타낸다.

2. 하나의 대상 내에서 가장 특별한 경우를 나타내기도 한다.

최상급	의미
A is the + 최상급 + of + 복수명사	A는 ~중에서 에서 가장 ~하다
A is the + 최상급 + in + 단수명사	A는 ~에서 가장 ~하다
A is the + 최상급 + that 주어+have ever pp	A는 지금까지 ~한 것들 중 가장 ~하다

3. '가장 ~한' 으로 해석한다.

731 The greatest among you should be like the youngest, and the one (who rules) like the one (who serves).

너희 중에 가장 큰 사람은 가장 어린 사람처럼 되어야 하고, (다스리는) 사람은 (섬기는) 사람처럼 되어야 한다. 눅 22:26

rule[루~울] ; 통치하다　　　　　serve[써~ㄹ브] ; 봉사하다, 섬기다

732 Bring the best of the first fruits of your soil to the house of the Lord your God.

너희 땅의 첫 열매 중에서 가장 좋은 것을 주 너희 하나님의 집으로 가져와라. 출 23:19

bring A to B ; A를 B로 가져오다　　　　　soil[쏘일] ; 흙, 토양

733 My clan is the weakest in Manasseh, and I am the least in my family.

나의 가문은 므낫세 지파에서 가장 약하고, 나는 나의 집에서 가장 작다. 삿 6:15

clan[클랜] ; 씨족, 가문　　　　　weakest[위~키스트] ; 가장 약한

Manasseh[머내써] ; 마나세, 므낫세

7. 최상급의 특수한 비교 구문

최상급	의미
the last person to부정사	결코 ~할 사람이 아닌
the + 최상급 but one	두 번째로 ~한
at most	기껏해야, 고작
at least	적어도, 최소한

※ 최상급 주어가 양보(~라 할지라도)의 뜻으로 해석되기도 한다.

734 At least there is hope for a tree:
〈If it is cut down〉, it will sprout again, and its new shoots will not fail.
적어도 나무에는 희망이 있다.
〈만약 그것이 베어 쓰러지면〉, 그것은 다시 싹이 날 것이고, 그것의 새로운 줄기가 나올 것이다. 욥 14;7

hope[**호**웊] ; 희망   be cut down ; 잘려 넘어지다
sprout[스프**롸**웉] ; 자라기 시작하다   shoot[**슈**~웉] ; 햇가지, 새싹

735 He is the last person to do such a thing.
그는 그런 짓을 할 사람이 아니다.

last[(을)**래**스트, (을)**라**~스트] ; 가장 ~할 것 같지 않은

8. 원급, 비교급, 최상급의 강조 부사

원급 수식 부사	very, just, nearly, almost, quite	
비교급 강조 부사	much, even, still, far, a great deal, a lot, a little, by far	
	(m·e·s·f·a·b[메스파비) ※ 비교급의 강조부사로 very를 쓰지 않는다.	
최상급 강조 부사	앞에서 수식하는 경우	much, by far, quite
	중간에서 수식하는 경우	single, simply
	끝에서 수식하는 경우	ever, possible

1. 원급 수식 부사

736 A poor widow came and put in two very small copper coins into the temple treasury.

가난한 과부가 와서 아주 적은 동전을 헌금함에 넣었다. 막 12:42

widow [위도우] ; 과부, 미망인	put in ~ ; ~을 넣다
copper [카퍼ㄹ] ; 구리	coin [코인] ; 동전
temple treasury [트뤠줘뤼] ; 헌금함	

737 You are going to have the light just a little while longer.

빛이 잠시만 더 너희와 함께 있을 것이다. 요 12:35

a little while longer ; 조금 더

738 He was quite unwilling to go now, but he will go ⟨when he has the opportunity⟩.

그는 지금 갈 마음이 전혀 없었다. 그러나 ⟨기회를 가지면⟩ 그는 갈 것이다. 고전 16:12

unwilling [언윌링] ; 마음 내키지 않는	opportunity [아퍼ㄹ츄~너티] ; 기회

2. 비교급 강조 부사

739 I have worked much harder, been in prison more frequently, been flogged more severely, and been exposed to death again and again.

나는 훨씬 더 열심히 일하고, 더 자주 옥에 갇히고, 매질을 더 심하게 당하고, 거듭 죽음에 노출되었다. 고후 11:23

be in prison[프뤼즌] ; 감옥에 있다	frequently[흐뤼~퀀(틀)리] ; 종종, 자주
be flogged[흘락드] ; 채찍질당하다	severely[써뷔어ㄹ리] ; 심하게
be exposed[익스포우즈드] ; 노출되다	

740 My children, I will be with you only a little longer.

자녀들아, 내가 조금만 더 너희와 함께 있을 것이다. 요 13:33

be with ~; ~와 함께 있다	a little longer ; 조금 더

741 How much more valuable is a man than a sheep!

사람이 양보다 얼마나 훨씬 더 귀중하냐! 마 12:12

valuable[뷀류어블] ; 값비싼, 귀중한

742 For the Father loves the Son and shows him all (he does).

Yes, to your amazement he will show him even greater things than these.

아버지께서는 아들을 사랑하셔서 (그가 행하는) 모든 것을 그에게 보여 주신다.

너희에게 놀랍게도 그가 그에게 이것들보다 훨씬 더 큰 일들을 보여 주실 것이다. 요 5:20

to one's amazement[어메이즈먼트] ; ~가 놀랍게도

743 I am torn between the two: I desire to depart and be with Christ, (which is better by far).

나는 그 둘 사이에서 어느 것을 택할지 갈피를 못 잡고 있다. 나는 세상을 떠나서 그리스도와 함께 있기를 원한다. (그것이 훨씬 더 좋은 일이다). 빌 1:23

depart [디**파**~ㄹ트] ; 떠나다	desire [디**자**이어ㄹ] to 부정사 ; ~하기를 원하다
be torn [**토**~ㄹ온] between ~ ; ~사이에서 망설이다	

744 Saul became still more afraid of him, and he remained his enemy the rest of his days.

사울은 그를 더욱 더 두려워하게 되었다. 그리고 그는 평생 그의 적으로 남아 있었다. 삼상 18:29

still more ; 훨씬 더	afraid of ~ ; ~을 두려워하는
remain [뤼**메**인] ; 남다	enemy [**에**너미] ; 적, 원수
the rest [**뤠**스트] of ~ ; ~의 나머지	

745 A wife of noble character who can find? She is worth far more than rubies.

누가 고상한 아내를 찾을 수 있을까? 그녀는 루비보다 훨씬 더 가치가 있다. 잠 31:10

noble [**노**우블] ; 고상한, 품위 있는	character [**캐**뤽터ㄹ] ; 성격
ruby [**루**~비] ; 루비, 홍옥	

3. 최상급 강조 부사

746 He is by far the best student in the whole school.

그는 이 학교 전체에서 성적이 월등히 좋은 학생이다

whole school ; 전교

747 This visit was recorded as the single largest tourist visit by far.

이 방문은 단연코 단일 관광방문으로는 최대로 기록되었다.

visit[뷔짙] ; 방문   tourist[투어뤼스트] ; 관광객, 여행자

748 Did they actually spend the money in the most effective way possible?

그들은 실제로 가능한 가장 효과적인 방법으로 돈을 사용하였는가?

actually[액츄얼리] ; 실제로   effective[이풱티브] ; 효과적인

possible[파써블] ; 가능한 한　〈주의〉 possible이 최상급을 강조하는 형용사로 쓰일 수 있다.

예수 그리스도의 변용

열여섯

특수 구문

열여섯. 특수구문

도치	문장에서 정상적인 어순 따위를 뒤바꾸는 것을 말한다.
강조	문장에서 어느 한 부분을 두드러지게 하는 것을 말한다.
생략	문장에서 전후 관계를 미루어 의미를 파악할 수 있는 어구를 생략할 수 있다.
삽입	설명과 의미를 보충하기 위해 중간에 특정 어구나 절을 삽입할 수 있다.
동격	명사나 대명사 뒤에서 동일한 내용을 보충 설명하는 단어나 구, 절을 말한다.

비둘기 같은 성령

1. 도치

강조를 위한 도치

    1. 보어 [부정어 [장소, 방향을 나타내는 부사(구)를 강조하기 위해 문두로 보내는 경우

        ※ 그러나 'the 비교급 주어 be동사, the 비교급 주어 be동사'구문과

          'how 형용사 주어 be동사'구문에서는

          보어가 문두에 있어도 주어와 동사의 도치는 일어나지 않는다.

문법적 도치

    1. here, there가 문두에 오는 경우

    2. so, nor, neither 등이 앞 문장의 내용을 받아 문두에 오는 경우

    3. if가 생략된 조건절의 경우

1. 강조를 위한 도치

- 장소와 방향의 부사(구) 및 보어를 강조하기 위해 문두에 두면 주어와 동사가 도치된다.

① 장소 부사구 강조

749 Under his feet was something like a pavement made of sapphire, clear as the sky itself.

그의 발아래에는 사파이어로 만들어진 포장된 것 같은 것이 있었고, 하늘처럼 맑았다. 출 24:10

pavement[페이브먼트] ; 포장 도로	made of ~ ; ~로 만들어진
sapphire[쌔화이어ㄹ] ; 사파이어	clear[클리어ㄹ] ; 맑은

② 보어 강조

750 Blessed are the poor in spirit, for theirs is the kingdom of heaven.

마음이 가난한 사람들은 **복이** 있다. 왜냐하면 하늘나라가 그들의 것이기 때문이다. 마 5:3

spirit[스**피**륃] ; 정신, 마음, 영혼　　　　　theirs[**데**어ㄹ즈] ; 그들의 **것**

751 Cursed is everyone (who is hung on a tree).

(나무에 달린) 모든 사람이 **저주를** 받았다. 갈 3:13

cursed[**커**~ㄹ시드, **커**~ㄹ스트] ; 저주받은　　　be hung[**형**] on ~ ; ~에 달리다

752 Narrow is the road (that leads to life), and only a few find it.

(생명으로 인도하는) 길은 **좁다**. 그래서 그것을 찾는 사람이 적다. 마 7:14

narrow[**내**로우] ; 좁은　　　　　only a few ; 소수의 사람들만

lead[(을)**리**~드] to ~ ; ~에 이르다

※ 'how 형용사 주어 + be 동사'구문에서는

보어가 문두에 있어도 주어와 동사의 **도치는 일어나지 않는다.**

753 〈If the light in you is darkness〉, how terribly dark it will be!

〈네 안에 있는 빛이 흑암이면〉, 그것이 얼마나 심하게 어둡게 될까! 마 6:23

darkness[**다**~ㄹ크니스] ; 어둠, 흑암　　　dark[**다**~ㄹ크] ; 어두운

terribly[**테**뤄블리] ; 몹시

2. 문두 부정어구 도치

동사를 수식하는 부정어구가 문두에 오면 주어와 동사가 도치된다.
- 부정 부사어(구)나 only가 붙은 부사구가 문장 맨 앞에서 동사를 수식할 때 주어와 동사가 도치된다.

부정어구	hardly, neither, never, not, not only, rarely, scarcely, seldom … 등

- 등위접속사 nor 뒤에도 주어와 동사가 도치된다.
- 부정어구가 문장 맨 앞에서 명사를 수식할 때 도치가 발생하지 않는다.
  ex) Not many hours earlier she **had spoken** with me.
      몇 시간 전에 그녀는 나와 얘기했었다.
- not a few(많은), not a little(많은)은 부정어구가 아니다.

① 부정 부사어구

754 Not only was Jesus breaking the Sabbath, but he was even calling God his own Father,

making himself equal with God.

예수께서는 안식일을 범하고 있을 **뿐만 아니라**, 그는 심지어 하나님을 자기의 아버지라고 부르고 있었다. 그래서 자신을 하나님과 동등하게 만들었다. 요 5:18

> break the Sabbath ; 안식일을 범하다
> make oneself equal [**이**~퀄] with ~ ; 자신을 ~와 대등하게 만들다

755 Not only do they become idlers, but also gossips and busybodies, saying things (they ought not to).

그들은 게으름뱅이들이 되었을 **뿐만 아니라**, 또한 수다쟁이들과 참견하기를 좋아하는 사람들이 되었다, 그래서 (그들은 해서는 안되는) 것들을 말한다. 딤전 5:13

> idler [**아**이들러ㄹ] ; 게으름뱅이   gossip [**가**섶] ; 수다쟁이
> busybody [**비**지바디] ; 참견하기 좋아하는 사람

756 Very rarely will anyone die for a righteous man,

⟨though for a good man someone might possibly dare to die⟩.

의인을 위하여 죽는 자가 **쉽지 않을** 것이다. <비록 선한 사람을 위하여 누군가가 혹 감히 죽을 지라도>. 롬 5:7

> rarely [**뤠**어ㄹ리] ; 드물게   righteous [**롸**이쳐스] ; 옳은, 정직한
> possibly [**파**써블리] ; 혹시, 아마   dare [**데**어ㄹ] to 부정사 ; 감히 ~하다

② 부사구나 부사절에 부정어나 only가 붙은 경우

757 The veil has not been removed, ⟨because only in Christ is it taken away⟩.

그 덮개는 제거되지 않았다. <왜냐하면 그리스도 안에서만 그것이 제거된다>. 고후 3:14

veil [**붸**일] ; 덮개, 덮어 가리는 것	remove [류**무**~브] ~ ; ~을 제거하다
take away ~ ; ~을 치우다, 제거하다	

758 Only in his hometown, among his relatives and in his own house is a prophet without honor.

예언자는 그의 고향과, 그의 친척들과 그의 집에서만 명예가 없다. 막 6:4

hometown [호움**타**운] ; 고향	relative [**뤨**러티브] ; 친척, 인척
prophet [프**롸**휕] ; 예언자	honor [**아**너ㄹ] ; 명예, 존경

759 ⟨Only if our youngest brother is with us⟩ will we go.

We cannot see the man's face ⟨unless our youngest brother is with us⟩.

⟨오직 우리 막내 동생이 우리와 함께 있는 경우에만⟩ 우리는 갈 것이다. <우리 막내 동생이 우리와 함께 있지 않으면> 우리는 그분의 얼굴을 볼 수 없다. 창 44:26

youngest [**영**기스트] ; 최연소의, 막내의

760 At first his disciples did not understand all this.

⟨Only after Jesus was glorified⟩ did they realize [that these things had been written about him] and [that they had done these things to him].

처음에 그의 제자들도 이 모든 것을 이해하지 못하였다.

⟨예수께서 영광을 받으신 후에야 비로소⟩ 그들은 [이것들이 예수에 대하여 기록된 것]이고 [그들이 이런 일들을 그에게 했다는 것]을 깨달았다. 요 12:16

be glorified ; 영광을 받다	realize [류~**얼**라이즈] ~ ; ~을 깨닫다

761 Not until halfway through the Feast did Jesus go up to the temple courts and begin to teach.

명절의 중간이 되어서야 비로소 예수께서 성전에 올라가서 가르치시기 시작했다. 요 7:14

go up to ~ ; ~에 가다
halfway [**해**~흐웨이] through the Feast ; 축제 중간쯤에

③ neither

762 No <u>branch</u> **can bear** fruit by itself; <u>it</u> **must remain** in <u>the</u> vine.

==Neither== **can** <u>you</u> **bear** fruit ⟨unless <u>you</u> **remain** in me⟩.

어느 가지도 스스로 열매를 맺을 수 없다. 그것은 덩굴에 남아 있어야 한다. <너희==도== 내 안에 있지 않으면> 열매를 맺을 ==수 없다==. 요 15:4

branch[브뢘취] ; 가지	vine[**봐**인] ; 포도나무, 덩굴
neither[**니**~더ㄹ, **나**이더ㄹ] ; ~도 아니다	

763 So <u>they</u> **answered** Jesus, ["We **don't** know."]

<u>Jesus</u> **said**, ["==Neither== **will** <u>I</u> **tell** you [by what authority <u>I</u> **am doing** these things]."]

그래서 그들은 예수께 ["우리는 모른다."] 하고 대답했다.

예수께서 ["[나==도== 무슨 권한으로 이런 일을 하는지] 말==하지 않겠다==."] 하고 말했다. 막 11:33

answer[**앤**써ㄹ] ; ~라고 대답하다

764 ["No one, sir,"] <u>she</u> **said**.

["Then ==neither== **do** <u>I</u> **condemn** you,"] <u>Jesus</u> declared. "Go now and **leave** your life of sin."

["아무도 없습니다, 선생님."] 그 여자가 대답했다.

예수께서 ["나==도== 너를 비난==하지 않는==다."]라고 선언하셨다. "어서 가라 그리고 너의 죄에서 떠나라." 요 8:11

condemn[컨**뎀**] ~; ~를 비난하다	declare[디클**레**어ㄹ] ~; ~라고 선언하다

3. 강조를 위한 도치

- 강조하려는 내용을 문장 앞으로 보내기도 한다.

① 부사(구, 절) 강조 (= 부사(구, 절) + 주어 + 동사)

765 How intensely I persecuted the church of God and tried to destroy it.

내가 하나님의 교회를 얼마나 심하게 박해하였고, 그것을 없애버리려고 했는지. 갈 1:13

intensely [인**텐**슬리] ; 격하게	persecute [**퍼**~ㄹ씨큐~트] ~ ; ~을 박해하다
destroy [디스트**로**이] ~ ; ~을 파괴하다	

766 Now about spiritual gifts, brothers, I do not want you to be ignorant.

형제들아 신령한 선물에 대하여 나는 너희가 알지 못하기를 원하지 않는다. 고전 12:1

spiritual [스**피**뤼츄얼] ; 신성한, 영적인	gift [**기**흐트] ; 선물
ignorant [**이**그너뤈트] ; 무지한, 잘 모르는	

767 Night and day among the tombs and in the hills he would cry out.

밤낮 무덤 사이에서 그리고 산에서 그는 소리를 지르곤 했다. 막 5:5

night and day ; 밤낮으로	cry out ; 외치다

768 Up to this moment we have become the scum of the earth, the refuse of the world.

지금까지 우리는 세상의 더러운 것과 만물의 찌꺼기같이 되었다. 고전 4:13

scum [스**컴**] ; 찌꺼기	refuse [**뤠**휴~즈] ; 쓰레기
up to this moment [**모**우먼트] ; 지금 이 순간까지	

② 목적어 강조 (= 목적어 + 주어 + 동사)

769 A bruised reed he will not break, and a smoldering wick he will not snuff out.

그는 상한 갈대를 꺾지 않을 것이고, 꺼져가는 심지를 끄지 않을 것이다. 마 12:20

bruised[브루~즈드] ; 상한	reed[뤼~드] ; 갈대
smoldering[스모울더링] ; 연기가 나는	wick[윅] ; 심지
snuff[스너흐] out ~ ; ~을 끄다	

770 A new command I give you: Love one another.

〈As I have loved you〉, so you must love one another.

새 계명을 내가 너희에게 준다. 서로 사랑하라. <내가 너희를 사랑한 것 같이> 너희도 서로 사랑해야 한다. 요 13;34

command[커맨드] ; 명령	one another[어너더ㄹ] ; 서로
as ~ ; ~처럼	

771 Therefore I am sending you prophets and wise men and teachers.

Some of them you will kill and crucify;

others you will flog in your synagogues and pursue from town to town.

그러므로 내가 너희에게 선지자들과 지혜 있는 자들과 서기관들을 보낸다.

그중에서 몇몇을 너희가 죽이고 십자가에 못 박고;

다른 사람들을 너희가 너희 회당에서 채찍질하고 이 동네에서 저 동네로 추적할 것이다. 마 23;34

pursue[퍼르수~] ~ ; ~을 추적하다	flog[훌라그] ~ ; ~를 채찍질하다
crucify[크루~써화이] ~ ; ~를 십자가에 못 박다	

772 ["Nazareth! Can anything good come from there?"] Nathanael asked.

["나사렛! 거기에서 어떤 좋은 것이 나오겠는가?"]라고 나다나엘이 말했다. 요 1:46

Nazareth[내저뤄스] ; 나사렛	Nathanael[너쌔니얼] ; 나다나엘

773 Peace I leave with you; my peace I give you. I do not give to you 〈as the world gives〉.
Do not let your hearts be troubled and do not be afraid.

평화를 내가 너희에게 남긴다; 나의 평화를 내가 너희에게 준다.

나는 너희에게 〈세상이 주는 것처럼〉 주지 않는다. 너희 마음에 근심하지도 말고 두려워하지 말라. 요 14:27

peace[**피**~스] ; 평화	troubled[**트뤄**블드] ; 불안해하는
leave [(을)**리**~브] B with A ; B를 A에게 남기다	

774 I will destroy the wisdom of the wise; the intelligence of the intelligent I will frustrate.

내가 지혜 있는 자들의 지혜를 멸하고; 내가 총명한 자들의 총명을 좌절시킬 것이다. 고전 1:19

destroy[디스트**로**이] ~ ; ~을 쓸모없게 하다	intelligence[인**텔**러줜스] ; 지혜, 총명
intelligent[인**텔**러줜트] ; 총명한	
frustrate[흐**뤄**스트뤠잍] ; ~을 좌절시키다, 헛수고가 되게 하다	

775 [Whatever you ask] I will give you, up to half my kingdom.

[네가 요구하는 것은 무엇이든지] 나는 너에게 줄 것이다, 내 나라의 절반까지. 막 6:23

up to ~ ; ~까지	half[**해**~흐] ; 절반

4. 균형을 위한 도치

- 문장의 균형을 위해 서술어보다 긴 주어를 문장 뒤에 배치하며 도치를 한다.

① 동사 + 긴 주어

776 And so upon you **will come** all the righteous blood (**that** has been shed on earth, from the blood of righteous Abel to the blood of Zechariah son of Berekiah, (whom you murdered between the temple and the altar)).

그리하여 (의인 아벨의 피로부터, (너희가 성소와 제단 사이에서 살해한) 바라갸의 아들 사가랴의 피에 이르기까지, 땅에 흘린) 모든 의로운 피가 너희에게 돌아갈 것이다. 마 23;35

come upon ~ ; ~를 만나다, 찾아내다	righteous [**롸**이춰스] ; 의로운
from A to B ; A에서 B까지	Abel [**에**이벌] ; 아벨
Zechariah [제커**롸**이어] ; 스가랴	Berekiah [브뤠카이어] ; 바라갸, 바라키야
between A and B ; A와 B 사이에서	murder [**머**~ㄹ더ㄹ] ~ ; ~을 죽이다
temple [**템**플] ; 교회, 하나님이 계시는 곳	altar [**오**~올터ㄹ] ; 제단

777 How beautiful **are** the feet of those (**who** bring good news)!

(좋은 소식을 전하는) 사람들의 발이 얼마나 아름다운지! 롬 10:15

② 주어 + 동사 + 목적보어 + 긴 목적어

778 So ⟨when you **see** standing in the holy place 'the abomination (**that** causes desolation),' spoken of through the prophet Daniel⟩

−**let** the reader understand− then **let** those (who **are** in Judea) flee to the mountains.

그러므로 ⟨너희는 예언자 다니엘을 통해 말씀하신 대로, (황폐하게 하는) 가증스러운 것이 거룩한 곳에 서 있는 것을 보거든⟩,

−읽는 사람은 깨달아라− 그때 (유대에 있는) 사람들은 산으로 도망가라. 마 24:15-16

abomination [어바머**네**이션] ; 혐오, 무례한 행위	cause [**코**~즈] ~ ; ~을 야기하다
desolation [데썰**레**이션] ; 황폐, 멸망	flee [흘리~] ; 달아나다

③ 긴 목적어 + 주어 + 동사

779 The King **will reply**, ['I **tell** you the truth,

[[whatever you **did** for one of the least of these brothers of mine], you **did** for me].']

왕은 ['내가 너희에게 진실을 말하지만,

[[너희가 내 이 형제들 중에 가장 작은 사람 하나에게 한 일이 무엇이든지], 내게 한 일이다.']라고 대답할 것이다. 마 25;40

reply [뤼플**라**이] ~ ; ~라고 대답하다	truth [트**루**~스] ; 진리
the least [(을)**리**~스트] ; 가장 낮은 사람들	

780 I no longer **call** you servants, 〈because a servant **does** not **know** his master's business〉.

Instead, I **have called** you friends,

for everything (that I **learned** from my Father) I **have made** known to you.

내가 더 이상 너희를 종이라고 부르지 않겠다. 〈왜냐하면 종은 주인이 하는 일을 모른다〉.

대신에 내가 너희를 친구들이라고 불렀다. 왜냐하면 내가 아버지께 들은 모든 것을 모두 너희에게 알려 주었기 때문이다. 요 15:15

business [**비**즈니스] ; 일	instead [인스**테**드] ; 대신에
learn [(을)**러**~ㄹ언] B from ~ ; B를 ~에게서 알다	

앉은뱅이를 치유하는 베드로

5. 문법적 도치

주어와 동사가 도치되는 문법적 도치로 다음의 경우가 있다.

- here, there가 문두에 오는 경우

- so, nor 등이 앞 문장의 내용을 받아 문두에 오는 경우

- if가 생략된 조건절의 경우

- may로 시작하는 기원문

① 'There + 동사 + 주어 / Here + 동사 + 주어'의 도치

781 There is a plank in your own eye.

네 눈 속에 나무토막이 있다. 마 7:4

> plank [플랭크] ; 널빤지

782 Now there is in Jerusalem near the Sheep Gate a pool.

예루살렘에 양의 문 근처에 연못이 있다. 요 5:2

> near [니어ㄹ] ~ ; ~가까이에   pool [푸~울] ; 물웅덩이, 작은 못

783 There came a man (who was sent from God).

하나님께로부터 보냄을 받은(=하나님이 보낸) 사람이 왔다. 요 1:6

784 There will be trouble and distress for every human being (who does evil).

(악을 행하는) 모든 인간에게는 어려움과 고통이 있을 것이다. 롬 2:9

> trouble [트뤄블] ; 걱정, 고민   distress [디스트뤠스] ; 고통
> human being [휴~먼 비~잉] ; 인간   do evil ; 악을 행하다

785 I was afraid and **went** out and **hid** your talent in the ground. See, here is [what **belongs** to you].

나는 두려워서 밖으로 나가 당신의 돈을 땅 속에 묻어 두었습니다. 보십시오, [당신의 돈]이 여기 있습니다. 마 25;25

belong[빌**로**(~)옹] to ~ ; ~에 속하다

② so 뒤에 주어와 동사의 도치

786 John's disciples often **fast** and **pray**, and so do the disciples of the Pharisees.

요한의 제자들은 자주 금식하고 기도를 한다. 그리고 바리새 사람들의 제자들도 그렇게 한다. 눅 5:33

disciple[디**싸**이플] ; 제자   fast[**홰**스트] ; 단식하다, 금식하다

Pharisee[**홰뤄**씨~] ; 바리새인

787 ⟨If Christ **has** not **been raised**⟩, our preaching is useless and so is your faith.

<만일 그리스도께서 다시 살아나지 못하셨으면> 우리가 전파하는 것이 쓸모가 없고 너희 믿음도 그렇다. 고전 15:14

raise[**뤠**이즈] ~ ; ~를 소생시키다, 되살리다   useless[**유**~슬리스] ; 쓸모없는

788 For ⟨as lightning (that **comes** from the east) is visible even in the west⟩,

so **will be** the coming of the Son of Man.

<(동쪽에서 오는) 번개가 서쪽에서도 보이는 것처럼> 인자가 올 때도 그럴 것이다. 마 24;27

as A, so B ; A처럼 B하다   lightning [(을)**라**이트닝] ; 번개

visible[**뷔**저블] ; 눈에 보이는

789 So **was fulfilled** [what **was said** through the prophets].

그래서(=그렇게) [예언자들을 통해서 말씀하신 것]이 이루어졌다. 마 2:23

be fulfilled ; 성취되다, 이루어지다

790 Are <u>they</u> Hebrews? **So am** I. Are <u>they</u> Israelites? **So am** I.

Are they Abraham's descendants? **So am** I.

그들이 히브리인이냐? 나**도 그렇다**. 그들이 이스라엘인이냐? 나**도 그렇다**. 그들이 아브라함의 후손이냐? 나**도 그렇다**. 고후 11:22

Hebrew[**히**~브루~] ; 헤브라이 사람	Israelite[**이**즈뤼얼라잍] ; 야곱의 자손
Abraham[**에**이브뤄햄] ; 아브라함	descendant[디**쎈**던트] ; 자손, 후예

③ nor 뒤에 주어와 동사의 도치

791 You **have** never **heard** his voice nor **seen** his form, **nor does** his word **dwell** in you.

너희는 그의 음성을 들어본 적도 없고 그의 모습을 본 적도 없다. 그리고 그의 말씀이 너희 안에 **살아있지도 않다**. 요 5:38

voice[**보**이스] ; 목소리, 음성	form[**호**~ㄹ옴] ; 모습, 형상
dwell[드**웰**] ; 살다, 거주하다	

792 Paul **did** not **receive** the gospel from any man, **nor was** he **taught** it; rather, he **received** it by revelation from Jesus Christ.

바울은 복음을 어느 사람에게서 받은 것도 아니요, **배운 것도 아니었다**. 오히려 그는 오직 예수 그리스도의 계시로 받았다. 갈 1:12

Paul[**포**~올] ; 바울	gospel[**가**스펄] ; 복음
rather[**뢔**더ㄹ] ; 오히려	revelation[뤠뷀**레**이션] ; 계시

793 Paul **did** not **consult** any man, **nor did** he **go up** to Jerusalem to **see** apostles.

바울은 어느 사람과도 의논하지 않았고, 사도들을 만나려고 예루살렘으로 **올라가지도 않았다**. 갈 1;16-17

consult[컨**썰**트] ~ ; ~에게 상의하다	go up to ~ ; ~로 올라가다
apostle[어**파**쓸] ; 사도	

794 We **do** not **use** deception, **nor do** we **distort** the word of God.

우리는 속임수를 사용하지 않고, 우리는 하나님의 말씀을 **왜곡하지도 않는다**. 고후 4:2

deception[디**쎕**션] ; 속임, 기만, 사기	distort[디스**토**~ㄹ트] ~ ; ~을 왜곡하다, 잘못 전하다

④ 기원문

795 May our God and Father himself and our Lord Jesus <u>clear</u> the way for us to come to you.

우리 하나님과 아버지 자신과 우리 주 예수는 우리가 너희에게로 갈 수 있게 길을 내시기를 원한다. 살전 3:11

> clear[**클리**어ㄹ] ~ ; ~을 개척하다, 치우다

796 May our Lord Jesus Christ **encourage** your hearts and **strengthen** you in every good deed and word.

우리 주 예수 그리스도께서 너희 마음을 격려하시고 모든 선한 일과 말에 굳건하게 하시기를 원한다. 살후 2:16-17

> encourage[인**커**~뤼쥐] ~ ; ~을 북돋우다   strengthen[스트**렝**크썬] ~ ; ~을 강하게 하다
> deed[**디**~드] ; 행위, 행동

⑤ If를 생략한 조건절의 주어와 동사의 도치

797 ⟨Were <u>you</u> blind⟩, <u>you</u> **would** not **be** guilty of sin.

⟨만일 너희가 앞을 보지 못하면⟩ 너희는 죄가 없을 것이다. 요 9:41

> blind[**블라**인드] ; 앞을 못 보는   be guilty [**길**티] of sin ; 죄를 범하다

798 ⟨Had the owner of the house **known** [at what hour the thief was coming]⟩,

he **would** not **have let** his house be broken into.

⟨만일 집주인이 [도둑이 몇 시에 오는지]를 알았다면⟩, 그는 집이 침입당하도록 하지 않았을 것이다. 눅 12:39

> owner[**오**우너ㄹ] ; 소유자   break into ~ ; ~을 침입하다

2. 강조

1. it be – that ~강조 구문

2. 동사를 강조하는 조동사 do

3. 명사를 강조하는 형용사 very

4. 강조의 부사 ever, 부사구 in the world, on earth

5. 동일한 어구를 반복하여 강조

6. 재귀대명사로 강조

1. It be – that (=who) ~ 강조 구문

1. 'It + be 동사 + 강조 어구 + that ~' 강조 구문에서

   that은 관계대명사 또는 관계부사이며, 관계사절(=형용사절)을 인도한다.

2. 강조 어구 자리에 주어, 목적어, 장소나 시간의 부사(부사구, 부사절)등이 올 수 있다.

   다시 말하자면 동사를 제외한 모든 문장 구성 요소를 강조할 수 있다.

3. 동사를 강조할 때는 조동사 do/ does / did + 동사원형을 쓴다.

① 주어 강조

799 It was not Jesus (who baptized), but his disciples.

(세례를 주신 것이) 바로 예수가 아니라 그의 제자들이었다. 요 4:2

baptize[뱊**타**이즈, **뱊**타이즈] ; 세례를 주다   disciple[디**싸**이플] ; 제자

② 부사구 강조

800 <u>It is</u> for your good (that <u>I</u> am going away).

(내가 떠나가려는 것은) 바로 너희를 위해서다. 요 16:7

for one's good ; ~를 위해서, ~를 생각해서　　　　go away ; 떠나다

801 <u>It is</u> only by Beelzebub, <u>the prince of demons</u>, (that <u>this fellow</u> **drives out** demons).

(이 사람이 귀신들을 쫓아내는 것은) 바로 귀신의 왕 바알세불에 의해서다. 마 12:24

Beelzebub[비**엘**저법] ; 악마, 마왕, 바알세불　　　　prince[프**륀**스] ; 왕자, 왕

demon[**디**~먼] ; 악마　　　　drive out ~ ; ~을 몰아내다

③ 부사절 강조

802 <u>It is</u> ⟨when <u>he</u> **walks** by night⟩ (that <u>he</u> **stumbles**), for <u>he</u> **has** <u>no</u> light.

(그가 발부리가 걸리는 것은) 바로 ⟨그가 밤에 걸을 때⟩이다. 왜냐하면 그가 빛이 없기 때문이다. 요 11:10

stumble[스**텀**블] ; 넘어질듯 비틀거리다

스데반 집사의 순교

2. 동사 강조 용법

803 But ⟨if I **do judge**⟩, my decisions are right, ⟨because I am not alone⟩.

I stand with the Father, (who sent me).

⟨만일 내가 판단하더라도⟩, 내 판단이 옳다, ⟨왜냐하면 나는 혼자가 아니다⟩. 나는 (나를 보내신) 아버지와 함께 있다. 요 8;16

judge[줘쥐] ~ ; ~을 판단하다	decision[디씨전] ; 결정, 결론
alone[얼로운] ; 혼자인	

804 ⟨If you really **knew** me⟩, you **would know** my Father as well.

From now on, you **do know** him and **have seen** him.

⟨너희가 정말로 나를 안다면⟩, 너희가 내 아버지도 알 것이다. 이제는 너희가 그를 알고 그를 보았다. 요 14;7

really[뤼~얼리] ; 실제로, 정말로	~as well ; ~도 물론
from now on ; 지금부터, 이제는	

805 I am telling you now ⟨before it happens⟩,

⟨so that ⟨when it **does happen**⟩ you will believe [that I am He]⟩.

내가 ⟨이 일이 일어나기 전에⟩ 지금 너희에게 말하고 있다.

⟨그래서 ⟨그 일이 일어날 때⟩ [내가 바로 그 사람이라는 것]을 너희가 믿도록 하기 위해서이다⟩. 요 13;19

happen[해펀] ; 일어나다, 생기다	

806 God **did say**, ['You must not eat fruit from the tree (that is in the middle of the garden),

and you must not touch it, or you will die.']

하나님께서 ['너희는 (동산 중앙에 있는) 나무에서 나는 과일은 먹지 말고,

만지지도 말아라. 그렇지 않으면 너희가 죽게 될 것이다.'] 라고 말씀하셨다. 창 3;3

middle[미들] ; 중앙	garden[가~ㄹ든] ; 정원
touch[터취] ~ ; ~을 만지다	

3. 재귀대명사의 강조 용법

1. 재귀대명사가 명사나 대명사를 강조할 수 있다.

2. 재귀대명사가 강조의 의미로 쓰일 경우 '강조 용법'이라고 한다.

3. 강조 용법의 경우, '직접, 스스로'라고 해석한다.

4. 강조 용법의 재귀대명사는 생략할 수 있다.

807 I myself have carefully investigated everything from the beginning.

나 자신이 모든 것을 처음부터 자세히 조사하였다. 눅 1:3

carefully [케어휠리] ; 주의 깊게, 신중히	beginning [비기닝] ; 시작
investigate [인뷔스터게잍] ~ ; ~을 조사하다	

808 We ourselves heard this voice (that came from heaven ⟨when we were with him on the sacred mountain⟩).

우리 자신이 (⟨거룩한 산에서 그와 함께 있을 때⟩ 하늘에서 들려온) 이 소리를 들었다. 벧후 1;18

sacred [쎄이크뤼드] ; 신성한, 거룩한

809 Jesus answered, ["today--yes, tonight--⟨before the rooster crows twice⟩ you yourself will disown me three times."]

예수께서 ["오늘--그래, 오늘 밤-- ⟨닭이 두 번 울기 전에⟩ 네가 세 번 나를 모른다고 말할 것이다."] 라고 하셨다. 막 14;30

rooster [루~스터ㄹ] ; 수탉	crow [크로우] ; 울다
disown [디스오운] ~ ; ~와의 관계를 부인하다	

810 Now about brotherly love we do not need to write to you, for you yourselves have been taught by God to love each other.

지금 형제 사랑에 관하여 우리는 너희에게 쓸 필요가 없다. 왜냐하면 너희들 자신들이 서로를 사랑하도록 하나님에게서 배웠기 때문이다. 살전 4:9

brotherly [브뤄더ㄹ얼리] ; 형제의

811 <u>John</u> **himself** was not the <u>light</u>; **he** came only as a <u>witness</u> to the <u>light</u>.

요한 자신은 그 빛이 아니었다; 그는 그 빛에 대한 다만 증인으로 왔다. 요 1:8

witness [**위**트니스] ; 목격자, 증인

812 And <u>the Father</u> (who **sent** me) has **himself** testified concerning me.

그리고 (나를 보내신) 아버지께서 친히 나에 관하여 증언하셨다. 요 5:37

testify [**테**스터화이] ; 증언하다   concerning [컨**써**~ㄹ닝] ~ ; ~에 관하여

813 By faith <u>Abraham</u>, ⟨even though <u>he</u> was past age--and <u>Sarah herself</u> was barren--⟩

was enabled to become a father ⟨because **he considered** him faithful (who **had made** the promise).

믿음으로 아브라함은, ⟨비록 그가 나이가 지났고 그의 아내 사라 자신도 아기를 낳을 수 없었으나⟩

아버지가 되는 것이 가능하게 되었다. ⟨왜냐하면 그는 (약속하신) 분이 신실하다고 생각했기 때문이다⟩. 히 11;11

be past age ; 나이가 넘다   barren [**배**뤈] ; 아이를 낳지 못하는

consider [컨**씨**더ㄹ] ~ ; ~을 -로 생각하다   faithful [**풰**이스흴] ; 충실한

promise [프**롸**미스] ; 약속, 계약

be enabled [이**네**이블드] to 부정사 ; ~이 가능하게 되다

814 ⟨When <u>you</u> enter the land (<u>I</u> am going to give you)⟩,

the land itself must observe a sabbath to the <u>LORD</u>.

⟨너희는 (내가 너희에게 주려고 하는) 땅에 들어가거든⟩, 그 땅이 여호와 앞에서 안식년을 지켜야 한다. 레 25:2

observe [업**저**~ㄹ브] ~ ; ~을 지키다

815 <u>They</u> **themselves** will be enslaved by <u>many</u> nations and <u>great</u> kings;

<u>I</u> will **repay** them according to their <u>deeds</u> and the <u>work</u> of their hands.

그들 자신은 많은 나라와 대왕들에 의해 노예가 될 것이다. 내가 그들에게 그들의 행동과 그들의 손의 일에 따라 갚아 주겠다. 렘 25;14

enslave [인슬**레**이브] ~ ; ~을 노예로 만들다   nation [**네**이션] ; 나라, 국가

according to ~ ; ~에 따라

3. 생략

문장 내에서 전후 관계로 미루어 그 의미를 파악할 수 있는 어구는 생략이 가능하다.

1. 접속사 and 뒤에 be동사가 생략된다. 때로는 and도 생략된다.

2. 명령문에서 동사가 생략된다.

3. 시간, 조건, 양보를 나타내는 접속사 뒤에 주어와 be동사가 생략된다.
   생략되는 주어는 주절의 주어와 일치해야 한다.

4. 분사구문에서 being이나 having been이 생략된다.

5. 대부정사 to

1. '주어와 동사'의 생략

816 All this I have spoken ⟨while (I am 생략) still with you⟩.

⟨내가 너희와 함께 있는 동안에⟩ 나는 이 모든 것을 너희에게 말하였다. 요 14:25

still [스틸] ; 아직도, 지금도

2. '동사'의 생략

817 <u>Glory</u> (be 생략) to God in the highest, and on earth <u>peace</u> (be 생략) to men.

높은 곳에서는 하나님께 영광, 그리고 땅에서는 사람들에게 평화. 눅 2:14

Glory be to ~ ; ~에게 영광이 있으라	on earth [**어**~ㄹ스] ; 땅에, 지구상에
in the highest [**하**이이스트] ; 하늘에, 천상에	

818 <u>I</u> **am** the vine; <u>you</u> **are** the branches.

〈If a <u>man</u> **remains** in me and <u>I</u> (remain 생략) in him〉,

<u>he</u> **will bear** much fruit; apart from me <u>you</u> **can do** nothing.

나는 포도나무다; 너희는 가지다.

〈만약 사람이 내 안에 있고, 내가 그 안에 있으면〉, 그는 많은 열매를 맺을 것이다; 너희는 나를 떠나서는 아무것도 할 수 없다. 요 15:5

vine [**봐**인] ; 포도나무, 줄기	branch [브**랜**취] ; 가지
bear [**베**어ㄹ] ~ ; ~를 맺다	apart [어**파**~ㄹ트] from ~ ; ~와 떨어져서

819 There **are** different <u>kinds</u> of gifts, but (there is 생략) the same Spirit.

다른 종류의 선물들(=은사들)이 있다. 그러나 같은 성령이다. 고전 12:4

different [**디**훠뤈트] ; 다른	kind [**카**인드] ; 종류
gift [**기**흐트] ; 능력, 은사	same [**쎄**임] ; 같은, 동일한

3. 대부정사 (=to 뒤에 '동사원형'의 생략)

820 [\"Don't **collect** <u>any</u> more (than <u>you</u> **are required** to (collect 생략)),\"] <u>he</u> **told** them.

[\"너희가 거두도록 요구받은 것보다) 더 많이 거두지 마라.\"]라고 그가 그들에게 말했다. 눅 3:13

collect [**컬렉**트] ~ ; ~을 모으다, 징수하다
be required [**뤼콰**이~어드] to 부정사 ; ~하도록 요구받다

4. '주격 관계대명사와 be 동사'의 생략

821 I **baptize** you with water. But <u>one</u> ((who is 생략) <u>more powerful than I) **will come**.

나는 물로 너희에게 세례를 준다. 그러나 (나보다 더 능력이 있는) 이가 오실 것이다. 눅 3:16

powerful [**파**우워ㄹ훨] ; 능력이 있는	baptize [뱊**타**이즈, **뱊**타이즈] ~ ; ~에게 세례를 주다

822 **Eat** anything ((that is 생략) <u>sold in the meat market</u>) without raising questions <u>of conscience.</u>

(육류 시장에서 팔리는) 어떤 것이든지 양심의 가책을 제기하지 말고 먹어라. 고전 10:25

meat [**미**~잍] ; 고기	market [**마**~ㄹ킽] ; 장, 시장
raise questions [**퀘**스쳔즈] ; 문제를 제기하다	conscience [**칸**쎤스] ; 양심

823 <u>You</u> yourselves **are** our letter,

((which is 생략) written on our hearts), ((which is 생략) known) and ((which is 생략) read by everybody).

너희 자신들은 우리의 편지다, (그것은 우리 마음에 쓰이고), (모든 사람에게 알려지고) 그리고 (읽힌다). 고후 3:2

letter [(을)**레**터ㄹ] ; 편지	written [**뤼**튼] on ~ ; ~에 써진
heart [**하**~ㄹ트] ; 마음	read [**뤠**드] by ~ ; ~에 의해 읽히는

5. '반복 어구'의 생략 (접속사 뒤에 반복 어구의 생략)

824 <u>Mary</u> **treasured up** all these things and (Mary 생략) **pondered** them in her heart.

마리아는 이 모든 일들을 그녀의 마음속에 소중히 간직하였고 그것들을 깊이 생각했다. 눅 2:19

treasure [트**뤠**저ㄹ] up ~ ; ~을 소중히 하다	ponder [**판**더ㄹ] ~ ; ~을 깊이 생각하다

825 Every valley **shall be** filled in, every mountain and <u>hill</u> (shall be 생략) **made** low.

모든 골짜기가 메워질 것이고, 모든 산과 언덕이 낮아질 것이다. 눅 3:5

valley [**뺄**리] ; 골짜기, 계곡	be filled in ; 채워지다
mountain [**마**운턴] ; 산	low [(을)**로**우] ; 낮은

826 Blessed **are** your eyes ⟨because <u>they</u> **see**⟩, and (blessed are 생략) your ears ⟨because <u>they</u> **hear**⟩.

너희 눈은 ⟨보고 있으니⟩ 복되다. 너희 귀는 ⟨듣고 있으니⟩ 복되다. 마 13:16

827 Small **is** the gate and narrow (is 생략) the road (that **leads** to life), and only a <u>few</u> **find** it.

(생명에 이르게 하는) 문은 작고 길은 좁다. 그리고 그것을 찾는 사람이 적다. 마 7:14

narrow[**내**로우] ; 좁은	road[**로**우드] ; 길, 도로
lead[(을)**리**~드] to ~ ; ~에 이르게 하다	life[(을)**라**이흐] ; 생명

828 <u>We</u> **are** not **children** of the slave woman, but (<u>we</u> are children 생략) of the free woman.

우리는 노예인 여성의 자녀가 아니라, 자유로운 여성의 자녀다. 갈 4:31

children[**칠**드뤈] ; 자녀들(child[**촤**일드[의 복수)	slave[슬**레**이브] ; 노예의

829 The body **is** not **meant** for sexual immorality,

but (<u>the body is meant</u> 생략) for the Lord, and the Lord (is meant 생략) for the body.

몸은 성적인 부도덕을 위하여 있지 않고 주를 위하여 있으며 주는 몸을 위하여 계신다. 고전 6:13

be meant for ~ ; ~와 잘 어울리다	sexual[**쎅**슈얼] ; 성의, 성에 관한
immorality[이머**뢜**러티] ; 부도덕, 외설	

830 The sun **has** one **kind of splendor**, the moon (has 생략) another (kind of splendor 생략)

and the stars (have 생략) another (kind of splendor 생략).

해의 광채는 달의 광채 그리고 별들의 광채와 다르다. 고전 15:41

splendor[스플**렌**더ㄹ] ; 광채, 화려함	another[어**너**더ㄹ] ; 다른, 또 하나의

831 <u>We **live**</u> by faith, (we do 생략) not (live 생략) by sight.

우리는 믿음으로 살고, 보는 것으로 살지 않는다. 고후 5:7

faith[**훼**이스] ; 신앙, 믿음	sight[**싸**잍] ; 보기, 보는 것

832 <u>Children</u> **should** not **have to save up** for their parents,

but <u>parents</u> (should have to save up 생략) for their children.

어린아이들이 그들의 부모를 위하여 저축을 해야 하는 것이 아니라, 부모들이 그들의 어린아이들을 위하여 해야 한다. 고후 12:14

save[**쎄**이브] up ; 저축하다, 모아 두다	parent[**페**어뤈트, **패**뤈트] ; 어버이, 양친, 부모

833 **Be** joyful in hope, (be 생략) patient in affliction, (be 생략) faithful in prayer.

소망 중에 즐거워하며, 불행 중에 인내하며, 기도에 충실해라. 롬 12;12

joyful[**조**이휠] ; 즐거운, 기쁜	affliction[어흘**릭**션] ; 고통, 고난, 불행, 박해
prayer[프**뤠**어ㄹ] ; 기도, 기원	

834 <u>The greatest</u> among you **should be** like the <u>youngest</u>,

and the <u>one</u> (who **rules**) (should be 생략) like the <u>one</u> (who **serves**).

너희 중에 가장 큰 사람은 가장 어린 사람처럼 되어야 하고, (다스리는) 사람은 (섬기는) 사람처럼 되어야 한다. 눅 22:26

greatest[그**뤠**이티스트] ; 신분이 가장 높은 사람	youngest[**영**기스트] ; 최연소자
rule[**루**~울] ; 통치하다	serve[**써**~ㄹ브] ; 섬기다, 봉사하다, 시중들다

835 <u>Jesus **looked**</u> at them and **said**, [“With man **this is impossible**,

but (this is 생략) not (impossible 생략) with God; <u>all things</u> **are** possible with God.”]

예수께서 그들을 보고 말씀하셨다. [“사람에게 이것이 불가능하나, 하나님께는 그렇지 않다; 하나님께는 모든 것들이 가능하다.”] 막 10;27

impossible[임**파**써블] ; 불가능한	possible[**파**써블] ; 가능한

6. '접속사'의 생략

※ 동사 또는 준동사 뒤에 '주어 + 동사'가 이어진다면 종속접속사 that이 생략된 것으로 보아야 한다.

836 They **realized** [(that 생략) <u>he</u> **had seen** a vision in the temple].

그들은 [그가 성전 안에서 환상을 본 것]으로 알았다. 눅 1;22

realize[**뤼**~얼라이즈] ~ ; ~을 깨닫다   vision[**뷔**전] ; 환상

837 Thinking [(that 생략) <u>Jesus</u> **was** in their company], his parents **traveled on** for a day.

그의 부모는 [예수가 그들의 일행들 속에 있다]고 생각하고, 하루 동안 걸어갔다. 눅 2;44

company[**컴**퍼니] ; 일행   travel[**트뢔**뷜] on ; 계속 여행하다

838 I **tell** you, [(that 생략) now **is** the time of God's favor, now **is** the day of salvation].

나는 너희에게, [지금이 하나님의 은혜의 시간이고, 지금이 구원의 날이라고] 말한다. 고후 6;2

favor[**풰**이붜ㄹ] ; 총애, 은총   salvation [쌜**붸**이션] ; 구원

복음서신을 쓰는 바울

7. '목적격 관계대명사'의 생략

※ 명사(=선행사) 뒤에 '주어 + 동사'가 이어진다면 '목적격 관계대명사'가 생략된 것으로 보아야 한다.

839 The star (that 생략 they had seen in the east) went ahead of them.

(그들이 동방에서 보았던) 그 별이 그들 앞에서 갔다. 마 2:9

the east [**이**~스트] ; 동방	ahead [어**헤**드] of ~ ; ~ 앞에

840 He went away and sold everything (that 생략 he had) and bought it.

그는 가서 (가진) 모든 것을 팔아 그것을 샀다. 마 13:46

go away [어**웨**이] ; 떠나다	sold [**쏘**울드] ~ ; sell [**쎌**] (~을 팔다)의 과거
bought [**보**~트, **바**~트] ; buy [바이] [(~을 사다)의 과거	

841 Father, I want those (whom 생략 you have given me) to be with me ⟨where I am⟩.

아버지, 나는 (당신이 나에게 주신) 사람들이 ⟨내가 있는 곳에⟩ 나와 함께 있기를 원합니다. 요 17:24

8. 분사구문에서 현재분사 'being'의 생략

842 (Being 생략) Moved by the Spirit, he went into the temple courts.

성령의 감동으로 그는 성전에 들어갔다. 눅 2:27

be moved [**무**~브드] ; 감동되다, 마음이 움직이다	court [**코**~ㄹ트] ; 안마당, 공터

843 This garment was seamless, (being 생략) woven in one piece from top to bottom.

이 속옷은 이음매가 없고, 위로부터 아래까지 한 조각으로 짠 것이었다. 요 19:23

garment [**가**~ㄹ먼트] ; 의류 한 점, 속옷 한 점	seamless [**씨**~임리스] ; 솔기가 없는, 이음매가 없는
woven [**워**우원] ; weave [**위**~브] (~을 짜다)의 과거분사	piece [**피**~쓰] ; 한 조각
bottom [**바**텀] ; 하부, 아랫부분	

844 The women **hurried away** from the tomb, (being 생략) afraid yet filled with joy.

그 여인들은 급히 무덤을 떠났다. 그들은 두려웠지만 기쁨으로 가득 차 있었다. 마 28:8

| tomb[**투**~움] ; 무덤 | hurry[**허**~뤼, **허**뤼] away from ~ ; ~에서 급히 떠나다 |

9. 가정법의 'if' 생략(열여섯. 특수 구문 도치 4. 기타 구문 참고)

10. '관사'의 생략

※ 짝이나 대조를 이루는 단어가 전치사나 접속사로 연결될 때는

단수 가산명사라도 관사를 생략한다.

845 His **mercy** **extends** to those (who **fear** him), from generation to generation.

그의 자비는 (그를 두려워하는) 사람들에게 대대로 미칠 것이다. 눅 1:50

| mercy[**머**~ㄹ씨] ; 자비, 신의 은총 | extend[익스**텐**드] to ~ ; ~에 이르다, 미치다 |
| fear[**휘**어ㄹ] ~ ; ~를 두려워하다 | generation[줴너**뤠**이션] ; 세대 |

846 At that moment the **curtain** of the temple **was torn** in two from top to bottom.

그 때, 성전의 휘장이 위에서부터 아래까지 둘로 갈라졌다. 마 27:51

| moment[**모**우먼트] ; 순간 | curtain[**커**~ㄹ튼] ; 커튼, 막 |
| temple[**템**플] ; 신전, 성전, 교회 | bottom[**바**텀] ; 하부, 아랫부분 |

4. 삽입

1. 설명과 의미를 보충을 위한 삽입

다음 어구나 절을 삽입할 수 있다.

if any(~있다면), if ever(~한다면)

I think, I guess, I believe

847 Do not **take** revenge, my friends, but **leave** room for God's wrath.

내 친구들아 원수를 갚지 말고, 하나님의 분노를 위한 여지를 남겨라(=하나님의 진노에 맡겨라). 롬 12:19

take revenge [뤼**벤**쥐] ; 복수하다	leave [(을)**리**~브] ~ ; ~를 남기다
room [**루**~움] ; 여지, 공간, 기회	wrath [**뢔**쓰] ; 분노

848 ["All this I will give you," he said], ["⟨if you will bow down and worship me⟩."]

["⟨만일 당신이 나에게 절하고 숭배한다면⟩", "내가 당신에게 이 모든 것을 주겠소."]라고 그가 말했다. 마 4:9

bow [**바우**] down ; 머리를 숙이다	worship [**워**~ㄹ쉽] ~ ; ~를 숭배하다

849 He was the son, so it was thought, of Joseph.

그래서 그가 요셉의 아들이었다고 생각되었다. 눅 3:23

Joseph [**죠**우저흐] ; 요셉

2. 콤마(,)나 대시(-)를 사용한 삽입

850 The herd, about two thousand in number, rushed down the steep bank into the lake and were drowned.

거의 이천 마리나 되는 돼지 떼가 호수 쪽으로 가파른 둑 아래로 달려 내려가 익사했다. 막 5:13

herd[**허**~ㄹ드] ; 가축의 무리	rush[**뤄**쉬] ; 돌진하다
down[**다**운] ~ ; ~ 아래로	steep[스**티**~잎, 스**티**~프] ; 가파른
bank[**뱅**크] ; 둑, 제방	be drowned[드**롸**운드] ; 익사하다

851 Now you, brothers, like Isaac, are children of promise.

형제들아 이제 너희는 이삭과 같이 약속의 자녀들이다. 갈 4:28

Isaac[**아**이절] ; 이삭	promise[프**라**미스] ; 약속

852 〈Just as you excel in everything

--in faith, in speech, in knowledge, in complete earnestness and in your love for us--〉

see [that you also excel in this grace of giving].

〈너희는 모든 것 - 믿음과 말과 지식과 완전한 성실과 우리에 대한 너희 사랑 - 에서 뛰어난 것처럼〉

[너희가 이 베푸는 은총에도 또한 뛰어나다는 것]을 알게 해라. 고후 8:7

excel[익**쎌**] ; 뛰어나다, 탁월하다	speech[스**피**~취] ; 말씨
knowledge[**날**리쥐] ; 지식	complete[컴플**리**~잍] ; 완전한, 완성된
earnestness[**어**~ㄹ니스트니스] ; 진지함, 진심	grace[그**뤠**이스] ; 호의, 선의, 친절

853 The important thing is [that in every way, whether from false motives or true, Christ is preached].

중요한 것은 [모든 면에서, 거짓 동기든지 참된 동기든지 그리스도가 전해지는 것]이다. 빌 1:18

false[**호**~올스] ; 그릇된, 거짓의	motive[**모**우티브] ; 동기
preach[프**뤼**~취] ~ ; ~을 전하다, 전도하다	

5. 동격

동격이란 명사와 대명사 뒤에서 동일한 내용을 보충 설명하는 단어나 구, 절을 말한다.

1. (추상) 명사 + 동격의 'that 절'

854 Caesar Augustus **issued** a decree [that a census **should be taken** of the entire Roman world].

아우구스투스 황제는 [인구조사가 로마 전역에 실시되어야 한다]는 **법령**을 공포했다. 눅 2:1

issue[**이**슈~] ~ ; ~을 공포하다	decree[디크**뤼**~] ; 법령
take a census[**쎈**써쓰] of ~ ; ~의 인구조사를 하다	entire[인**타**이어ㄹ] ; 전체의
Roman[**로**우먼] ; 로마의	
Caesar Augustus[**씨**~저ㄹ 오~**거**스터스] ; 로마 황제 아우구스투스	

855 Everyone (who **does** evil) **hates** the light,

and **will** not **come** into the light for fear [that his deeds **will be exposed**].

(악을 행하는) 모든 사람은 빛을 미워하며, [그의 행위가 폭로될 것]이라는 **두려움** 때문에 빛으로 오지 않을 것이다. 요 3:20

do evil[**이**~뷜] ; 악을 행하다	hate[**헤**이트] ~ ; ~을 미워하다
deed[**디**~드] ; 행위	be exposed[익스**포**우즈드] ; 노출되다

856 The chief priests and Pharisees **had given** orders [that ⟨if anyone **found out** [where Jesus was]⟩,

he **should report** it ⟨so that they **might arrest** him⟩]

대제사장들과 바리새 사람들은 [⟨누구든지 [예수가 있는 곳]을 찾으면⟩

⟨예수님을 붙잡을 수 있도록⟩ 반드시 알려야 한다]는 **명령**을 내렸다. 요 11:57

give orders that ~ ; ~라는 명령을 내리다	find[**화**인드] out ~ ; ~을 발견하다
report[뤼**포**~ㄹ트] ~ ; ~을 보고하다	arrest[어**뤠**스트] ~ ; ~를 체포하다

2. 콤마(,), of, or를 이용한 동격

857 James, Peter and John, those reputed to be pillars,

gave me and Barnabas the right hand of fellowship.

기둥들로 유명한 사람들인 야고보와 베드로와 요한이 나와 바나바에게 친목의 오른손을 내밀었다. 갈 2:9

James [줴임즈] ; 야고보	Peter [**피**~터ㄹ] ; 베드로
John [**촨**] ; 요한	reputed [뤼**퓨**~티드] ; ~으로 간주되는, 유명한
pillar [**필**러ㄹ] ; 기둥, 중심인물	Barnabas [**바**~ㄹ너버스] ; 바나바
give A the right hand of fellowship ; A를 동료로 맞아들이다	

858 I gave you milk, not solid food, for you were not yet ready for it.

내가 너희에게 딱딱한 음식이 아닌 우유를 주었다. 왜냐하면 너희가 그것에 아직 준비가 안 되었기 때문이다. 고전 3:2

solid [**쌀**리드, **쏠**리드] ; 고형의, 딱딱한

859 Does not the Scripture say [that the Christ will come from David's family

and from Bethlehem, the town (where David lived)]?

성경은 [그리스도가 다윗의 가문에서 그리고 (다윗이 살았던) 마을 베들레헴에서 나실 것이라고] 말하지 않느냐? ' 요 7:42

Scripture [스크**륍**춰ㄹ] ; 성서, 성경	Christ [크**롸**이스트] ; 그리스도, 예수
David [**데**이뷔드, **데**이뷛] ; 다윗	family [**홰**멀리] ; 가문
Bethlehem [**베**쏠리헴, **베**쏠리엄] ; 베들레헴	

860 ["We are not stoning you for any of these," replied the Jews, "but for blasphemy

⟨because you, a mere man, claim to be God⟩."]

유대인들이 ["우리가 이 일 중 어느 것 때문에 당신을 돌로 치려는 것이 아니라 하나님을 모독하기 때문이다.

⟨당신은 단지 사람이면서 하나님이라고 주장하기 때문이다⟩."]라고 대답했다. 요 10;33

reply [뤼플**라**이] ~ ; ~라고 답하다	blasphemy [블래스**훠**미] ; 모독
mere [**미**어ㄹ] ~ ; ~에 불과한, 단지	claim [클**레**임] ~ ; ~을 주장하다
stone [스**토**운] ~ ; ~에 돌을 던지다, 돌을 던져 죽이다	

861 ["Yes, Lord," she told him,

"I believe [that you are the Christ, the Son of God, (who was to come into the world)]."]

그녀는 그에게 ["예, 주님, [나는 당신이 (세상에 오실) 그리스도시며, 하나님의 아들이심을 믿습니다.]"]라고 말했다. 요 11;27

862 Then Mary took about a pint of pure nard, an expensive perfume;

she poured it on Jesus' feet and wiped his feet with her hair.

And the house was filled with the fragrance of the perfume.

그때 마리아가 비싼 향수, 순 나르드 한 근을 가지고 왔다;

그녀는 그것을 예수의 발에 붓고 자기 머리털로 그 발을 닦았다. 그래서 온 집안이 향유 냄새로 가득 찼다. 요 12;3

pint[파인트] ; 파인트(=0.47리터)	pure[퓨어ㄹ] ; 순수한
nard[나~ㄹ드] ; 나르드, 감송	expensive[익스펜씨브] ; 값비싼
perfume[퍼~ㄹ휴~음, 퍼ㄹ휴~음] ; 향료	pour[포~ㄹ] ~ ; ~을 붓다
wipe[와잎] ~ ; ~을 씻다	fragrance[흐뤠이그뤈스] ; 향기

863 The crowds answered, ["This is Jesus, the prophet from Nazareth in Galilee."]

군중들은 ["이 사람이 갈릴리 나사렛에서 오신 예언자 예수님이시다."] 하고 대답하였다. 마 21;11

crowd[크롸우드] ; 군중	Nazareth[내저뤄쓰] ; 나사렛
Galilee[갤럴리~] ; 갈릴리	

864 Father, glorify your name!

Then a voice came from heaven, ["I have glorified it, and will glorify it again."]

아버지, 당신의 이름을 영광스럽게 하소서.

바로 그때 하늘에서 소리가 들려왔다. ["내가 이미 그것을 영광스럽게 하였고 다시 그것을 영광스럽게 할 것이다."] 요 12;28

glorify[글로~뤄화이] ~ ; ~을 찬미하다, 영예롭게 하다

865 ⟨Now that I, your Lord and Teacher, have washed your feet⟩,

you also should wash one another's feet.

⟨나, 너희 주와 선생이 너희 발을 씻어 주었으니⟩, 너희도 서로의 발을 씻어 주어야 한다. 요 13;14

wash[와쉬] ~ ; ~을 씻다	one another's[어너더ㄹ즈] ~ ; 서로의 ~

3. **콜론(:)**을 이용한 동격 = that is to say

866 ⟨When <u>we</u> are cursed⟩, <u>we</u> bless; ⟨when <u>we</u> are persecuted⟩, <u>we</u> endure it;

⟨when <u>we</u> are slandered⟩, <u>we</u> answer kindly.

⟨우리가 저주를 받을 때⟩, 우리는 축복하고; ⟨우리가 박해를 받을 때⟩, 우리는 그것을 참고;

⟨우리가 비방을 받을 때⟩, 우리는 친절하게 대답한다. 고전 4:12-13

curse[**커**~ㄹ스] ~ ; ~을 저주하다	bless[블**레**스] ; 축복하다, 감사하다
persecute[**퍼**~ㄹ씨큐~트] ~ ; ~을 박해하다	endure[인**듀**어ㄹ] ~ ; ~을 견디어 내다
slander[슬**랜**더ㄹ] ~ ; ~을 중상하다	kindly[**카**인들리] ; 친절하게

867 <u>We</u> **are** hard **pressed** on every side, but not **crushed**;

perplexed, but not in despair; **persecuted**, but not **abandoned**; **struck down**, but not **destroyed**.

우리가 사방으로 압박을 당하지만, 부서지지 않고;

당황하게 되지만, 절망하지 않고; 박해를 당하지만, 버림받지 않고; 무너지지만, 멸망하지 않는다. 고후 4:8-9

hard[**하**~ㄹ드] ; 가혹하게	press[프**레**스] ~ ; ~을 압박하다
crush[크**뤄**쉬] ~ ; ~을 괴멸시키다	perplex[퍼ㄹ플**렉**스] ~ ; ~을 당황케 하다
despair[디스**페**어ㄹ] ; 절망	abandon[어**밴**던] ~ ; ~을 버리다
strike[스트**롸**잌] down ~ ; ~을 무너뜨리다	destroy[디스트**로**이] ~ ; ~을 멸하다

868 <u>He</u> **has scattered** abroad <u>his</u> gifts to <u>the</u> poor; his righteousness **endures** forever.

그가 그의 선물들을 흩어 가난한 자들에게 주셨다; 그의 의는 영원하다. 고후 9:9

scatter[스**캐**터ㄹ] ~ ; ~을 흩어 놓다	abroad[어브**로**~드] ; 널리
righteousness[**롸**이춰스니스] ; 정의	endure[인**듀**어ㄹ] ; 지속하다
forever[호~ㄹ**에**붜ㄹ] ; 영원히	

4. namely 또는 that is를 쓴 동격

869 My purpose is [that they **may be encouraged** in heart and **united** in love,
⟨so that they **may have** the full riches of complete understanding⟩,
⟨in order that they **may know** the mystery of God, namely, Christ⟩].

나의 목적은 [그들이 마음에 위안을 받고 사랑 안에서 연합하여,
⟨그들이 하나님의 비밀, 즉 그리스도를 깨닫게 하기 위해⟩, ⟨완전한 이해의 풍성함을 갖도록⟩ 하는 것]이다. 골 2:2

purpose [**퍼**~ㄹ퍼스] ; 목적	be encouraged [인**커**~뤼쥐드] ; 격려를 받다
unite [유**나**이트] ; 일체가 되다	complete [컴플**리**~잍] ; 완전한
understanding [언더ㄹ스**탠**딩] ; 이해	mystery [**미**스터뤼] ; 신비, 비밀

870 Christ Jesus has become for us wisdom from God--
that is, our righteousness, holiness and redemption.

그리스도 예수는 하나님으로부터 나와서 우리에게 지혜가 되었다. 다시 말해서 우리의 의로움과 거룩함과 구원이 되셨다. 고전 1:30

wisdom [**위**즈덤] ; 지혜	holiness [**호**울리니스] ; 신성
redemption [뤼**뎀**션] ; 속죄, 구원, 구속	

871 I know [that nothing good lives in me, that is, in my sinful nature].

나는 [내 속에, 다시 말해서, 내 죄의 기질을 가진 사람 안에 선한 것이 아무 것도 살지 않는 다는 것]을 안다. 롬 7:18

sinful [**씬**훨] ; 사악한	nature [**네**이춰ㄹ] ; 성질, 기질, 본능

872 We will in all things grow up into him (who is the Head, that is, Christ).

우리는 모든 것에서(=범사에) (머리이신, 다시 말해서, 그리스도이신) 그로 자랄 것이다. 엡 4:15

grow up into ~ ; 자라서 ~이 되다

5. 반복의 동격

873 For Jesus **had said** to him, ["**Come out** of this man, you evil spirit!"]

예수께서 이미 그에게 ["너 악한 귀신아 이 사람에게서 나오라"]라고 말했다. 막 5:8

come out of ~ ; ~에서 나오다	evil sprit ; 악한 영, 악한 귀신

874 You foolish Galatians! **Who has bewitched** you?

너희 어리석은 갈라디아 사람들아! 누가 너희를 유혹하였느냐? 갈 3:1

foolish[**후**~울리쉬] ; 어리석은	Galatian[걸**레**이션] ; 갈라디아 사람
bewitch[비**위**취] ~ ; ~에 마법을 걸다, 매혹하다	

875 **Bless** those (who **persecute** you); **bless** and **do** not **curse**.

(너희를 박해하는) 사람들을 축복하라; 축복하고 저주하지 말라. 롬 12:14

bless[블**레**스] ~ ; ~을 축복하다, 신의 가호를 빌다	persecute[**퍼**~ㄹ씨큐~트] ~ ; ~를 박해하다
curse[**커**~ㄹ스] ; 저주하다	

876 **Rejoice** with those (who **rejoice**); **mourn** with those (who **mourn**).

(즐거워하는) 사람들과 함께 즐거워하고; (슬퍼하는) 사람들과 함께 슬퍼하라. 롬 12:15

rejoice[뤼**조**이스] ; 기뻐하다	mourn[**모**~ㄹ온] ; 슬퍼하다

열일곱

부정과 수사의문문

열일곱. 부정과 수사의문문

1. 부분부정

모두가 / 항상 / 반드시 ~인 것은 아니다
부정어(not) + all, both, every, always, entirely, wholly, necessarily 등

1. not + 부사 / 형용사

877 The poor you will always have with you, but you will not always have me.

가난한 사람은 항상 너희와 함께 있으나, 나는 너희와 항상 함께 있지는 않을 것이다. 마 26;11

878 But not all the Israelites accepted the good news.

For Isaiah says, ["Lord, who has believed our message?"]

그러나 모든 이스라엘 사람이 다 기쁜 소식을 받아들인 것은 아니다.

이사야는 ["주님, 누가 우리의 메시지를 믿었습니까?"] 라고 말한다. 롬 10;16

Israelite [이즈뤼얼라잍] ; 야곱의 자손, 이스라엘 사람	accept [액쎌트, 억쎌트] ~ ; ~을 받아들이다
Isaiah [아이제이어, 아이자이어] ; 이사야	message [메씨쥐] ; 신탁, 계시적인 말

879 Jesus answered, ["A person (who has had a bath) needs only to wash his feet;

his whole body is clean. And you are clean, ⟨though not every one of you⟩."]

예수께서 대답하셨다. ["(목욕한) 사람은 그의 발만 씻으면 된다.;

그의 온몸이 깨끗하다. 그리고 너희는 깨끗하다. ⟨비록 너희 중 모든 사람이 그런 것은 아니지만⟩."] 요 13;10

have a bath [배쓰, 바~쓰] ; 목욕하다	whole [호울] ; 전체의
clean [클리~인] ; 깨끗한	

2. not + 명사 / 대명사

880 Not <u>everyone</u> (who **says** to me, 'Lord, Lord,') **will enter** the <u>kingdom</u> of heaven.

나에게 ('주님, 주님'이라고 말하는) 사람 모두가 하늘나라에 들어가는 것은 아니다. 마 7:21

> enter[**엔**터ㄹ] ~ ; ~에 들어가다

881 Brothers, **think** of [what <u>you</u> **were** ⟨when <u>you</u> **were called**⟩].

Not many of you **were** wise by <u>human standards</u>;

not many were <u>influential</u>; not many were of <u>noble birth</u>.

형제들아 [⟨너희가 부르심을 받았을 때⟩ 너희가 무엇이었는지를 (=과거의 너희)] 생각해라.

너희 중에 사람의 기준으로 지혜로운 자가 많지 않았고;

영향력이 있는 자가 많지 않았으며; 귀족 출신이 많지 않았다. 고전 1:26

> human standards ; 인간의 기준 noble birth[노우블 **버**~ㄹ스] ; 고귀한 출생
>
> influential[인흘루**엔**셜] ; 영향력이 큰, 힘 있는

882 "Everything is permissible"--but not <u>everything</u> is beneficial.

"Everything is permissible"--but not <u>everything</u> is constructive.

"모든 것이 허용되지만"--모든 것이 유익한 것은 아니다.

"모든 것이 허용되지만"--모든 것이 건설적인 것은 아니다. 고전 10:23

> permissible[퍼ㄹ**미**써블] ; 허용된 beneficial[베너**휘**셜] ; 유익한
>
> constructive[컨스트**뤽**티브] ; 건설적인

2. 전체부정

전혀 ~이 아니다, 둘 다 ~이 아니다
not ~ any / either

883 Neither of them **had** the money to pay him back, so he **canceled** the debts of both.

그들 둘 다 그에게 갚을 돈이 없어서 그는 두 사람의 빚을 없던 것으로 해 주었다. 누가 7:42

pay A back ; A에게 갚다 　　　　　　　　　　　　　debt[뎉] ; 빚

cancel[캔썰] ~ ; ~을 무효로 하다

884 Nothing like this **has** ever **been seen** in Israel.

이스라엘에서 이와 같은 일을 지금까지 본 적이 없다. 마 9:33

Israel[이즈뤼얼, 이즈뤠이얼] ; 이스라엘

885 No one can enter a strong man's house and **carry off** his possessions
⟨unless he first **ties up** the strong man⟩.

⟨그가 먼저 힘센 사람을 묶어 놓지 않으면⟩, 아무도 힘센 사람의 집에 들어가 그의 재산을 약탈할 수 없다. 막 3:27

carry off ~ ; ~을 채어가다, 빼앗다 　　　　　　　　tie up ~ ; ~을 묶다

possessions[퍼제썬즈] ; 재산

886 [Whoever blasphemes against the Holy Spirit] will never be forgiven;

he is guilty of an eternal sin.

[성령을 모독하는 사람은 누구든지] 결코 용서받지 못할 것이다; 그는 영원한 죄가 있다. 막 3:29

guilty[길티] ; 죄를 범한   blaspheme[블래스휘~임] against ~ ; ~을 모독하다

887 This man lived in the tombs, and no one could bind him any more, not even with a chain.

이 사람은 무덤 속에서 살고 있었고, 아무도 그를 더 이상 묶을 수 없었고, 쇠사슬로도 묶을 수 없었다. 막 5:3

tomb[투~움] ; 무덤   no 명사 ~ any more ; 어느 누구도 ~않다

chain[췌인] ; 쇠사슬

888 No eye has seen, no ear has heard,

no mind has conceived [what God has prepared for those (who love him)].

[하나님이 (자기를 사랑하는) 사람들을 위하여 예비하신 것]을 어느 눈도 보지 못하고,

어느 귀도 듣지 못하고, 어느 사람의 마음도 생각하지도 못하였다. 고전 2:9

mind[마인드] ; 마음   conceive[컨씨~브] ~ ; ~을 생각하다

prepare[프뤼페어ㄹ] ~ ; ~을 준비하다

889 Nobody should seek his own good, but the good of others.

아무도 자기의 유익을 구하지 말고 다른 사람들의 유익을 구해야 한다. 고전 10:24

good[굳] ; 이익

3. 이중부정

한 문장에 두 개의 부정 표현을 사용하여 강한 긍정을 나타낸다.

890 Without him nothing was made (that has been made).

(지음을 받은) 어느 것도 그 없이 지어진 것이 없었다. 요 1:3

nothing [너씽] ; 아무것도 ~이 아니다

891 Nothing is impossible with God.

하나님에게 불가능한 것은 아무 것도 없다. 눅 1:37

impossible [임파써블] ; 불가능한

892 A wicked and adulterous generation asks for a miraculous sign!

But none will be given it except the sign of the prophet Jonah.

악하고 음란한 세대가 기적을 요구한다!.

그러나 예언자 요나의 표적을 제외하고는 아무것도 받지 못할 것이다. 마 12:39

wicked [위키드] ; 사악한	adulterous [어덜터뤄스] ; 부정한
generation [줴너뤠이션] ; 세대	ask for ~ ; ~을 요구하다
miraculous sign [미뢔큘러스 싸인] ; 기적	except [익쎕트] ~ ; ~을 제외하고

893 There are all sorts of languages in the world, yet none of them is without meaning.

세상에는 온갖 종류의 언어가 있다. 그러나 그것들 중에 의미 없는 언어는 없다. 고전 14:10

sort [쏘~ㄹ트] ; 종류	language [(을)랭귀쥐] ; 언어, 말
meaning [미~닝] ; 의미, 뜻	

4. 수사의문문

수사의문문은 답을 요구하는 의문문이 아닌. 자신의 말을 강하게 표현하는 문장형식이다.

수사의문문은 '부정'의 뜻을 내포하며 이중부정처럼 강한 긍정을 나타낸다.

894 Which of you, ⟨if his son **asks** for bread⟩, **will give** him a stone**?**

⟨만일 아들이 빵을 달라고 하면⟩, 너희 중에서 누가 그에게 돌을 주겠느냐? 마 7:9

ask for ~ ; ~을 요구하다	stone[스**토**운] ; 돌

895 ⟨If the salt **loses** its saltiness⟩, how can it be made salty again**?**

⟨만일 소금이 그 짠맛을 잃으면⟩, 어떻게 그것이 다시 짜게 될 수 있겠느냐? 마 5:13

salt[**쏘**~올트] ; 소금	lose[(을)**루**~즈] ~ ; ~을 잃다
saltiness[**쏘**~올티니스] ; 짭짤함	salty[**쏘**~올티] ; 짠

896 ⟨If you **greet** only your brothers⟩, what are you doing more than others**?**

⟨만일 너희가 너희 형제들에게만 인사한다면⟩, 다른 사람들보다 너희가 더 많이 하고 있는 것이 무엇이냐? 마 5:47

greet[그**뤼**~트] ~ ; ~에게 인사하다

897 Is not life more important than food, and the body more important than clothes**?**

목숨이 음식보다 더 소중하고, 몸이 옷보다 더 소중하지 않으냐? 마 6:25

important[임**포**~ㄹ턴트] ; 중요한	clothes[클로우즈, 클로우드즈] ; 옷, 의복

898 <u>Are</u> you not much more valuable than the birds?

너희는 새들보다 훨씬 더 귀하지 않으냐? 마 6:26

valuable [**봴**류어블, **봴**류블] ; 귀중한, 소중한	bird [**버**~ㄹ드] ; 새

899 <u>Who</u> of you by worrying can add a single hour to his life?

너희 중에 누가 걱정을 해서 자기의 수명에 단 한 시간이라도 더할 수 있느냐? 마 6:27

worrying [**워**~뤼잉] ; 걱정하기	add [**애**드] ~ ; ~을 더하다
single [**씽**글] ; 단 하나의, 한 개의	

900 You brood of vipers, how can you (who are evil) say anything good?

너희 독사의 자식들아, 어떻게 (악한) 너희가 선한 것을 말할 수 있겠느냐? 마 12:34

brood [브루~드] ; 한배 새끼, 떼, 무리	viper [**봐**이퍼ㄹ] ; 독사

901 ⟨If you have not been trustworthy with someone else's property⟩,

who will give you property of your own?

⟨만약 너희가 다른 사람의 재산에 충실하지 못하면⟩, 누가 너희에게 너희 몫을 주겠느냐? 눅 16:12

trustworthy [트뤄스트워~ㄹ디] ; 신뢰할 수 있는	someone else's ; 다른 사람의
property [프롸퍼ㄹ티] ; 재산	

5. 다양한 부정어구들

1. 수와 양의 few와 little(거의 없는)

902 The harvest is plentiful but the workers are few.

추수할 것은 넘쳐나는데 일꾼들이 **거의 없다**. 마 9:37

| harvest[**하**ㄹ뷔스트] ; 수확물, 작물 | plentiful [**플랜**티휠] ; 풍부한, 많은 |

903 I care very little ⟨if I am judged by you or by any human court⟩.

⟨내가 너희에게 또는 어떤 사람의 법정에게 심판 받든⟩ 나는 **별로** 신경 쓰지 **않는다**. 고전 4:3

| care[**케**어ㄹ] ; 걱정하다, 마음을 쓰다 | human[**휴**~먼, **유**~먼] ; 사람의 |
| court[**코**~ㄹ트] ; 법정, 법원 | |

2. 빈도의 부사 seldom, rarely(거의 ~않다)

904 He seldom reflects on the days of his life, ⟨because God keeps him occupied with gladness of heart⟩.

그는 그의 인생살이를 **거의** 돌아보지 **않는다**. ⟨왜냐하면 하나님이 그가 마음의 기쁨에 사로잡히도록 하시기 때문이다⟩. 전 5:20

| reflect[**뤼흘렉**트] ; 상기하다 | occupied[**아큐파이드**] ; 사로잡힌 |
| gladness[**글래**드니스] ; 기쁨, 즐거움 | |

905 Very rarely will anyone die for a righteous man,

⟨though for a good man someone might possibly dare to die⟩.

⟨선한 사람을 위해 누군가가 혹 용감하게 죽을지라도⟩ 의인을 위해 죽을 사람은 **거의 없다**. 롬 5:7

| possibly[**파**써블리] ; 혹시, 아마 | dare[**데**어ㄹ] to 부정사 ; 용감히 ~하다 |

3. 정도의 부사 hardly, scarcely, barely(거의 ~할 것 같지 않다)

906 They **hardly** hear with their ears, and they **have closed** their eyes.

그들은 그들의 귀로 거의 듣지 않고 그들은 그들의 눈을 감았다. 마 13:15

> close[클로우즈] ~ ; ~을 감다

907 One night Eli, (whose eyes **were becoming** so weak ⟨that he could **barely** see⟩),
was lying down in his usual place.

어느 날 밤에 (눈이 너무 약해져서 ⟨거의 볼 수 없었던⟩) 엘리는 그의 평소와 같은 곳에 누워 있었다. 삼상 3;2

> Eli[**일**~라이] ; 엘리　　　　　　　　　　weak[**위**~익, **위**~크] ; 약한, 쇠퇴한
> lie[(을)**라**이] down ; 드러누워 있다　　　usual[**유**~주얼] ; 평소의

4. anything but, far from, by no means(결코 ~이 아닌)

908 His children **are far from** safety, crushed in court without a defender.

그의 자녀들은 결코 안전하지 않았다. 그리고 그들은 옹호자 없이 법정에서 짓밟혔다. 욥 5;4

> crush[크**뤄**쉬] ~ ; ~을 좌절시키다, 압박하다　　　court ; 법정
> defender[디**휀**더ㄹ] ; 방어자, 옹호자, 변호인

909 But you, Bethlehem, in the land of Judah, **are by no means** least among the rulers of Judah.

그러나 유대 지방에 있는 너 베들레헴아, 너는 유대의 통치자들 가운데서 결코 가장 작지 않다. 마 2:6

> Bethlehem[**베**쓸리헴, **베**쓸리엄] ; 베들레헴　　　Judah[**쥬**~더] ; 유다 왕국

5. free from (~이 없는)

910 I would like you to be free from concern.

나는 너희가 걱정이 **없으면** 좋겠다. 고전 7:32

> concern [컨**써**~ㄹ언] ; 걱정, 근심

911 Their homes are safe and free from fear; the rod of God is not upon them.

그들의 가정은 안전하고 두려움**이 없다**. 하나님의 채찍이 그들 위에 있지 않다. 욥 21;9

> rod [**로**드] ; 벌

6. never fail to부정사 (기필코 ~하다, 실패하지 않다)

912 ⟨If they walk faithfully before me with all their heart and soul⟩,

you will never fail to have a man on the throne of Israel.

⟨만약 그들이 내 앞에서 마음과 정성을 다하여 성실하게 걸으면⟩,   너는 이스라엘의 왕위에 앉을 사람을 **기필코** 갖**게 될 것이다**. 왕상 2:4

> faithfully [**훼**이스훨리] ; 충실하게, 성실히   throne [스**로**운] ; 왕좌, 왕위

사도 베드로

열여덟

that의 다양한 쓰임

1. 지시대명사 (저것)
2. 지시형용사 (저 ~)
3. 종속접속사
4. 관계대명사
5. 동격의 접속사
6. It be ~ that ~ 가주어 진 주어 구문
7. It be - that ~ 강조 구문
8. so ~ that (너무~ 해서 ~하다)
9. so that (~하기 위하여)
10. , so that (그래서 ~하도록)

열여덟. that의 다양한 쓰임

1. 지시대명사 (저것, 그것)

913 We can't give our sister to a man (who is not circumcised).

That would be a disgrace to us.

우리는 우리 누이를 (할례 받지 아니한) 사람에게 줄 수 없다. **그것은** 우리에게 수치가 될 것이다. 창 34;14

be circumcised [**써**~ㄹ컴싸이즈드] ; 할례를 받다　　　　disgrace [디스그**뤠**이스] ; 불명예, 치욕

2. 지시형용사 (저 ~, 그 ~)

914 The final condition of that man is worse than the first.

그 사람의 상태가 처음보다 더 나빠졌다. 마 12:45

final [**화**이늘] ; 최후의　　　　condition [컨**디**션] ; 상태

915 In that day you will no longer ask me anything.

I tell you the truth, [my Father will give you [whatever you ask in my name]].

그 날에 너희는 나에게 아무것도 구하지 않을 것이다.

내가 분명히 너희에게 말하지만 [아버지께서 너희에게 [너희가 내 이름으로 무엇을 요구하는 것은 무엇이든지] 주실 것이다]. 요 16:23

ask [**애**스크, **아**~스크] ~ ; ~을 요구하다　　　　whatever [왙**에**붜ㄹ] ~ ; ~하는 것은 무엇이든지

3. 종속접속사

① 명사절을 이끄는 접속사 that

916 Believe me ⟨when I say [that I am in the Father and the Father is in me]⟩.

⟨[내가 아버지 안에 그리고 아버지가 내 안에 있다]고 내가 말할 때⟩ 나를 믿어라. 요 14;11

② 부사절을 이끄는 접속사 that

917 So they took away the stone.

Then Jesus looked up and said, ["Father, I thank you ⟨that you have heard me⟩."]

그래서 그들이 돌을 치웠다.

그때 예수께서 하늘을 우러러보시고 ["아버지, ⟨내 말을 들어주신 것에⟩ 감사합니다."] 라고 말했다. 요 11;41

take away ~ ; ~을 치우다

4. 형용사절을 이끄는 관계대명사 that

918 I have other sheep (that are not of this sheep pen).

나는 (이 양 우리에 속하지 않은) 다른 양들이 있다. 요 10;16

sheep pen [펜] ; 우리, 축사

5. 동격의 명사절을 이끄는 접속사 that

919 Without weakening in his faith, he faced the fact [that his body was as good as dead].

그의 믿음이 약해지지 않고, 그는 [그의 몸이 죽은 것이나 다름이 없다]는 사실에 직면했다. 롬 4:19

weaken [**위**~컨] ; 약해지다　　　　face [**훼**이스] ~ ; ~에 직면하다
as good as dead [**데**드] ; 죽은 거나 다름없는

6. It be ~ that ~ 가주어 진주어 구문

(주어가 길 때 진주어 that 절을 문장 뒤에 배치한다. that은 명사절을 인도하는 접속사다.)

920 As a result,

it has become clear through the whole palace guard and to everyone else [that I am in chain for Christ].

결과적으로 [내가 그리스도를 위해 사슬에 묶였다는 것]이 전체 궁전 수비대를 통해서 그리고 그밖에 모든 사람에게 분명해졌다. 빌 1:13

as a result [**뤼**절트] ; 결과적으로　　　　clear [클**리**어ㄹ] ; 명백한
through [쓰**루**~] ~ ; ~에 의하여　　　　whole [**호**울] ; 전체의
palace guard [**팰**리스 **가**~ㄹ드] ; 궁전 경비대　　　be in chain [**췌**인] ; 사슬에 묶이다

7. It be – that ~ 강조 구문

(강조하고 싶은 내용이 it와 that 사이에 있다. 이때 that은 형용사절을 인도하는 관계사(=관계대명사나 관계부사)다.)

921 But the Pharisees said, ["It is by the prince of demons (that he drives out demons)."]

그러나 바리새 사람들은 ["(그가 귀신들을 쫓아내는 것은) 바로 귀신들의 왕에 의해서다"]라고 말했다. 마 9:34

prince [프**륀**스] ; 왕자, 군주　　　　demon [**디**~먼] ; 악마, 귀신
drive out ~ ; ~을 쫓아내다

8. so ~ that – (너무 ~ 해서 –하다)

(여기서 so는 원인 that은 접속사로 결과의 부사절을 이끈다. 주절을 먼저, 종속절을 나중에 해석한다.)

922 The people were all so amazed ⟨that they asked each other,

["What is this? A new teaching --and with authority!

He even gives orders to evil spirits and they obey him."]⟩

그 사람들 모두 너무 놀라서 ⟨그들은 서로에게 ["이것이 무엇이냐? 새로운 가르침이다 -- 그리고 권위가 있다!

그는 심지어 악한 귀신들에게 명령을 하고 그들은 그에게 복종한다."]라고 물었다⟩. 막 1;27

amazed[어**메**이즈드] ; 깜짝 놀란	teaching[**티**~췽] ; 가르침
give orders[**오**~ㄹ더ㄹ즈] ; 명령을 내리다	evil spirit ; 악한 영
obey[오우**베**이, 어**베**이] ~ ; ~에 복종하다	

9. so that~ (~하기 위하여)

(목적표시 부사절을 인도한다. 부사절을 먼저, 주절을 나중에 해석한다.)

923 Watch and pray ⟨so that you will not fall into temptation⟩.

⟨너희는 시험에 빠지지 않도록⟩ 깨어 기도하라. 마 26;41

fall into ~ ; ~에 빠지다	temptation[템프**테**이션] ; 유혹

10. , so that~ (그래서 ~하도록)

(결과표시 부사절을 인도한다. 주절을 먼저, 부사절을 나중에 해석한다.)

924 Say [you are my sister]

,⟨so that I will be treated well for your sake and my life will be spared because of you⟩.

[당신이 나의 누이라고] 말해라, ⟨그러면 내가 당신 때문에 대접을 받고 나의 목숨이 당신 때문에 해를 당하지 않을 것이다⟩. 창 12;13

be treated[트**뤼**티드] ; 대접을 받다	for one's sake[**세**이크] ; ~를 위하여, 때문에
spare[스**페**어ㄹ] ~ ; ~의 목숨을 살려 주다	

열아홉

자주 쓰이는 연결사

1. 역접을 나타내는 연결사
2. 요약을 나타내는 연결사
3. 예시를 나타내는 연결사
4. 결론을 나타내는 연결사
5. 반복을 나타내는 연결사

1. 역접을 나타내는 연결사

역접이란 앞의 글에서 예측되는 사실이 뒤의 글에서 실현되지 않는 접속 관계를 나타낸다.

'그러나'로 이어지는 문맥은 글의 중심 주제를 담고 있다.

연결사	의미	연결사	의미
but	그러나	nevertheless	그럼에도 불구하고
yet	그러나	nonetheless	그럼에도 불구하고
however	그러나, 아무리 ~일지라도, 그렇지만	on the contrary	반면에, 오히려 ~이기는커녕
while	반면에	in contrast	반면에, 대조적으로
instead	대신에	(문두에서) still	그럼에도 불구하고

925 However, ⟨when the Son of Man comes⟩, will he find faith on the earth?

그러나 ⟨인자가 올 때⟩ 그가 세상에서 믿음을 찾을 수 있겠느냐? 눅 18:8

926 With man this is impossible, but not with God; all things are possible with God.

사람에게 이것은 불가능하지만, 하나님에게 그렇지 않다; 하나님에게는 모든 것이 가능하다. 막 10:27

man [맨] ; 사람, 인간   impossible [임파써블] ; 불가능한

927 The <u>birds</u> **do** not **sow** or **reap** or **store away** in barns, and yet your heavenly Father **feeds** them.

새들은 심거나 거두거나 창고에 쌓아 두지도 않는다. 그러나 하늘에 계신 너희 아버지께서 그들을 먹이신다. 마 6:26

sow[**쏘**우] ; 씨를 뿌리다, 심다	reap[**뤼**~잎] ; 수확하다
store away ; 저장하다	barn[**바**~ㄹ안] ; 헛간, 곡식 창고

928 In your lifetime <u>you</u> **received** your good things, ⟨while <u>Lazarus</u> **received** bad things⟩.

네가 살아 있을 때 너는 좋은 것들을 받았다, ⟨반면에 나사로는 나쁜 것들을 받았다⟩. 눅 16:25

lifetime [(을)**라**이흐타임] ; 일생, 평생	receive[뤼**씨**~브]~ ; ~을 받다

929 <u>I</u> no longer **call** you servants. Instead, <u>I</u> **have called** you friends.

내가 너희를 더 이상 종이라고 부르지 않는다. 대신에 나는 너희를 친구들이라고 불렀다. 요 15:15

no longer; 더 이상 ~이 아니다

930 Nevertheless, some of the <u>people</u> **went out** the seventh day to gather it, but <u>they</u> **found** none.

그럼에도 불구하고 사람들 중 일부는 이렛날에 그것을 거두러 나갔지만, 그들은 아무것도 찾지 못했다. 출 16:27

nevertheless[네붜ㄹ**델**레스] ; 그럼에도 불구하고	gather[**개**더ㄹ]~ ; ~을 거두다, 모으다, 줍다

931 On the contrary, those <u>parts</u> of the body (that **seem** to be weaker) **are** indispensable.

오히려 (더 약한 것 같은) 몸의 그 부분들이 없어서는 안 된다. 고전 12:22

on the contrary [**칸**트뤠뤼] ; 오히려
indispensable [인디스**펜**써블] ; 없어서는 안 되는, 필수의

2. 요약을 나타내는 연결사

설명문은 본문의 내용을 요약하고, 논설문은 주장을 요약한다.

연결사	의미	연결사	의미
in sum	요약하면	in brief	요약하건데, 간단히 말하면
in short	즉, 간략히 말하면	to sum up	결과로, 합계로
in conclusion	결론적으로		

932 In sum, bullies pick on kids with preexisting problems.

요약하자면, 괴롭히는 아이들은 원래 문제가 있는 아이들을 고른다.

> bully[불리] ; 불량배
> preexisting[프뤼~이그지스팅] ; 이전부터 존재하는
> pick on ~ ; ~을 선택하다

933 In short, I cannot trust them.

간단히 말하면, 나는 그들을 믿지 못한다.

934 In conclusion, the nation should abandon its policy of nuclear deterrence.

결론적으로, 그 나라는 핵 억제 정책을 포기해야 한다.

> conclusion[컨클루~전] ; 결론
> policy[팔러씨] ; 정책, 절략
> deterrence[디터~뤈스] ; 저지, 제지, 억제
> abandon[어밴던] ~ ; ~을 포기하다, 버리다
> nuclear[누~클리어ㄹ] ; 핵무기의

3. 예시를 나타내는 연결사

필자는 주장의 근거로 예를 제시한다.

연결사	의미	연결사	의미
for example	예를 들면	in other words	즉, 다른 말로 하면
say	이를테면	that is (to say)	즉(=namely)
for instance	예를 들면		

935 For example, by law a married woman is bound to her husband ⟨as long as he is alive⟩, but ⟨if her husband dies⟩, she is released from the law of marriage.

예를 들어, 법으로 결혼한 여자는 ⟨그녀의 남편이 살아 있는 동안에는⟩ 남편에게 매여 있다.

그러나 ⟨만일 남편이 죽으면⟩, 그녀는 결혼의 법에서 풀려난다. 롬 7;2

for example [이그**잼**플] ; 예를 들어	be bound [**바운**드] to ~ ; ~에 매이다
as long as ~ ; ~인 동안	alive [얼**라**이브] ; 살아 있는
husband [**허**즈번드] ; 남편	be released [**릴리**~스트] from ~ ; ~에서 풀려나다

936 For instance, a man may go into the forest with his neighbor to cut wood, and ⟨as he swings his ax to fell a tree⟩, the head may fly off and hit his neighbor and kill him.

예를 들어, 어떤 사람이 그의 이웃과 함께 나무를 하러 숲으로 들어갈지도 모른다.

그리고 ⟨그가 나무를 쓰러뜨리기 위해 그의 도끼를 휘두르다가⟩, 도끼머리가 날아가 그의 이웃을 죽일 수도 있다. 신 19:5

for instance [**인**스턴스] ; 예를 들어	forest [**호**~뤼스트] ; 숲
neighbor [**네**이버ㄹ] ; 이웃 사람	cut wood ; 나무를 자르다
swing [스**윙**] ~ ; ~을 휘두르다	ax [**액**스] ; 도끼
fell [**휄**] ~ ; ~를 베어 넘어뜨리다	fly [흘**라**이] off ; 날아가다

937 In other words, it is not the natural children (who are God's children),

but it is the children of the promise (who are regarded as Abraham's offspring).

다시 말해서, (하나님의 자녀는) 육신의 자녀가 아니라, (아브라함의 자손으로 여겨지는) 약속의 자녀들이다. 롬 9:8

natural [내춰뤌] ; 계시에 의하지 않은   offspring [오~흐스프륑] ; 자손

be regarded [뤼가~ㄹ디드] as ~ ; ~로 여겨지다

938 ⟨When Christ came as high priest of the good things (that are already here)⟩,

he went through the greater and more perfect tabernacle (that is not man-made,

that is to say, not a part of this creation).

⟨그리스도께서 (이미 여기에 있는) 좋은 일들의 대제사장으로 오셨을 때⟩,

그는 (사람이 만들지 않은 다시 말해서, 이 피조물의 일부가 아닌) 더 크고 더 완전한 장막을 지나가셨다. 히 9:11

perfect [퍼~ㄹ휙트] ; 완전한   tabernacle [태버ㄹ내클] ; 천막집, 장막

man-made ; 인공의   part [파~ㄹ트] ; 일부

creation [크뤼에이션] ; 창조, 창조물

939 You could master the art in, say, three years.

너라면 한 3년이면 그 기술을 익힐 수 있을 거야.

master [매스터ㄹ, 마~스터ㄹ] ~ ; ~을 정복하다   art [아~ㄹ트] ; 기술

4. 결론을 나타내는 연결사

연결사	의미	연결사	의미
so	그래서, 그러므로	as a result	~의 결과로서
therefore	그러므로	hence	그런고로
thus	그러므로, 따라서, 요컨대		

940 <u>Jesus</u> **told** me to go to Siloam and wash. So <u>I</u> **went** and **washed**, and then <u>I</u> **could see.**

예수께서 나에게 실로암에 가서 씻으라고 말했다. 그래서 내가 가서 씻었다. 그리고 나는 볼 수 있었다. 요 9:11

Siloam [실**로**우엄] ; 실로암의 못 wash [**와**쉬] ; 씻다

941 **Thus** the <u>saying</u> ['<u>One</u> **sows** and another **reaps**'] is true.

그러므로 ['한 사람은 씨를 뿌리고 다른 사람은 추수한다.']라는 말은 옳다. 요 4:37

thus [**더**스] ; 그러므로 sow [**쏘**우] ; 씨를 뿌리다

reap [**뤼**~잎] ; 수확하다

942 Therefore go and **make** disciples of all nations,

baptizing them in the name of the Father and of the Son and of the Holy Spirit.

그러므로 가라 그리고 모든 민족을 제자로 만들어라,

그리고 그들에게 아버지와 아들과 성령의 이름으로 세례를 주어라. 마 28:19

therefore [**데**어ㄹ호~ㄹ] ; 그러므로 disciple [디**싸**이플] ; 제자

nation [**네**이션] ; 국민, 민족 in the name [**네**임] of ~ ; ~의 이름으로

943 As a result, he does not live the rest of his earthly life for evil human desires, but rather for the will of God.

결과적으로, 그는 그의 나머지 세상의 삶을 악한 인간의 욕망을 위해 살지 않고 오히려 하나님의 뜻을 위해 산다. 벧전 4:2

rest [뤠스트] of ~ ; ~의 나머지	earthly [어~ㄹ슬리] ; 이 세상의, 세속적인
life [(을)라이흐] ; 생활	evil [이~뷜] ; 악한
human [휴~먼, 유먼] ; 인간의, 사람의	desire [디자이어ㄹ] ; 욕망, 욕구
will [윌] ; 의지, 의도, 뜻	

944 Hence the country's first indoor sports arena came into being.

그로부터 그 나라의 최초 실내 체육관이 등장하게 되었다.

hence [헨스] ; 그로부터, 따라서	indoor sports arena [어뤼~너] ; 실내 체육관
come into being ; 생기다, 탄생하다	

사도 요한의 환상

5. 반복을 나타내는 연결사

besides	게다가	furthermore	게다가
moreover	더욱이	consequently	따라서

945 And besides all this, between us and you a great chasm has been fixed.

이 모든 것 외에도, 우리와 너 사이에는 큰 협곡이 있다. 눅 16:26

besides[비싸이즈] ; 게다가 chasm[캐즘] ; 갈라진 틈, 협곡

be fixed[휙스트] ; 고정되다

946 Moreover, the Father judges no one, but has entrusted all judgment to the Son.

이뿐 아니라, 아버지는 아무도 심판하지 않으시고 모든 심판을 아들에게 맡기셨다. 요 5:22

moreover[모~ㄹ오우붜ㄹ] ; 더욱이 entrust[인트뤼스트] ~ ; ~을 맡기다, 위임하다

947 Furthermore, a hundred and fifty Jews and officials ate at my table,

as well as those (who came to us from the surrounding nations).

게다가, (주변 나라들에서 우리에게 온) 사람들은 물론 150 명의 유대인들과 관리들이 내 상에서 먹었다. 느 5:17

furthermore[휘~ㄹ더ㄹ모~ㄹ] ; 게다가 Jew[쥬~] ; 유대인

official[어휘셜] ; 공무원, 관리 surrounding[써롸운딩] ; 주위의, 근처의

nation[네이션] ; 나라, 국가

948 Consequently, faith comes from hearing the message,

and the message is heard through the word of Christ.

결과적으로, 믿음은 말씀을 듣는 것에서 오고, 말씀은 그리스도의 말을 통해서 듣게 된다. 롬 10:17

consequently[칸써퀜틀리] ; 따라서, 결과적으로

[부 록]

한 시간 영문법

하나. 문장의 5형식
둘. 명사
셋. 동사의 12시제
넷. 수동태
다섯. 구 (= 전치사+명사)
여섯. 명사절 = [ ]
일곱. 형용사절 = ( )
여덟. 부사절 = < >
아홉. that의 다양한 쓰임

하나. 문장의 5형식

1형식 : 주어 + 동사

2형식 : 주어 + 동사 + 주격보어 (명사보어, 형용사보어)

3형식 : 주어 + 동사 + 목적어(~을, 를)

4형식 : 주어 + 동사 + 간접목적어(~에게) + 직접목적어(~을)

5형식 : 주어 + 동사 + 목적어 + 목적보어 (목적어의 상태 또는 행위) (명사보어, 형용사보어)

01 The Word was with God.

그 말씀은 하나님과 함께 계셨다. 요 1:1 (be 동사, 있다= 1형식)

02 The Word was God.

그 말씀은 하나님이셨다. 요 1:1 (be 동사, 이다= 2형식) (the ward = God)

03 The world did not recognize him.

세상은 그를 알지 못하였다. 요 1:10

-recognize [**뤠**커그나이즈] ~ ; ~을 알아보다

04 Jesus told them another parable.

예수께서 그들에게 다른 비유를 말씀하셨다. 마 13.4

-parable [**패**뤄블] ; 비유

05 They will call him Immanuel.

그들은 그를 임마누엘이라고 부를 것이다. 마 1:23 (him = Immanuel = 명사보어)

-Immanuel [이**매**뉴얼] ; 임마누엘, 예수

06 God can make me happy.

하나님께서 나를 행복하게 만드셨다. (me = happy = 형용사보어)

둘. 명사와 수식어

명사 = 주어, 목적어, 보어로 쓰인다. (명사 = 주·목·보)
전치사의 목적어로 쓰인다.
명사상당어구 = 대명사, 동명사, to 부정사, 명사절

07 The light shines in the darkness.

빛이 어둠 속에서 비치다. 요 1:5 (주어 = 명사)

08 He will reign over the house of Jacob.

그는 야곱의 집을 다스릴 것이다. 눅 1:33 (주어 = 대명사 / 목적어 = 명사)

-reign [**뤠**인] ; 다스리다, 지배하다
-Jacob [**줴**이컵] ; 야곱

09 Caesar Augustus issued a decree.

가이사 아구스도는 법령을 공포했다. 눅 2:1 (주어 = 고유명사 / 목적어 = 명사)

-Caesar [**씨**~저ㄹ] ; 가이사, 카이사르
-Augustus [오~**거**스터스] ; 아구스도
-issue [**이**슈~] ~ ; ~을 공포하다
-decree [디크**뤼**~] ; 법령

10 Jesus told them to give her something to eat.

예수께서 그들에게 말하여 소녀에게 먹을 것을 주라 하셨다. 마 5:3 (주어 = 명사 / 목적어 = 대명사 / 목적보어 = to 부정사)

11 Jesus finished instructing his twelve disciples.

예수께서 열두 제자에게 명하기를 마치셨다. 마 11:1 (주어 = 고유명사 / 목적어 = 동명사)

-instruct [인스트**뤅**트] ~ ; ~에게 지시하다, 가르치다
- disciple [디**싸**이플] ; 제자

12 Jesus realized [that power had gone out from him].

예수께서 능력이 자기에게서 나간 줄을 알았다. 막 5:30 (주어 = 고유명사 / 목적어 = 명사절)

-realize [**뤼**~얼라이즈] ~ ; ~을 알다, 깨닫다

※ 조동사와 함께 쓰이지 않은 분사나 분사구 = 명사를 수식하는 형용사

※ 현재분사 = 능동, 진행

※ 과거분사 = 수동, 완료

셋. 동사의 12시제

시제	동사	예문
현재		**13** We study English. 우리는 영어를 공부한다.
진행	am / are / is + ~ing	**14** We are studying English. 우리는 영어를 (지금)공부하는 중이다.
완료	have / has pp	**15** We have studied English. 우리는 영어를 (과거부터 지금까지)공부했다.
완료진행	have / has been ~ing	**16** We have been studying English. 우리는 영어를 (과거부터 지금까지 계속)공부해오고 있는 중이다.
과거	~ed	**17** We studied English. 우리는 영어를 (과거에) 공부했다. (지금은 안한다.)
진행	was / were + ~ ing	**18** We were studying English. 우리는 영어를 (과거에)공부하고 있었다.
완료	had pp	**19** We had studied English. 우리는 영어를 (과거보다 더 이전에)공부했다.
완료진행	had been ~ing	**20** We had been studying English. 우리는 영어를 (과거보다 더 이전에)공부하던 중이었다.
미래	will 동사원형	**21** We will study English. 우리는 영어를 (앞으로)공부할 것이다.
진행	will be ~ing	**22** We will be studying English. 우리는 영어를 (앞으로)공부하고 있을 것이다.
완료	will have pp	**23** We will have studied English. 우리는 영어를 (과거부터 미래의 ~까지)공부할 것이다.
완료진행	will have been ~ing	**24** We will have been studying English. 우리는 영어를 (과거부터 미래에도 계속)공부할 것이다.

1. 주어가 3인칭 단수이며 시제가 현재일 때, 동사 뒤에 s, 또는 es를 붙인다.

2. 조동사가 있는 동사는 조동사만 바뀌면 시제가 바뀐다.

3. 조동사 will, shall, can, may 등등 뒤에는 반드시 동사원형을 써야한다.

4. 조동사로 쓰인 be 뒤에는 pp(과거분사)나 ~ing(현재분사)를 써야한다.

5. 조동사로 쓰인 have 뒤에는 pp를 써야한다.

　※ 조동사 be나 have와 함께 하지 않는 과거분사나 현재분사는 형용사다.

1. 수동태는 주어와 목적어의 관계이다.

2. 수동태는 목적어를 강조한다.

3. 동사는 be + pp

    <u>God</u> loves you. → <u>You</u> are loved by God.

유형	동사
수동	be pp
조동사수동	조동사 be pp
진행수동	be being pp
완료수동	have been pp
to 부정사 수동	to be pp
동명사 수동	being pp

25 <u>The world</u> **was made** through him.

세상은 그로 말미암아 지은 바 되었다. 요 1:10

-through [쓰**루**~] ; ~을 통하여

26 <u>You</u> **will be welcomed** into eternal dwellings.

너희는 영원한 처소로 영접될 것이다. 눅 1:9

-eternal [이**터**~ㄹ널] ; 영원한　　　　-dwelling [드**웰**링] ; 집

27 <u>The good news</u> of the kingdom of God **is being preached**.

하나님 나라의 복음이 현재 전파되는 중이다. 눅 1:6

-kingdom [**킹**덤] ; 나라, 왕국　　　　-preach [프**뤼**~취] ~ ; ~을 전도하다, 설교하다

28 <u>You</u> **may know** the certainty of the things (<u>you</u> **have been taught**).

당신은 (당신이 가르침 받아온) 것을 더 확실하게 알게 될 것입니다. 눅 1:4

-certainty [**써**~ㄹ튼티] ; 확실성　　　　- teach [**티**~취] ~; ~을 가르치다 taught [**토**~트] ; teach의 과거분사

29 <u>He</u> **is** **to be called** John.

그는 요한이라 불릴 것이다. 눅 1:60

30 How **will** <u>you</u> escape **being condemned** to hell?

너희가 어떻게 지옥의 판결을 피하겠느냐? 마 23:33

-escape [이스**케**잎] ~ : ~을 피하다　　　　-be condemned [컨**뎀**드] ; 선고되다　　　　-hell [**헬**] ; 지옥

31 Go into all the world and **preach** the good news to all creation.

온 천하에 다니며 모든 피조물에게 복음을 전파하라. 막 16:15 **(부사구)**

-preach [프**뤼**~취] ~ ; ~을 전파하다, 설교하다   -creation [크뤼~**에**이션] ; 창조물, 피조물

32 All authority in heaven and on earth has been given to me.

하늘과 땅의 모든 권세를 내게 주었다. 마 28:18 **(형용사구)**

-authority [어**쏘**~뤼티] ; 권세, 권위   -heaven [**헤**븐] ; 하늘

33 Through him all things were made.

그를 통해서 모든 것들이 만들어 졌다. 요 1:3 **(부사구를 강조한 도치구문)**

-through [쓰**루**~] ~ ; ~을 통해서

34 Without him nothing was made.

그가 없이는 어떤 것도 만들어지지 않았다. 요 1:3 **(부사구를 강조한 도치구문)**

※ 전치사

about	~에 대해, 대략	till	~까지	like	~처럼
above	~위의	around	~주위에	up	~ 위에
over	~위에	ao	~까지, 쪽으로	beside	~옆에
across	~건너	at	~에	near	~에 가까이
by	~에 의해, ~옆에	from	~부터, 로 부터	upon	~위에
after	~이후	toward	~를 향해	besides	~이외에도
concerning	~에 관하여	before	~전에	of	~의
since	~이래 지금까지	in	~안에	with	~와 함께
against	~에 대항하여	under	~ 밑에	between	둘 사이에
through	~를 통해서	behind	~뒤에	off	~와 분리
along	~를 따라	inside	~안에	within	~ 안에
during	~동안	underneath	~밑에	on	~위에
for + 숫자	~ 동안	below	~밑에	without	~ 없이
throughout	~줄곧, 내내	into	~안쪽으로	주의	
among	~셋이상가운데	until	~ 까지 계속	since (접속사)	~때문에
except	~를 제외하고	beneath	~밑에	beside (부사)	게다가, 곁에

여섯. 명사절 = [ ]

1) 동사 + **종속접속사 that절**

35 I tell you [that out of these stones God can raise up children for Abraham].

내가 너희에게 이르노니 하나님이 능히 이 돌들로도 아브라함의 자손이 되게 하시리라. 눅 3:8

-raise[**뤠**이즈] up ~ ; ~을 일으키다   -Abraham[**에**이브뤄햄] ; 아브라함

2) 선행사 없는 **관계대명사 what절 (~것)**

36 He did [what the angel of the Lord had commanded him].

그는 [주의 사자가 그에게 명한 것을] 행하였다. 마 1:24

-angel[**에**인쥘] ; 천사, 사자   -Lord[(을)**로**~ㄹ드] ; 주, 하나님   -command[커**맨**드] ~ ; ~에게 명령하다

37 All were amazed at [what the shepherds said to them].

모두가 다 [목자들이 그들에게 말한 것들을] 놀랍게 여기되. 눅 2:18

-amazed[어**메**이즈드] ; 깜짝 놀란   -shepherd[**쉐**퍼ㄹ드] ; 목자, 목동

3) 의문사절 (간접의문문 / 어순 = 의+주+동)

38 This is [why I speak to them in parables].

이것이 내가 그들에게 비유로 말하는 이유다. 마 13:13 'This is why ~' (그래서 ~이다)

-parable[**패**뤄블] ; 비유, 우화

39 This is [where we planted the seeds].

이곳이 우리가 씨를 심은 곳이다.

-plant[**플**랜트] ~ ; ~을 심다   -seed[**씨**~드] ; 씨앗

4) 의문사 없는 간접의문문

40 He will find out [whether my teaching comes from God].

그는 [나의 가르침이 하나님께로부터 왔는지] 알게 될 것이다. 요 7:17

41 They watched him closely to see [if he would heal on the Sabbath].

그들은 [그가 안식일에 병을 고치시는지를] 보기 위해 가까이서 관찰했다. 눅 6:7

-closely [클로우슬리] ; 가까이, 면밀히   -Sabbath [쌔버쓰] ; 안식일

42 cf 〈If you are willing〉, you can make me clean.

〈만일 당신이 원하신다면〉 당신은 저를 깨끗하게 하실 수 있습니다. 막 1:40 (조건의 부사절)

5) 복합관계대명사절

43 [Whatever you ask] I will give you.

[무엇이든지 네가 구하면] 내가 너에게 줄 것이다. 막 6.23

44 [Whoever welcomes one of these little children in my name] welcomes me.

[누구든지 내 이름으로 이런 어린 아이 하나를 영접하는 자는] 곧 나를 영접하는 것이다. 막 9:37

45 There came a <u>man</u> (who **was sent** from God).

(하나님께로부터 보내심을 받은) 사람이 있었다. 요 1:6

= 명사(선행사) + (주격관계대명사 + 동사)

46 [Whoever **drinks** the water (<u>I</u> give him)] **will never thirst.**

[(내가 그에게 주는) 물을 마시는 자는] 결코 목마르지 않을 것이다. 요 4:14

= 명사(선행사) + (목적격 관계대명사 that 생략가능 + 주어 + 동사)

47 There **was** a certain royal <u>official</u> (whose <u>son</u> lay sick at Capernaum).

어떤 (그의 아들이 가버나움에서 병들었던) 왕의 신하가 있었다. 요 4:46

= 명사(선행사) + (소유격관계대명사 + 명사)

-certain[**써**~ㄹ튼] ; 어떤   -royal[**로**이얼] ; 왕의

-official[어**휘**셜] ; 신하, 관리   -Capernaum[커**퍼**~ㄹ니엄]; 가버나움

48 <u>Jesus</u> **began** to denounce the <u>cities</u> (in which <u>most of his miracles</u> **had been performed**).

예수께서 (그의 기적의 대부분을 행하신) 행하신 고을들을 책망하기 시작하셨다. 마 11:20

= 명사(선행사) + (전치사 + 관계대명사 = 관계부사)

cf 전치사 + 관계대명사절은 부사절로 바꾸어 쓸 수 있으며, 완전한 문장구조를 갖는다.

-denounce[디**나**운스] ~ ; ~을 책망하다   -miracle[**미**뤄클] ; 기적   -perform[퍼**호**~ㄹ옴] ~ ; ~을 행하다

49 cf <u>You</u> do not **realize** now [what <u>I</u> am doing].

너는 [지금 내가 하는 것]을 지금은 알지 못한다. 요 13:7

*관계대명사 what(=something that)은 3가지
 즉, '선행사+접속사+대명사' 역할을 하며 명사절을 인도한다.

-realize[**뤼**~얼라이즈] ~ ; ~을 알다

※ 동격의 that과 혼돈주의

50 <u>Caesar Augustus</u> **issued** a decree [that a <u>census</u> **should be taken** of the entire Roman world].

아구스도 황제가 [온 로마에 인구조사가 이루어져야한다]는 내린 칙령을 내렸다. 눅 2:1

-Caesar Augustus[**씨**~저 **오**거스터스] ; 아구스도 황제　-issue[**잇**슈~] ; 공포하다　-decree[**디**크뤼~] ; 칙령

동격의 that의 특징

　　a. 선행사가 의견, 소문, 사실관계, 제안, 주장, 확인 등 어떠한 사실의 수식을 필요로 하는 추상명사다.

　　b. 선행사와 that 사이에 is를 넣어 해석해본다. (that 뒤에 오는 문장이 선행사와 동격이다.)

　　c. that 뒤에 완전한 문장이 온다.

1) 시간의 부사절

51 〈When Joseph woke up〉, he did [what the angel of the Lord had commanded him].

〈요셉이 잠에서 깼을 **때**〉 그는 주님의 천사가 그에게 명령한 것을 했다. 마 1:24

-Joseph[**죠**우저흐] ; 요셉　　　　　　　　　-command[커**맨**드] ~ ; ~에게 명령하다

52 〈After Herod died〉, an angel of the Lord appeared in a dream to Joseph in Egypt.

〈헤롯이 죽은 **후**〉 주님의 천사가 꿈에 이집트에 있는 요셉에게 나타났다. 마 2:19

-Herod[**헤**뤄드] ; 헤롯　　　　-Joseph[**죠**우저흐] ; 요셉　　　　　-Egypt[**이**~쥡트] ; 이집트

53 cf His disciples came during the night.

그의 제자들이 밤에 왔다. 마 28:13

※ 접속사 뒤에는 절이 전치사 뒤엔 명사가 쓰인다.

54 〈As soon as Jesus was baptized〉, he went up out of the water.

〈예수께서 세례를 받자**마자**〉 그는 물 밖으로 올라왔다. 마 3:16

-baptize[뱁**타**이즈] ~ ; ~에게 세례를 주다

55 〈As Jesus was walking beside the Sea of Galilee〉, he saw two brothers.

〈예수께서 갈릴리 바닷가를 걷다가(=걸을 **때**)〉 그는 두 형제를 보았다. 마 4:18

-Galilee[**갤**럴리~] ; 갈릴리

56 Walk 〈while you have the light〉, 〈before darkness overtakes you〉.

〈어둠이 너희를 따라잡기 전〉, 〈빛이 있을 **동안**〉에 걸어라. 요 12:35

-darkness[**다**~ㄹ크니스] ; 어둠　　　　　-overtake[오우붜**테**이크] ~ ; ~을 따라잡다

57 cf 〈While his parents were returning home〉, the boy Jesus stayed behind in Jerusalem.

〈그의 부모가 집으로 돌아가고 있는 **반면**에〉 소년 예수는 예루살렘에 남아 있었다. 눅 2:43

-stay[스테이] ; 머무르다, 남다　　　　　-Jerusalem[줘**루**~설럼] ; 예루살렘

2) 이유나 원인의 부사절

58 But ⟨because you(=Jesus) say so⟩, I will let down the nets.

⟨그러나 당신이 그렇게 말씀하시니(=말씀하시기 때문에)⟩, 내가 그물을 내리겠습니다. 눅 5:5

59 cf Many will rejoice because of his birth.

많은 사람들이 그의 탄생을(= 탄생 때문에) 기뻐할 것이다. 눅 1:14

※ 접속사 뒤에는 절이 전치사 뒤엔 명사가 쓰인다.

-rejoice[뤼**죠**이스] ; 기뻐하다

60 ⟨Since he has no root⟩, he lasts only a short time.

⟨왜냐하면 그는 뿌리가 없어서(= 없기 때문에)⟩ 잠시 동안만 견딘다. 마 13:21

-root[**루**~트] ; 뿌리　　　　　　　-last[(을)**래**스트] ; 지속하다

61 ⟨Now that you know these things⟩, you will be blessed ⟨if you do them⟩.

⟨너희가 이것들을 알기 때문에⟩ 너희가 이것들을 하면 복이 있을 것이다. 요 13:17

-bless[블**래**스] ~ ; ~에게 은총을 내리다

3) 목적이나 결과의 부사절

62 Jesus healed him, ⟨so that he could both talk and see⟩.

예수께서 그를 치료하셨다. 그래서 그는 말하고 볼 수 있었다. 마 12:22

-heal[**히**~일] ~ : ~를 치료하다

63 They caught such a large number of fish ⟨that their nets began to break⟩.

그들은 너무 많은 고기를 잡았다. 그래서 그들의 그물이 찢어지기 시작했다. 눅 5:6

※ such(a) 명사 (원인) that 절 (결과)

※ so 형용사 / 부사 (원인) that 절 (결과)

-catch[**캐**취] ~ ; ~을 잡다　　　-caught[**코**~트] ; catch의 과거　　　-break[브**뤠**이크] ; 찢어지다

4) 조건의 부사절

64 〈If someone strikes you on the right cheek〉, turn to him the other also.

〈만일 누군가가 네 오른 뺨을 때리거든〉 그에게 나머지 한 쪽도 돌려 대라. 마 5:39

-cheek [취~크] ; 뺨

65 〈Unless you people see miraculous signs and wonders〉, you will never believe.

〈만일 너희 사람들은 기적적인 표적과 경이로운 일들을 보지 않으면〉 결코 믿으려 하지 않는다. 요 4:48

-unless [언레스, 얼레스] ~ ; ~하지 않으면   -miraculous [미뢔큘러스] ; 기적적인   -wonder [원더ㄹ] ; 불가사의, 경이

5) 대조와 양보의 부사절

66 They will not be convinced 〈even if someone rises from the dead〉.

〈비록 누군가가 죽음에서 살아난다고 해도〉 그들은 믿지 않을 것이다. 눅 16:31

-convinced [컨뷘스트] ; 확신하는   -rise [롸이즈] ; 일어나다   -the dead [데드] ; 죽음

67 〈Though the world was made through him〉, the world did not recognize him.

〈비록 세상이 그를 통해 만들어 졌지만〉 세상이 그를 인정하지 않았다. 요 1:10

-though [도우] ~ ; 비록 ~이지만   -through [쓰루우~] ~ ; ~을 통해   -recognize [뤠커그나이즈] ~ ; ~을 인정하다

68 He (who believes in me(=Jesus)) will live, 〈even though he dies〉.

나(=예수)를 믿는 사람은 〈비록 그가 죽는다고 하더라도〉 살 것이다. 요한 11.25

69 Such large crowds gathered around him(=Jesus) 〈that he got into a boat and sat in it〉, 〈while all the people stood on the shore〉.

너무 많은 무리가 그의(=예수님의) 주변에 모여서 〈그는 배에 올라 거기에 앉았다〉. 〈반면에 사람들은 물가에 서 있었다〉. 마 13:2

-crowd [크롸우드] ; 군중, 무리   -gather [개더ㄹ] ; 모이다   -shore [쇼~ㄹ] ; 물가

아홉. that의 다양한 쓰임

1) 지시대명사 (= 저것)

70 **That** is a Bible.

저것은 성경이다.

2) 지시형용사 (저 + 명사)

71 The final condition of that man is worse than the first.

그 사람의 나중상태가 처음보다 악화되었다. 마 12:45

-final [**화**이널] ; 최후의   -condition [컨**디**션] ; 상태   -worse [**워**~르스] ; 더 나쁜, 악화된

3) 부사 (그 만큼, 그 정도로 / 부정문 + 그렇게 까지 ~하지 않다)

72 He only knows **that** much.

그는 **그 정도**밖에 모른다.

73 She isn't all **that** rich.

그녀는 **그렇게** 부자는 아니다.

4) 종속접속사 that절 = that을 제외해도 완전한 문장이다.

74 [**That** we should recycle bottles] is important.

[우리가 병을 재활용해야한다는 **것**]은 중요하다.

-recycle [뤼~**싸**이클] ~ ; ~을 재활용하다   -bottle [**바**틀] ; 병

5) 동사 + 종속접속사 that = that을 제외해도 완전한 문장이다. 생략할 수 있다.

75 She said [**that** she can speak three languages].

그녀는 [그녀가 3개 국어를 할 수 있다(는 **것**)]고 말했다.

-language [(을)**랭**귀쥐] ; 언어

6) 명사(선행사) + 관계대명사 that = that을 제외하면 불완전한 문장이다.

76 The men (that are working here) are scientists.

여기서 일하고 있는 사람들은 과학자들이다.

-scientist[**싸**이언티스트] ; 과학자

7) 추상명사 + 동격의 that = that을 제외해도 완전한 문장이다.

77 The fact [that he was returned] is true.

그가 돌아왔다는 사실은 정말이다. The fact = [that he was returned]

-fact[**홱**트] ; 사실　　　　　　　　　　　-true[트**루**~] ; 진실한

8) It ~that 가주어 진주어 = 주어가 that절일 때 진주어 that 절을 문장 뒤에 배치한다.

78 [That the boy studies hard] is true.

　→ **79** It is true [that the boy studies hard].

그 소년이 열심히 공부하는 것은 사실이다 .

9) It ~that 강조구문 = 강조하고 싶은 내용이 it ~ that 사이에 있다.

80 It was you [that I met in the church last night].

내가 지난 밤 교회에서 만난 사람은 바로 당신이었다 .

10) so~ that (너무~ 해서 ~하다) 여기서 so는 원인 that은 결과의 부사절을 이끈다.

81 It was so windy ⟨that we couldn't go sailing⟩.

바람이 너무 불어서 우리는 보트를 타러 가지 못했다.

-windy[**윈**디] ; 바람이 센　　　　　　　　-sail[**쎄**일] ; 항해하다

11) so that (~하기 위하여) = 목적의 부사절을 이끈다.

82 I studied English hard ⟨so that I could pass the exam⟩.

나는 시험에 합격하기 위해 열심히 공부했다.

-exam[이그**잼**] ; 시험

12) , so that (그 결과)

83 I waited for an hour, ⟨so that I could meet him⟩.

나는 한 시간동안 기다렸다, 그래서 그를 만날 수 있었다.

13) that (그렇게 하려면) = 가정법의 조건절을 대신하는 대명사역할을 한다.

84 Jesus answered, ["You give them something to eat."]
His disciples said to him, ["That would take eight months of a man's wages"].

예수님께서 대답하셨습니다 . ["너희가 먹을 것을 주어라 ."]
그의 제자들이 그에게 말했습니다. ["**그러려면** 남자 임금의 여덟 달 치가 들것입니다 "]. 막 6:37

-disciple[디**싸**이플] ; 제자   -wage[**웨**이쥐] ; 임금, 급료

[부록]

다양한 연결사

역접이란 앞의 글에서 예측되는 사실이 뒤의 글에서 실현되지 않는 접속 관계를 나타낸다.

'그러나'로 이어지는 문맥은 글의 중심 주제를 담고 있다.

연결사	의미	연결사	의미
but	그러나	nevertheless	그럼에도 불구하고
yet	그러나	nonetheless	그럼에도 불구하고
however	그러나, 아무리 ~일지라도, 그렇지만	on the contrary	반면에, 오히려 ~이기는커녕
while	~반면에	in contrast	반면에, 대조적으로
instead	대신에	(문두에서) still	그럼에도 불구하고

85 However, 〈when the Son of Man comes〉, will he find faith on the earth?

그러나 〈인자가 올 때 〉그가 세상에서 믿음을 찾을 수 있겠느냐? 눅 18:8

86 With man this is impossible, but not with God; all things are possible with God.

사람에게 이것은 불가능하지만, 하나님에게 그렇지 않다; 하나님에게는 모든 것이 가능하다. 막 10:27

-man [맨] ; 사람, 인간　　　　　　　　　　-impossible [임파써블] ; 불가능한

87 The birds do not sow or reap or store away in barns, and yet your heavenly Father feeds them.

새들은 심거나 거두거나 창고에 쌓아 두지도 않는다. 그러나 하늘에 계신 너희 아버지께서 그들을 먹이신다. 마 6:26

-sow [쏘우] ; 씨를 뿌리다, 심다　　　　　-reap [뤼~잎] ; 수확하다
-store away ; 저장하다　　　　　　　　　-barn [바~ㄹ안] ; 헛간, 곡식 창고

88 In your lifetime <u>you</u> **received** your good things, ⟨**while** Lazarus **received** bad things⟩.

네가 살아 있을 때 너는 좋은 것들을 받았다, 반면에 나사로는 나쁜 것들을 받았다. 눅 16:25

-lifetime [(을)**라**이프타임] ; 일생, 평생   -receive [뤼**씨**~브] ~ ; ~을 받다

89 <u>I</u> no longer **call** you servants. **Instead**, <u>I</u> have **called** you friends.

내가 너희를 더 이상 종이라고 부르지 않는다. 대신에 나는 너희를 친구들이라고 불렀다. 요 15:15

-no longer ; 더 이상 ~이 아니다

90 **Nevertheless**, <u>some</u> of the people **went out** the seventh day to gather it, but <u>they</u> **found** none.

그럼에도 불구하고 사람들 중 일부는 이렛날에 그것을 거두러 나갔지만 그들은 아무것도 찾지 못했다. 출 16:27

-gather [**개**더ㄹ] ~ ; ~을 거두다, 모으다, 줍다

91 **On the contrary**, <u>those parts</u> of the body (that **seem** to be weaker) **are** indispensable.

오히려 더 약한 것 같은 몸의 그 부분들이 없어서는 안 된다. 고전 12:22

-indispensable [인디스**펜**써블] ; 없어서는 안 되는, 필수의

2. 요약을 나타내는 연결사

설명문은 본문의 내용을 요약하고, 논설문은 주장을 요약한다.

연결사	의미	연결사	의미
in sum	요약하면	in short	즉, 간략히 말하면
to sum up	결과로, 합계로	in brief	요약하건데, 간단히 말하면
		in conclusion	결론적으로

92 In sum, bullies pick on kids with preexisting problems.

요약하자면 괴롭히는 아이들은 원래 문제가 있는 아이들을 고른다.

-bully [불리] ; 불량배 　　　　　　　　-pick on ~ ; ~을 선택하다
-preexisting [프뤼~이그**지**스팅] ; 이전부터 존재하는

93 In short, I cannot trust them.

간단히 말하면 나는 그들을 믿지 못한다.

94 In conclusion, the nation should abandon its policy of nuclear deterrence.

결론적으로, 그 나라는 핵 억제 정책을 포기해야 한다.

-abandon [어**밴**던] ~ ; ~을 포기하다, 버리다 　　　　-policy [**팔**러씨] ; 정책, 절략
-nuclear [**누**~클리어ㄹ] ; 핵무기의 　　　　-deterrence [디**터**~뤈스] ; 저지, 제지

필자는 주장의 근거로 예를 제시한다.

연결사	의미	연결사	의미
for example	예를 들면	say	이를테면
for instance	예를 들면	in other words	즉, 다른 말로 하면
		that is (to say)	즉(=namely)

95 For example, by law a married woman is bound to her husband 〈as long as he is alive〉, but 〈if her husband dies〉, she is released from the law of marriage.

예를 들어, 법으로 결혼한 여자는 〈그녀의 남편이 살아 있는 동안에는〉 남편에게 매여 있다.

그러나 〈만일 남편이 죽으면〉, 그녀는 결혼의 법에서 풀려난다. 롬 7;2

- be bound [바운드] to ~ ; ~에 매이다   - as long as ; ~인 동안   - alive [얼라이브] ; 살아 있는
- be released [륄리~스트] from ~ ; ~에서 풀려나다   - husband [허즈번드] ; 남편

96 For instance, a man may go into the forest with his neighbor to cut wood, and 〈as he swings his ax to fell a tree〉, the head may fly off and hit his neighbor and kill him.

예를 들어, 어떤 사람이 그의 이웃과 함께 나무를 하러 숲으로 들어갈지도 모른다.

그리고 〈그가 나무를 쓰러뜨리기 위해 그의 도끼를 휘두르다가〉, 도끼머리가 날아가 그의 이웃을 죽일 수도 있다. 신 19;5

- forest [호~뤼스트] ; 숲   - neighbor [네이버ㄹ] ; 이웃 사람
- cut wood ; 나무를 자르다   - swing [스윙] ~ ; ~을 휘두르다
- ax [액스] ; 도끼   - fell [휄] ~ ; ~를 베어 넘어뜨리다   - fly [흘라이] off ; 날아가다

97 In other words, it is not the natural children (who are God's children), but it is the children of the promise (who are regarded as Abraham's offspring).

다시 말해서, (하나님의 자녀는) 육신의 자녀가 아니라, (아브라함의 자손으로 여겨지는) 약속의 자녀들이다. 롬 9;8

- natural [내춰뤌] ; 계시에 의하지 않은   - be regarded [뤼가~ㄹ디드] as~ ; ~로 여겨지다
- offspring [오~흐스프륑] ; 자손

98 ⟨When <u>Christ</u> **came** as high priest of the good things (that **are** already here)⟩,

<u>he</u> **went** through the greater and more perfect tabernacle (that **is** not man-made,

that is to say, not a part of this creation).

⟨그리스도께서 (이미 여기에 있는) 좋은 일들의 대제사장으로 오셨을 때⟩,

그는 (사람이 만들지 않은 즉, 피조물의 일부가 아닌) 더 크고 더 완전한 장막을 지나가셨다. 히 9;11

-perfect [**퍼**~ㄹ휔트] ; 완전한   -tabernacle [**태**버ㄹ내클] ; 천막집, 장막

-man-made ; 인공의   -part [**파**~ㄹ트] ; 일부

-creation [크뤼**에**이션] ; 창조, 창조물

99 <u>You</u> **could master** the art in, say, three years.

너라면 한 3년이면 그 기술을 익힐 수 있을 거야.

-master [**매**스터ㄹ, **마**~스터ㄹ] ~ ; ~을 정복하다   -art [**아**~ㄹ트] ; 기술

4. 결론을 나타내는 연결사

연결사	의미	연결사	의미
so	그래서, 그러므로	therefore	그러므로
thus	그러므로, 따라서, 요컨대	as a result	~의 결과로서
		hence	그런고로

100 <u>Jesus</u> **told** me to go to Siloam and wash. So <u>I</u> went and **washed**, and then <u>I</u> could see.

예수께서 나에게 실로암에 가서 씻으라고 말했다. 그래서 내가 가서 씻었다. 그리고 나는 볼 수 있었다. 요 9:11

-Siloam[실**로**우엄] ; 실로암의 못   -wash[**와**쉬] ; 씻다

101 Thus the saying [‘<u>One</u> **sows** and <u>another</u> **reaps**’] is true.

그러므로 '한 사람은 씨를 뿌리고 다른 사람은 추수한다.'라는 말은 옳다. 요 4:37

-sow[**쏘**우] ; 씨를 뿌리다   -reap[**뤼**~잎] ; 수확하다

102 Therefore go and **make** disciples of <u>all</u> nations,

baptizing them in <u>the name</u> of the Father and of the Son and of the Holy Spirit.

그러므로 가라 그리고 모든 민족을 제자로 만들어라, 그리고 그들에게 아버지와 아들과 성령의 이름으로 세례를 주어라. 마 28:19

-disciple[디**싸**이플] ; 제자   -nation[**네**이션] ; 국민, 민족
-in the name[**네**임] of ; ~의 이름으로

103 As a result, he does not live the rest of his earthly life for evil human desires, but rather for the will of God.

결과적으로 그는 그의 나머지 세상의 삶을 악한 인간의 욕망을 위해 살지 않고 오히려 하나님의 뜻을 위해 산다. 벧전 4;2

-rest [뤠스트] of~ ; ~의 나머지

-life [(을)라이흐] ; 생활

-human [휴~먼, 유먼] ; 인간의, 사람의

-will [윌] ; 의지, 의사, 의도, 뜻

-earthly [어~ㄹ슬리] ; 이 세상의, 세속적인

-evil [이~뷜] ; 악한

-desire [디자이어ㄹ] ; 욕망, 욕구

104 Hence the country's first indoor sports arena came into being.

그로부터 그 나라의 최초 실내 체육관이 등장하게 되었다.

-indoor sports arena [어뤼~너] ; 실내 체육관

-come into being ; 생기다, 탄생하다

besides	게다가	furthermore	게다가
moreover	더욱이	consequently	따라서

105 And **besides** all this, between us and you a great chasm **has been fixed**.

이 모든 것 **외에도**, 우리와 너 사이에는 큰 협곡이 있다. 눅 16:26

-chasm [**캐**즘] ; 갈라진 틈, 협곡   -be fixed [**휙**스트] ; 고정되다

106 **Moreover**, the Father **judges** no one, but **has entrusted** all judgment to the Son.

이뿐 아니라 아버지는 아무도 심판하지 않으시고 모든 심판을 아들에게 맡기셨다. 요 5:22

-entrust [인트**뤄**스트] ~ ; ~을 맡기다, 위임하다

107 **Furthermore**, a hundred and fifty Jews and officials **ate** at my table,

as well as those (who **came** to us from the surrounding nations).

게다가, 주변 나라들에서 우리에게 온 사람들은 물론 150명의 유대인들과 관리들이 내 상에서 먹었다. 느 5:17

-Jew [**주**~] ; 유대인   -official [어**휘**셜] ; 공무원, 관리
-surrounding [써**롸**운딩] ; 주위의, 근처의   -nation [**네**이션] ; 나라, 국가

108 **Consequently**, faith **comes** from hearing the message,

and the message **is heard** through the word of Christ .

결과적으로, 믿음은 말씀을 듣는 것에서 오고, 말씀은 그리스도의 말을 통해서 듣게 된다. 롬 10:17